北京财经发展报告

(2017~2018)

张晓涛 李向军 / 编著

ANNUAL REPORT ON BEIJING FISCAL
AND ECONOMIC DEVELOPMENT (2017-2018)

社会科学文献出版社
SOCIAL SCIENCES ACADEMIC PRESS (CHINA)

摘　要

《北京财经发展报告（2017~2018）》是中央财经大学财经研究院与北京市哲学社会科学北京财经研究基地的研究团队撰写的关于北京市财政收支分析、财税制度改革、财政形势预测以及京津冀财政协同发展的年度研究报告。一方面，报告结合数据对2017年北京市的财经总体情况展开了全面系统、细致深刻的分析，同时对2018年北京市财政收支形势以及改革趋势进行了预测；另一方面，报告还聚焦于京津冀财政协同发展中的全局性、战略性、关键性重大问题，运用定性分析与定量分析方法，对京津冀协同发展过程中出现的问题和成因进行深入分析，并且提出了相应的政策建议。

《北京财经发展报告（2017~2018）》分为总报告和专题报告两个部分。总报告分为社会经济发展情况分析、财政收入分析、财政支出分析、财税管理体制改革、面临的国内外经济形势分析、财政形势的总体预判6个部分。专题报告包括《北京市转移支付制度改革的国际经验借鉴》《支撑京津冀协同发展的财政合作机制研究》《异质性劳动力视角下京津冀制造业转移研究》《京津冀协同下的现代化新型首都圈建设》《京津冀市场化生态补偿机制构建的政策建议》《京津冀雾霾协同治理生态补偿机制建立的问题与对策研究》《"一带一路"倡议下的北京地区企业"走出去"研究》7篇。

总报告指出，2017年北京市财政收入超额完成调整预算，财政收入依旧保持稳步增长但增幅有所放缓，北京市税制结构逐渐优化；财政支出的预算执行情况良好，安排大量财政资金用于疏解非首都功能、支持创新引领发展、推进生态环境建设、加大城市治理力度和优化公共服务供给这五大重点领域；北京市从预算管理制度、税收制度、事权和支出责任划分等方面，积极推进并深化北京市财税制度改革，提高管理绩效和资金效益。2018年，北京市将继续以转变经济增长方式、疏解首都非核心功能为重心，经济增长面临下行压力，财政收入增速将进一步放缓；加上京津冀协同发展、创新驱动发展、首都生态环境建设、城市治理、提升公共服务水平、筹备冬奥会等公共服务需要投入大量财政资金，2018年北京市财政形势严峻，需继续积极探索推进财税体制改革，以提高财政资金使用效率。

专题报告分别从北京市转移支付制度改革、京津冀协同发展的财政合作、京津冀制造业转移、京津冀协同下的首都圈建设、京津冀生态补偿机制、"一带一路"倡议下的北京地区企业"走出去"等多个重要视角，对近年来京津冀协同发展进程中出现的热点现象和问题进行专题研究分析，深入剖析各类问题的逻辑内涵以及产生的根本原因，并且结合国内外实践经验，提出完善北京市财政制度、促进京津冀协同发展的一系列政策建议。

目 录

总报告

北京财经发展：现状、问题与前景 ……… 北京财经发展报告课题组 / 003
 一 2017 年北京市经济发展情况分析 ………………………… 004
 二 2017 年北京市财政收入分析 …………………………………… 018
 三 2017 年北京市财政支出分析 …………………………………… 038
 四 2017 年北京市财税管理体制改革 ……………………………… 062
 五 2017 年北京市面临的国内外经济形势分析 ………………… 079
 六 2018 年北京市财政形势的总体预判 …………………………… 094

专题报告

北京市转移支付制度改革的国际经验借鉴
 …………………………………… 宁 静 熊芮铭 杨睿楠 / 107
 一 引言 ……………………………………………………………… 107
 二 发达国家的转移支付制度 ……………………………………… 109
 三 发展中国家的转移支付制度 …………………………………… 123
 四 国际经验借鉴 …………………………………………………… 130

支撑京津冀协同发展的财政合作机制研究 ………… 赵国钦　王　瑄 / 133
　　一　引言……………………………………………………… 134
　　二　财政合作：动因梳理、逻辑回溯和体系建构…………… 137
　　三　京津冀地方政府财政合作机制现状分析………………… 140
　　四　区域财政合作的现实选择和框架设计…………………… 145
　　五　区域财政合作的经验比鉴………………………………… 148
　　六　京津冀公共服务协同发展的路径建构…………………… 151

异质性劳动力视角下京津冀制造业转移研究 ……… 赵浚竹　韩天实 / 157
　　一　引言……………………………………………………… 158
　　二　文献综述………………………………………………… 159
　　三　异质性劳动力与地区制造业结构………………………… 161
　　四　数据来源与模型设定……………………………………… 166
　　五　实证分析………………………………………………… 171
　　六　结论与建议……………………………………………… 184

京津冀协同下的现代化新型首都圈建设 …………… 李姗姗　姚　鹏 / 190
　　一　首都圈的内涵与历史演进………………………………… 191
　　二　首都城市发展现存问题与原因分析……………………… 196
　　三　建设现代化新型首都圈的区域协同基础………………… 201
　　四　建设现代化新型首都圈的发展思路……………………… 205

京津冀市场化生态补偿机制构建的政策建议
　　……………………………………… 许寅硕　武德俊　郝泽源 / 211
　　一　引言……………………………………………………… 212
　　二　市场化生态补偿机制的内涵和逻辑……………………… 213
　　三　市场化生态补偿的国际经验……………………………… 216
　　四　京津冀生态补偿机制的制度脉络与实践进展…………… 225
　　五　京津冀生态补偿实践的现存问题………………………… 228

  六 构建京津冀市场化生态补偿机制的政策建议……………… 231

京津冀雾霾协同治理生态补偿机制建立的问题与对策研究 …… 杜纯布 / 237
  一 引言 …………………………………………………………… 237
  二 雾霾协同治理生态补偿的理论和内涵界说……………… 239
  三 对欧美国家区域大气污染治理方式的梳理与经验评析…… 247
  四 京津冀雾霾协同治理现状与生态补偿机制建立存在的问题…… 252
  五 京津冀雾霾协同治理生态补偿机制建立的对策建议………… 262

"一带一路"倡议下的北京地区企业"走出去"研究 ……… 伍晓光 / 269
  一 引言 …………………………………………………………… 270
  二 中国企业对一带一路沿线经济体直接投资的研究现状………… 272
  三 北京地区企业对一带一路沿线经济体直接投资发展
    现状与并购特征…………………………………………… 274
  四 北京地区企业一带一路沿线 ODI 决策影响因素及
    风险识别…………………………………………………… 284
  五 北京地区企业一带一路沿线 ODI 决策的区域及国别
    风险与投资机会…………………………………………… 292
  六 北京地区企业投资一带一路沿线经济体的重点产业
    选择与展望………………………………………………… 305
  七 附表 一带一路沿线经济体名单………………………… 312

总 报 告

北京财经发展：现状、问题与前景

北京财经发展报告课题组*

摘　要 2017年北京市财政工作围绕落实京津冀协同发展规划和首都城市战略定位，坚持以推进供给侧结构性改革为主线，规范执行管理，全年财政运行情况良好。在收入方面，全市一般公共预算收入、政府性基金预算收入、国有资本经营预算收入和社会保险基金预算收入均超额完成调整预算，财政收入依旧保持稳步增长趋势但增幅有所放缓，北京市税制结构逐渐优化。在支出方面，除了社会保险基金支出外，全市一般公共预算支出、政府性基金预算支出、国有资本经营预算支出均完成了调整预算的100%，财政支出预算执行情况良好。2017年北京市政府在提高民生公共服务方面投入了较多资金，并安排大量财政资金用于疏解非首都功能、支持创新引领发展、推进生态环境建设、加大城市治理力度和优化公共服务供给这五大重点领域。此外，北京市深入贯彻落实国务院发布的各项财税体制改革文件，从预算管理制度、税收制度、事权和支出责任划分等方面，积极推进并深化北京市财税制度改革，提高管理绩效和资金效益。

关键词 北京财政　收支状况　财税体制

---

* 课题组组长张晓涛，教授，博士生导师，中央财经大学财经研究院院长，北京市哲学社会科学北京财经研究基地首席专家，中央财经大学国际投资研究中心主任。课题组副组长李向军，副研究员，中央财经大学财经研究院副院长，北京市哲学社会科学北京财经研究基地副主任，研究方向为金融投资与公共经济政策。课题组成员：宁静、赵国钦、赵浚竹、李姗姗、许寅硕、杜纯布、伍晓光、张战、沈展西。课题报告执笔人宁静。

一 2017年北京市经济发展情况分析

（一）经济增长

1. 地区生产总值增速与上年基本持平，经济运行整体平稳

2017年，北京市全市人民在党中央、国务院和市委、市政府的坚强领导下，秉承"创新、协调、绿色、开放、共享"的发展理念，牢牢把握首都城市战略定位，大力推动非首都功能疏解，推进京津冀协同发展，在建设国际一流的和谐宜居之都方面取得重大进展。2017年北京市全年实现地区生产总值28000.4亿元，按可比价格计算，比上年增长6.7%，增速与上年基本持平（见图1）。全市人均生产总值由2016年的11.82万元增加至12.9万元，生产效率进一步提升。

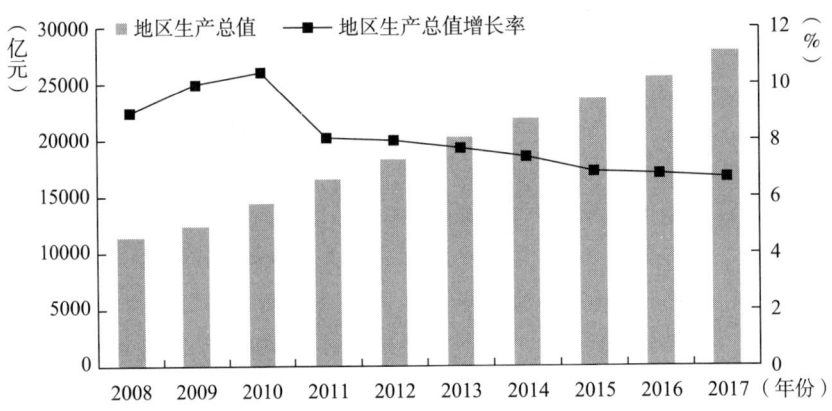

图1 2008~2017年北京市地区生产总值及增长率
资料来源：北京市统计局。

分产业来看，第一产业增加值120.5亿元，下降6.2%；第二产业增加值5310.6亿元，增长4.6%；第三产业增加值22569.3亿元，增长7.3%。第三产业仍然是支撑经济增长的主要动力，增速快于全市平均经济增速。高端产业发展态势良好，其中信息传输、软件和信息技术服务业实现增加值3169亿元，增长12.6%；环境生态产业发展迅猛，水利、环境和公共设施管理业实现增加值242.1亿元,较上年增长12.1%;受益于电子商务产业的带动,交通运输、仓储和邮政业增加值同样实现了两位数增长,达到1208.4亿元,增幅为12.1%。

总体来看,在中国经济新常态的背景下,北京市坚持以推进供给侧结构性改革为主线,调结构、转方式,提升城市发展质量,保障了首都经济平稳健康发展和社会和谐稳定。

2. 第三产业占比继续提升,产业结构进一步优化

从产业结构看,2017年北京市第一、第二产业在地区生产总值中的占比继续下降,第三产业在地区生产总值中的占比连续七年提升,连续两年保持在八成以上,达到80.6%,在全国率先形成服务业主导的经济发展模式(见图2)。

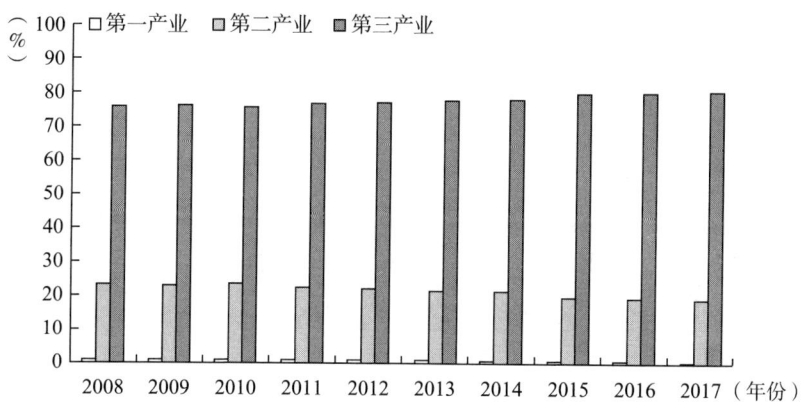

图2 2008~2017年北京市地区生产总值三次产业占比
资料来源:北京市统计局。

近年来,北京市大力推动区域产业转型发展,积极贯彻落实创新驱动战略,注重全国文化中心建设,经济结构逐渐向着高端化方向发展。金融业、文化创意产业、软件和信息服务业等成为北京市支柱产业。

2017年,北京市深化农业供给侧结构性改革,调结构转方式发展高效节水农业,高耗水种养农业规模继续缩减。进一步推广现代农业、休闲农业、乡村旅游业等都市型现代农业模式,绿色优质农产品和生态产品供给量不断提升。

3. 工业产值增速回升，产业高端化趋势明显

2017年，北京市全市上下围绕供给侧结构性改革，推动产业转型升级，工业生产稳步回升，产业结构不断优化，高端制造业优势显著。

2017年，北京市实现工业增加值4274亿元，比上年增长5.4%，其中，规模以上工业增加值增长5.6%。规模以上工业实现销售产值18269.5亿元，增长4.4%。其中，内销产值17265.5亿元，增长4.3%；出口交货值1004亿元，增长6.0%。

从月度轻、重工业增加值增速趋势来看，2017年北京市地区轻工业发展增速总体快于重工业，成为拉动工业增长的主要动力，这与2016年重工业发展增速较快的格局形成了反差。4~5月受基础原材料行业、装备行业生产低迷等因素影响，重工业一度出现负增长情况（见图3）。

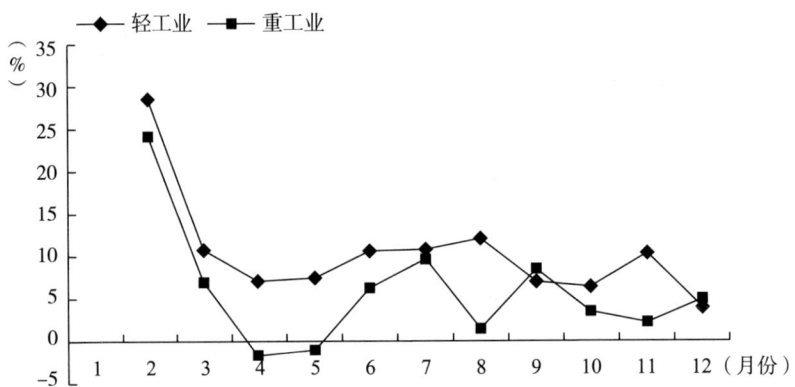

图3　2017年2~12月北京市轻工业与重工业增加值增速趋势

资料来源：北京市统计局。

工业向着高端化方向发展的趋势愈发明显。2017年，北京市高技术制造业、现代制造业、战略性新兴产业增加值分别增长13.6%、5.0%和12.1%。2017年以来，北京市不断完善工业创新体系，工业发展布局更加集聚优化，持续推动北京市工业迈向"高精尖"，助力北京产业转型，实现引领辐射和京津冀协同创新。

4. 生产者价格指数均呈下降趋势，全年通货膨胀压力较小

2017年农产品生产者价格同比下降3.8%，与上年同期相比降幅扩大3.5个百分点，价格水平基本稳定。在推动农产品生产者价格上升的因素

中,活家禽产品生产者价格同比上涨3.09%,其中活鸡的价格同比上涨3.77%,成为拉动农产品生产者价格指数上升的主要因素。

受国际汇率波动和去产能、去库存政策等因素共同作用,2017年北京市工业生产者出厂价格指数(PPI)呈现先上升后下降的趋势,12月PPI达到100.1,为全年最低(见图4)。综观全年数据,2017年PPI整体上涨0.7%,经济整体的通胀压力较小。分工业类型来看,轻工业产品出厂价格有下降趋势,年末PPI为99.3;重工业价格水平稳中有升,年末PPI为100.9。

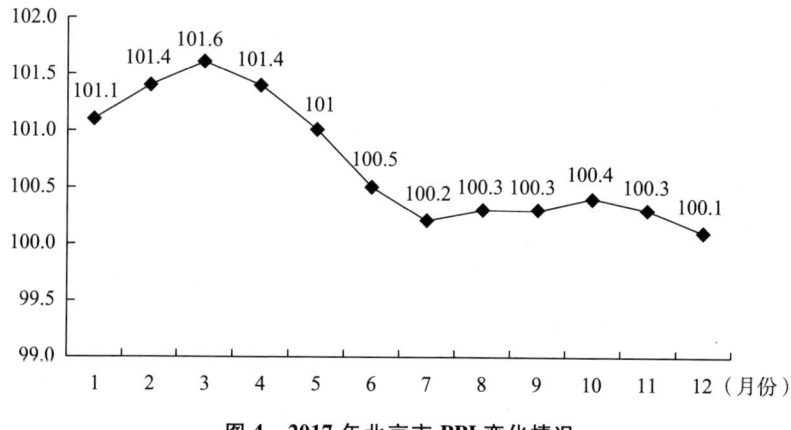

图4 2017年北京市PPI变化情况

资料来源:北京市统计局。

(二)收入分配

1. 居民可支配收入继续较高速增长,城乡收入差距拉大

全市居民收入继续稳步增长。2017年,全市居民家庭人均可支配收入57230元,实际增长6.9%。其中,城镇居民家庭人均可支配收入达到62406元,同比增长7%;农村居民家庭人均可支配收入达到24240元,同比增长6.7%(见图5)。从增长率上看,近些年来,农村居民家庭人均可支配收入实际增长始终高于城镇,但2017年城镇居民收入增速超过了农村。从人均收入总额来看,城乡收入差距仍在进一步拉大,2017年城镇居民家庭人均可支配收入是农村的2.6倍,城乡发展不平衡问题依然严峻。

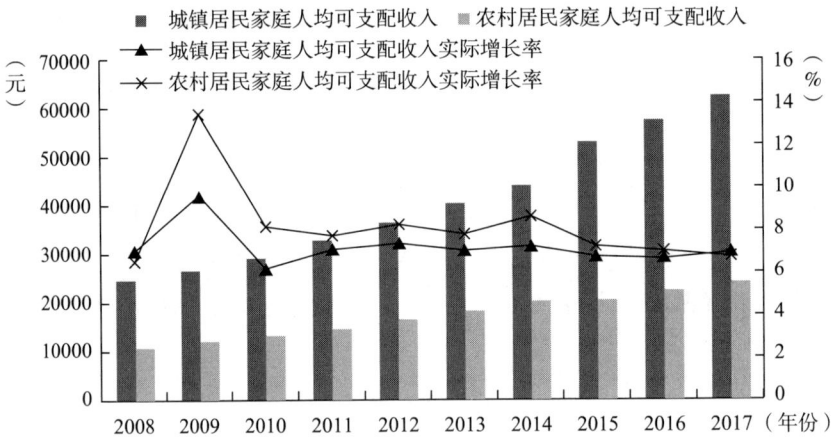

图 5　2008～2017 年北京市人均可支配收入及实际增长率

资料来源：北京市统计局。

2. 工资性收入是居民主要收入来源

2017 年北京市城镇居民收入来源仍以工资性收入为主，占六成以上，名义工资较 2016 年增长了 8.9%；转移净收入和财产净收入占比分别为 20% 和 17%；经营净收入总额较上年有所降低，在居民收入结构中的占比较小（见图 6）。

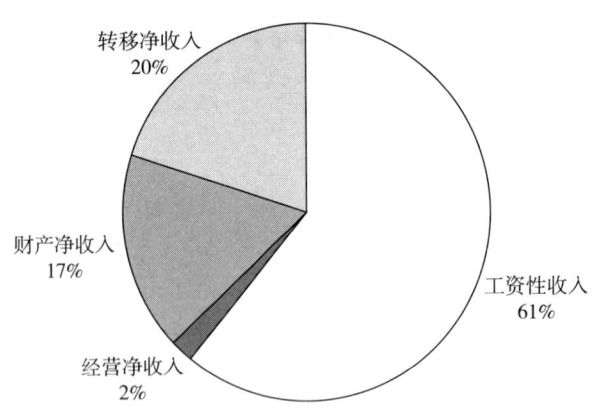

图 6　2017 年北京市城镇居民家庭人均可支配收入结构

资料来源：北京市统计局。

对比可发现，农村居民家庭收入更多地依靠工资，工资性收入占总收入的 75%；同时，相较于城镇居民，农村地区居民经营收入对总收入的贡献率更高,总收入中经营净收入占比达9%(见图7),比例远高于城镇居民。

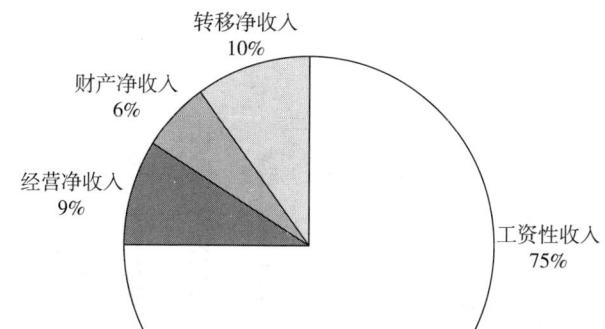

图 7　2017 年北京市农村居民家庭人均可支配收入结构

资料来源:北京市统计局。

3. 就业形势总体稳定,服务业从业人员比重超过八成

2017 年,在经济增速放缓、非首都功能疏解深化推进、经济结构和空间结构面临调整的大背景下,北京市就业形势总体稳定。

2017 年全年城镇新增就业 42.2 万人,年末城镇登记失业率为 1.43%。2017 年 9 月末,全市法人单位从业人员人数达 1080.8 万,较上年同期增长 3.7%,劳动力市场基本稳定。

(三)居民消费

1. 社会消费品零售总额增速继续放缓,消费以用类商品为主

社会消费品零售总额增长率在 2008 年全球经济危机时达到顶峰的 21.1%(见图 8),在此之后,整体呈现增速不断放缓的趋势。2017 年,北京市社会消费品零售总额为 11575.44 亿元,同比增长 5.2%,增速较 2016 年下降 1.3 个百分点。

从商品类别角度来看,用类商品总额达到 7790.77 亿元,占据了社会消费品零售总额的 67%;其次是吃类商品,总额为 2489.29 亿元,占比达 22%(见图 9)。按销售单位所在地分,城镇消费品零售总额约为 11267 亿元,农村消费品零售总额约为 308 亿元。按消费品形态分,商品零售额为

10546.7亿元，餐饮收入额为1028.8亿元。

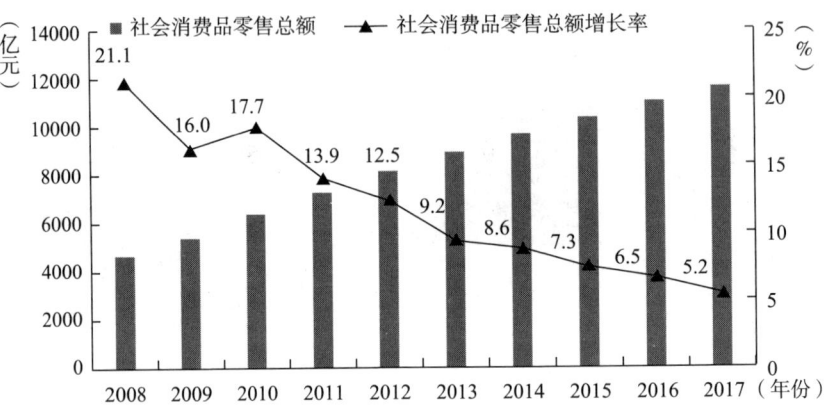

图8　2008～2017年北京市社会消费品零售总额及增长率变化趋势

资料来源：北京市统计局。

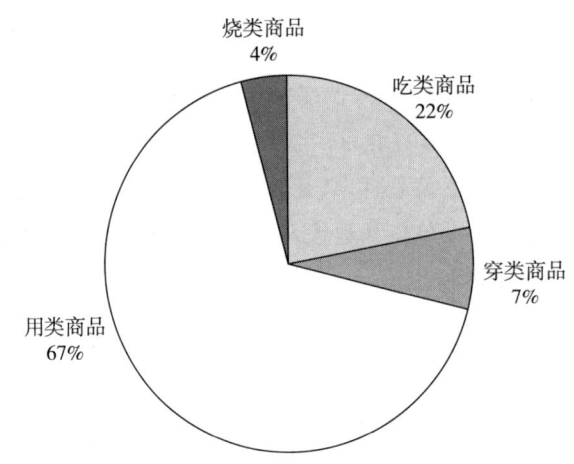

图9　2017年北京市社会消费品零售结构

资料来源：北京市统计局。

2. 居民家庭人均消费支出稳步上升，居住支出所占比重最大

2017年北京市居民家庭人均消费支出为37425元，较2016年增长5.7%。按常住地划分，城镇居民家庭人均消费支出达40346元，同比增长5.5%；农村居民家庭人均消费支出18810元，同比增长8.5%（见图10）。近十年来，北京市农村和城市居民人均消费支出均呈现稳步增长的趋势，且农村居民消费支出增速明显快于城镇居民。但从支出的绝对量来看，二者之间的差距在不断拉大。

图10 2008～2017年北京市城镇与农村居民家庭人均消费支出

资料来源：北京市统计局。

从消费结构来看，2017年居住支出成为市民消费支出金额最高的一项，达到12295元，住房成本居高不下依然是居民生活所面临的最大难题。居民消费支出占比排名2～5位的依次是食品烟酒支出，交通和通信支出，教育、文化和娱乐支出，医疗保健支出（见表1）。

表1 2017年北京市居民家庭人均消费支出

单位：元，%

项目	全市平均	增速
人均消费支出	37425	5.7
其中：食品烟酒支出	7549	-0.8
衣着支出	2238	-8.0
居住支出	12295	9.9
生活用品及服务支出	2492	7.1
交通和通信支出	5034	7.1
教育、文化和娱乐支出	3917	6.2
医疗保健支出	2900	18.1
其他用品及服务支出	1000	-1.5

资料来源：北京市统计局

3.物价水平整体稳定,居住成本上升最为显著

2017年,北京市居民消费价格指数(CPI)上涨1.9%,略高于全国1.6%的平均水平,物价基本保持平稳。

分月份来看,2017年上半年物价水平呈现先下降后上升的趋势(见图11),但总体始终维持在可控范围之内,CPI水平比去年同期上涨2%。2017年末,受蔬菜和鲜果价格上升等因素影响,物价有所上扬,处于2%左右的水平。分消费项目来看,医疗保健和居住对整体物价水平的推动作用最为明显,CPI水平分别上涨了7.4%和3.8%,近年来医疗和住房成本的上升是促使居民消费水平上升的最重要因素;衣着成本下降幅度较大,CPI较上年下降2.2%。

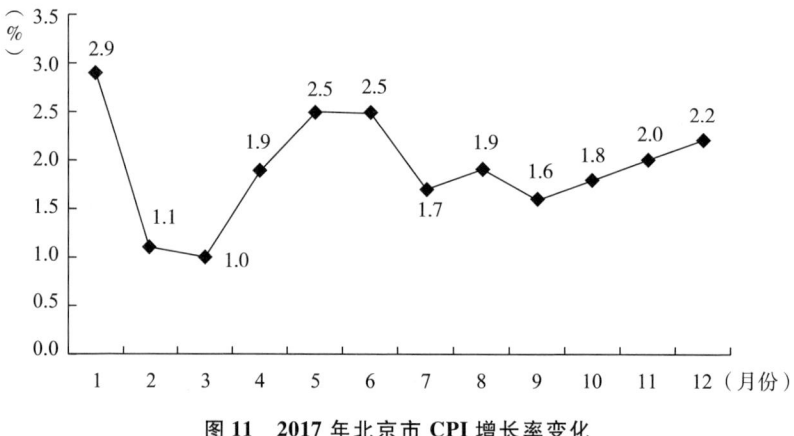

图11 2017年北京市CPI增长率变化

资料来源:国家统计局。

4.消费者信心指数全年处于高位

消费者信心指数是综合了消费者收入水平、收入预期、消费心理,以及对当前经济形势的信心强弱等多方面因素,反映消费者信心强弱的指数,是预测经济走势和消费趋向的一个先行指标。指数越高,表明消费者信心越强。

北京市是国内最早一批建立消费者信心指数调查制度的城市。2017年,在全球经济不确定性因素较多、供给侧结构性改革深度推行的环境下,北京市消费者信心指数始终保持在相当高的水平(见图12),表明了消费者对未来经济发展持乐观态度,一定程度上反映了经济复苏迹象。

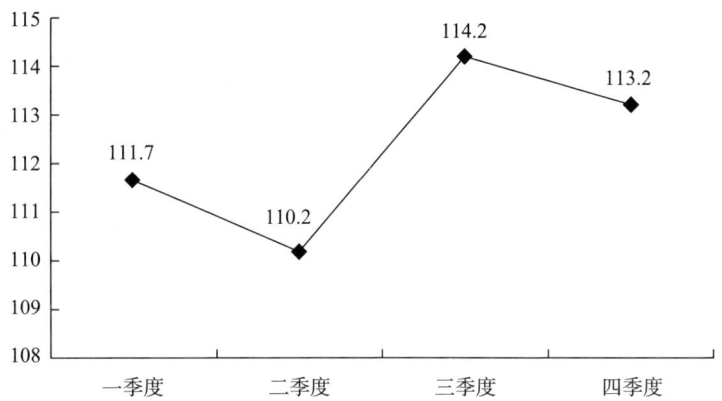

图 12　2017 年北京市消费者信心指数变化

资料来源：北京市统计局。

（四）金融投资

1. 全社会固定资产投资增速放缓，股份制企业成为固定资产投资主力军

2017 年，北京市全社会固定资产投资总额再创新高，达到 8948.1 亿元（见图 13），较 2016 年增长 5.7%。从近十年全社会固定资产投资增速走势来看，2008 年国际金融危机的全面爆发使固定资产投资增速陷入低谷，而随着扩大内需、促进经济平稳较快增长的十项措施出台，2009 年固定资产

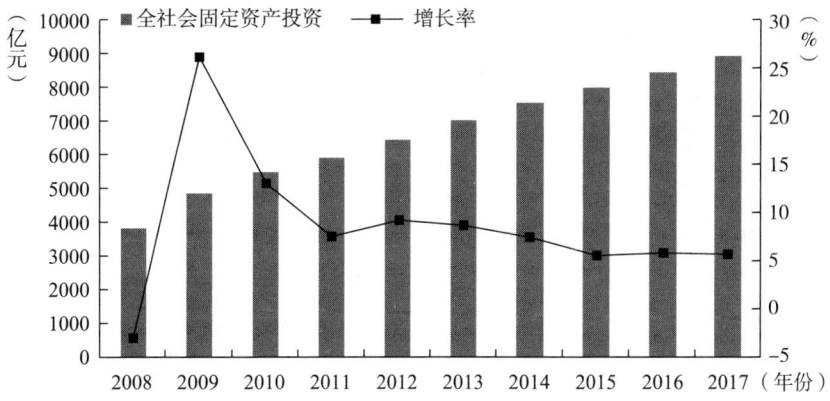

图 13　2008~2017 年北京市全社会固定资产投资额及增长率

资料来源：北京市统计局。

投资增长率达到26.2%的高点。之后的年份增速逐步放缓，慢慢回归正常水平。近几年，随着非首都核心功能疏解以及经济结构的调整，北京市经济发展对基础设施及房地产建设的依赖程度在逐渐降低，符合城市正常的发展规律。

从全社会固定资产投资的来源看，2017年以股份制企业为代表的非国有内资企业是固定资产投资的主力，占据固定资产投资总规模的60%；国有内资企业位居次席，占比为30%；外商及港澳台地区投资企业占比为10%（见图14）。

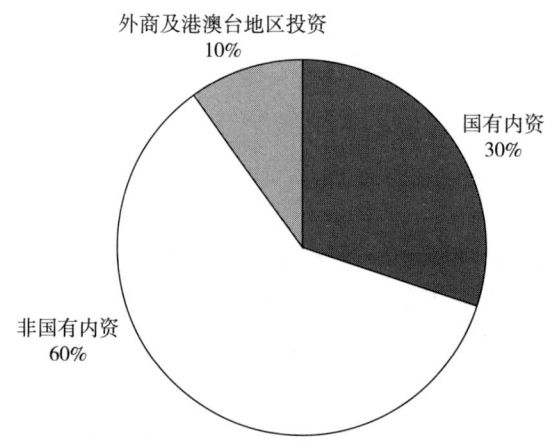

图14　2017年按登记注册类型划分全社会固定资产投资结构

资料来源：北京市统计局。

2.民间固定资产投资萎缩明显

2017年北京市民间固定资产投资规模为2654.4亿元，较2016年下降4%。分产业看来，第一产业民间固定资产投资额为3.5亿元，下降56.4%；第二产业民间固定资产投资额为98.8亿元，小幅增长3.6%；第三产业民间固定资产投资额为2552亿元，下降4.2%。民间投资连续两年出现下滑，反映出当前我国房地产市场的低迷，也在一定程度上反映了社会资本对未来经济走势有不乐观的预期。

3.货币信贷运行平稳，存贷情况良好

2017年，北京市全市存款情况如下：2017年12月末，北京市本外币各项存款余额144086亿元（见图15），同比增长4.1%，增幅较2015年下降

3.5个百分点。人民币各项存款余额137952.1亿元，同比增长3.9%；外币各项存款余额938.7亿美元，同比增长15.9%；受金融监管趋严、非存款类金融机构贷款派生存款减少等因素影响，非金融企业人民币存款新增2773.7亿元，比上年少增4371.8亿元，余额同比增长5.4%，较上年低10.8百分点；全年住户存款增加950亿元，比上年少增321.5亿元，余额同比增长3.4%，比上年低1.4个百分点。

全市贷款情况：2017年12月末，北京市本外币各项贷款余额69556.2亿元（见图15），同比增长9.1%，增幅较上年高0.3个百分点；人民币贷款余额63382.5亿元，同比增长11.9%，与上年基本持平。从月度数据来看，2017年北京市存贷款始终保持稳定态势，全市本外币各项存款和贷款总额在各月基本平稳，全年均未发生重大波动情形。这从一个侧面也说明2017年北京市货币信贷运行情况平稳，存贷情况基本令人满意。货币存贷稳定是金融稳定的基础，货币信贷的良性运行有利于全市金融投资的有序发展。

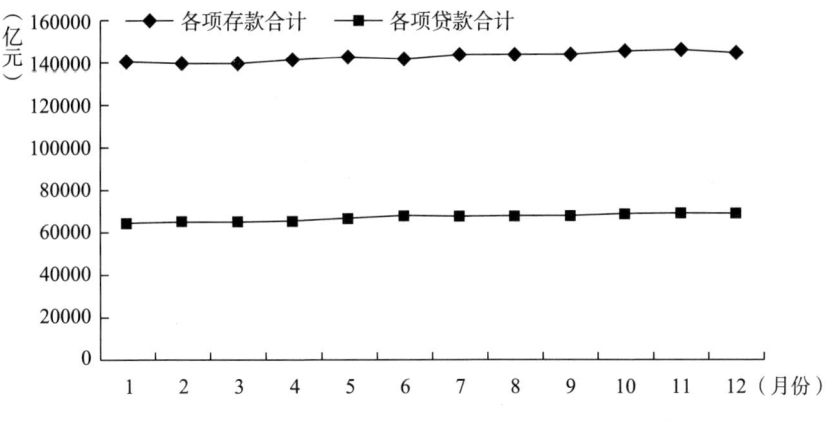

图15　2017年北京市中外资金融机构本外币存贷款情况

资料来源：根据中国人民银行营业管理部（北京）数据整理得出。

（五）对外经济活动

1. 商品贸易规模收缩，服务贸易规模全国领先

2017年，北京市进出口商品总额2.19万亿元人民币，同比增长17.5%。

其中，进口 1.8 万亿元（见图 16），增长 18%；出口 3962.5 亿元，增长 15.5%。从 2017 年进出口总额月度走势来看，进口方面，受北京市需求波动影响，2017 年上半年全市进口总额波动较大，尤其是 2 月进口额达到全年最低点。但后半年进口情况总体回归平稳，并在年末呈现上涨趋势。出口方面，2017 年全年情况较为平稳，出口总额整体波动不大。年末国际经济形势和贸易条件逐渐改善，出口额小幅上扬。

总体而言，2017 年世界经济温和复苏，国内经济稳中向好，客观上推动了北京地区外贸进出口的增长。2017 年北京地区对外贸易实现止跌回增，贸易形势逐渐朝向积极方向发展，发展潜力正逐步得到释放。但国际经济贸易领域仍然存在一些不确定、不稳定因素，外贸高质量发展仍然面临挑战。

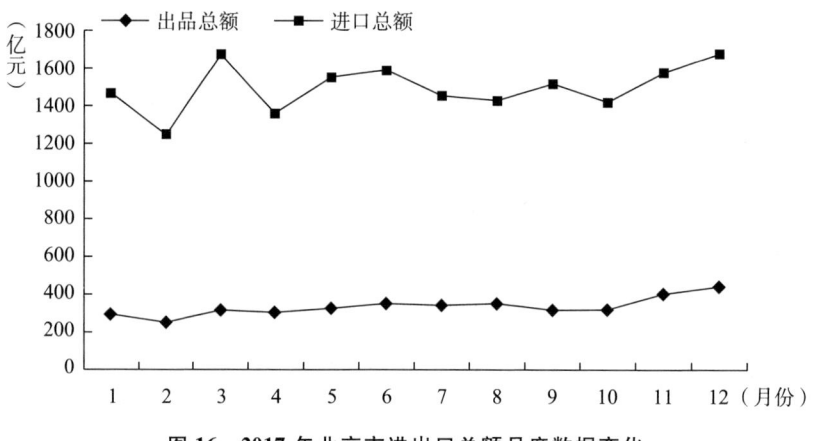

图 16　2017 年北京市进出口总额月度数据变化
资料来源：中华人民共和国北京海关。

2. 国有企业在商品外贸中仍占主导地位

2017 年，北京市国有企业实现进出口商品总额 15563.81 亿元人民币，占全市进出口商品总额的 71%（见图 17），可以看出国有企业在商品贸易中仍然占据主导地位，对全市整体外贸情况起着决定性影响作用。另外，外商投资企业完成进出口商品额 4457.4 亿元人民币，占比为 20%；民营企业及其他企业完成进出口商品额 1902.69 亿元人民币，占比为 9%。

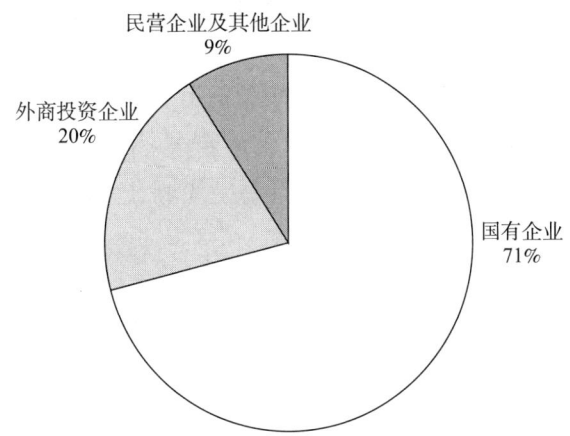

图 17　2017 年北京市按企业性质分进出口商品总额占比

资料来源：中华人民共和国北京海关。

（六）京津冀协同发展

"十二五"时期，中共中央将京津冀协同发展确立为重大国家战略，并制定了《京津冀协同发展规划纲要》，明确了京津冀三地功能定位，北京市被定位为"全国政治中心、文化中心、国际交往中心、科技创新中心"，开启了科学发展新征程。

1. 京津冀三地经济运行总体平稳，增速有所放缓

2017 年京津冀三地地区生产总值合计 82559.8 亿元，占全国 GDP 总量的 10%。初步核算，京津冀三地地区生产总值分别较上年增长 6.7%、3.6% 和 6.7%。与 2016 年数据相比，三地增速均有所放缓，其中北京、河北两地增速同上年基本持平，天津市受第一、第二产业增长乏力影响，经济增速骤降 5.4 个百分点。在全国经济增速回升、经济形势回暖的背景下，京津冀三地区域生产总值增速均低于全国 6.9% 的增长率水平，表明京津冀三地一体化协同发展的道路仍处在不断探索之中。

同时，依据京津冀不同功能定位，新的产业布局逐步落实，三地对应的优势产业发展迅猛。作为文化中心和科技创新中心，2017 年北京市文化创意产业实现增加值 3908.8 亿元，同比增长 9.2%；高技术产业增加值 6387.3 亿元，增长 9.5%。天津市高水平承接北京非首都功能疏解，2017 年成果丰硕。滨海—中关村科技园注册企业累计达到355家，以北京市科学技术研究院为首的13家科研院所落户天津，极大地带动了天津市创新发展的步伐。河北省在完成钢铁、煤炭去产能任务的基础上，推动产业结构升级。2017年，六大高耗能行业增加值下降2.1%，高新技术产业增加值增长11.3%，占规模以上工业的18.4%。其中，新能源、生物、电子信息、高端装备技术制造领域增加值分别增长17.2%、15.3%、14.9%和13.9%。

2. 居民收入稳步增长，消费结构持续升级

京津冀一体化不仅为区域经济发展和产业结构调整带来改进，最终的发展成果也体现在居民实实在在的生活质量上。2017年京津冀城镇居民人均可支配收入分别突破6万元、4万元和3万元，达到62406元、40278元和30548元，名义增速分别为9.0%、8.5%和8.1%；农村居民人均可支配收入分别为24240元、21754元和12881元，名义增速分别为8.7%、8.4%和8.1%。

2017年，京津冀三地居民人均消费支出分别为37425元、27841元和15437元，同比分别增长5.7%、6.6%和8.3%。从消费结构来看，2017年，北京市人均服务性消费支出同比增长10.3%，明显快于商品型消费增速，以满足精神生活需求为主的服务性消费成为消费主力增长点。天津居民消费结构继续升级，教育文化娱乐支出增长12.0%，医疗保健支出增长18.1%，成为带动居民消费增长的主要动力，一定程度上反映了人们消费层次的提升。河北居民消费增长质量有所提高，各类生活消费支出全面增长，发展型、享受型消费支出占比超四成。

二 2017年北京市财政收入分析

（一）2017年财政收入规模分析

1. 2017年财政收入的预算安排情况①

2017年北京市财政收入预算安排主要考虑的因素可分为两个层面：一

---

① 北京市财政局：《北京市2016年预算执行情况和2017年预算草案的报告》，北京市第十四届人民代表大会第五次会议，2017年1月14日。

是经济层面，全市经济持续增长的动力不断积蓄；二是政策层面，"营改增"改革政策性减收、房地产调控新政等将对增收带来一定压力。综合考虑影响收入的经济、政策、改革等因素，本着积极稳妥、留有余地、与经济社会发展水平相适应、与财政改革政策相衔接的原则，2017年一般公共预算收支安排情况如下。

（1）一般公共预算收入预算安排情况

2017年北京市一般公共预算收入预期5411.6亿元，增长6.5%；加中央返还及补助等收入1122.6亿元，收入合计6534.2亿元。

市本级一般公共预算收入预期3137.6亿元，增长7.4%；加中央返还及补助627.6亿元、区上解392.0亿元、调入资金25.1亿元、国有资本经营预算划入13.1亿元、调入预算稳定调节基金205.8亿元，收入合计4401.2亿元。

（2）政府性基金收入预算安排情况

2017年北京市政府性基金预算收入预期1375.7亿元，增长4.5%；加地方上年专项政策性结转使用216.3亿元，收入合计1592.0亿元。

市本级政府性基金预算收入预期626.5亿元，增长22.7%；加地方上年专项政策性结转使用95.9亿元、上解收入52.6亿元，收入合计775.0亿元。

（3）国有资本经营收入预算安排情况

2017年北京市国有资本经营预算收入预期57.6亿元，剔除上年股权投资清算收入等一次性因素，略有增长；加上年结转收入13.4亿元，收入合计71.0亿元。

市本级国有资本经营预算收入预期49.1亿元，剔除上年股权投资清算等一次性因素，同口径增长1.7%；加上年结转收入12.0亿元，收入合计61.1亿元。

（4）社会保险基金收入预算安排情况

2017年北京市社会保险基金预算收入预期3419.3亿元，下降1%，主要原因是2016年开始启动机关事业单位基本养老保险收缴工作，其收入含2014年10月至2016年12月共计27个月的缴费收入，2017年该险种收缴期为12个月，导致机关事业单位养老保险收入有所降低；加上年结余收入4484.0亿元，收入合计7903.3亿元。

市本级社会保险基金预算收入预期3322.7亿元，下降1%，主要原因是机关事业单位养老保险收入有所降低；加上年结余收入4331.8亿元，收入合计7654.5亿元。

2. 2017年财政收入的执行情况①

（1）一般公共预算收入决算情况

2017年北京市一般公共预算收入5430.8亿元，同比增长6.8%（剔除"营改增"影响同口径增长10.8%），完成调整预算的100.4%；加中央返还及补助等收入1921.5亿元，收入合计7352.3亿元。

市本级一般公共预算收入3138.0亿元，同比增长7.4%（剔除"营改增"影响同口径增长9.9%），完成调整预算的100.0%；加中央返还及补助625.3亿元、区上解428.2亿元、地方上年专项政策性结转使用12.2亿元、地方政府债券收入297.0亿元、调入资金234.5亿元、国有资本经营预算划入13.1亿元、调入预算稳定调节基金205.8亿元，收入合计4954.1亿元。

（2）政府性基金收入决算情况

2017年北京市政府性基金预算收入3132.8亿元，完成调整预算的137.8%（2017年调整预算数为2273.7亿元），主要是因为加快落实2017年住宅用地供应计划，带动土地收入大幅增长；加地方上年专项政策性结转使用等收入670.1亿元，收入合计3802.9亿元。政府性基金预算支出2481.8亿元，完成调整预算的100.0%；加地方专项政策性结转下年使用等支出1321.1亿元，支出合计3802.9亿元。

市本级政府性基金预算收入1113.1亿元，完成调整预算的177.7%，超收486.5亿元，主要是因为土地供应增加，市级国有土地使用权出让收入超收，按照以收定支原则和盘活财政存量资金相关要求，将单项政府性基金结转超过其当年收入30%的部分调入一般公共预算后，剩余部分全部结转下年专款专用；加地方上年专项政策性结转使用94.7亿元、区上解收入96.2亿元、专项债务收入228.0亿元，收入合计1532.0亿元。

---

① 北京市财政局：《关于北京市2017年预算执行情况和2018年预算的报告》，北京市第十五届人民代表大会第一次会议，2018年1月24日。需要说明的是，财政收入执行情况的数据是根据预算执行情况初步汇总的，在地方财政决算正式编成后还会有所变化。

(3) 国有资本经营收入决算情况

2017年北京市国有资本经营预算收入61.6亿元，完成预算的107.1%[1]；加上年结转收入13.4亿元，收入合计75.0亿元。

市本级国有资本经营预算收入50.5亿元，完成预算的102.9%，超收1.4亿元（全部结转下年使用），主要是一次性清算收入增加；加上年结转收入12.0亿元，收入合计62.5亿元。

(4) 社会保险基金收入决算情况

2017年北京市社会保险基金预算收入3587.4亿元，完成调整预算的105.4%[2]；加上年结余收入4482.9亿元[3]，收入合计8070.3亿元。

市本级社会保险基金预算收入3489.4亿元，完成调整预算的105.5%，超收181.6亿元，主要是因为养老、医疗保险缴费人数超预期，以及对机关事业单位养老保险和生育保险的财政补助，主要超收情况为：基本养老保险基金超收63.0亿元、机关事业单位基本养老保险基金超收40.6亿元、基本医疗保险基金超收49.5亿元、生育保险基金超收18.7亿元，等等；加上年结余收入4331.8亿元，收入合计7821.2亿元。

3. 2017年财政收入总体规模水平及变化趋势

(1) 一般公共预算收入

2017年北京市一般公共预算收入5430.8亿元，完成调整预算的100.4%，比2016年一般公共预算收入的金额增加了349.5亿元，维持了2010年以来一般公共预算收入的绝对数额持续稳步增长的趋势。如表2和图18所示，2017年一般公共预算收入比2016年增长了6.88%，这一增速低于2010年以来任何一年的收入增速，究其原因在于2016年以来，北京市全面推开

---

[1] 结合前文预算安排情况数据，61.6÷57.6=106.9%，但此处官方给出的数据为"完成预算的107.1%"，笔者推测原因是在北京市财政局官方报告中，61.6和57.6这两个数据已经进行了四舍五入的处理。

[2] 财政预算在实际执行的过程中，由于各种情况变化，财政部门需要按规定进行预算调整，组织新的预算平衡。因此年末的"调整预算"数据与年初预算数据并不完全一致。

[3] 《关于北京市2016年预算执行情况和2017年预算的报告》中2016年的财政收入数据是根据预算执行情况初步汇总的，在地方财政决算正式编成后，数据还会有所变化。因而，此处的社会保险基金上年结余数据与前文预算安排情况提及的社会保险基金上年结余数据有所出入。

"营改增"试点改革,受到调整增值税收入中央与地方分享比例的政策影响,2016年开始一般公共预算收入的增速开始大幅降低,2017年其增速继续呈现稳中回落的态势。[①] 一般公共预算收入占北京市地区生产总值的比重为19.4%,略低于2016年一般公共预算收入占地区生产总值的比重,这意味着一般公共预算收入占地区生产总值比重也出现了逐步回落的趋势。

表2 一般公共预算收入的规模及变化情况

年份	一般公共预算收入（亿元）	一般公共预算收入的增速（%,上年=100）	一般公共预算收入占地区GDP的比重（%）
2010	2353.93	16.14	16.30
2011	3006.28	27.71	18.08
2012	3314.93	10.27	18.06
2013	3661.11	10.44	18.01
2014	4027.16	10.00	18.35
2015	4723.86	17.30	19.94
2016	5081.26	7.57	19.80
2017	5430.80	6.88	19.40

资料来源：2010~2016年的数据均来源于《北京统计年鉴（2017）》,2017年的数据来源于《关于北京市2017年预算执行情况和2018年预算的报告》。

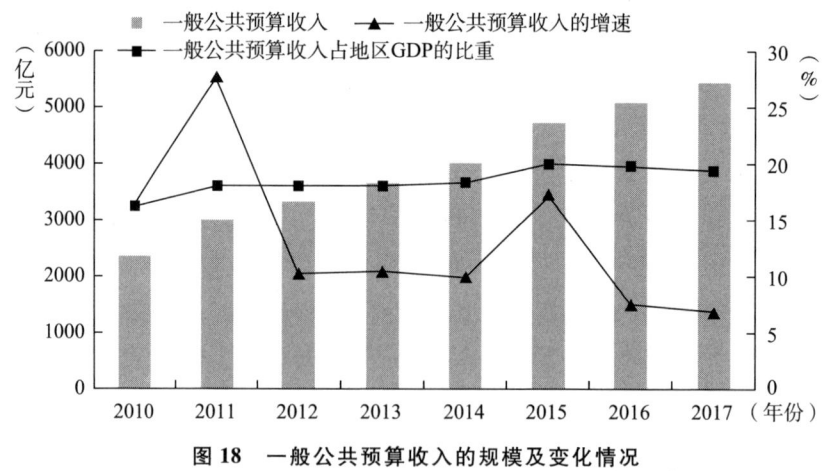

图18 一般公共预算收入的规模及变化情况

[①] 《关于北京市2017年预算执行情况和2018年预算的报告》中提到,如果剔除"营改增"试点改革的影响,2017年一般公共预算收入比2016年同口径增长10.8%。

（2）政府性基金收入

2017年北京市政府性基金收入为3132.8亿元，完成调整预算的137.8%（2017年调整预算数为2273.7亿元），比2016年政府性基金收入金额增加了1816.33亿元。北京市政府性基金收入的绝对金额在经历2015年、2016年的逐年下降之后，在2017年发生急剧增加，数额甚至超过了下降之前2014年的金额3122.91亿元。2017年政府性基金收入的增速为137.97%，如表3和图19所示，虽然政府性基金收入增速的起伏波动较大，但2017年政府性基金收入的增速超过了2010年以来任何一年的增速水平。2017年政府性基金收入占北京市地区生产总值的比重为11.19%，这一比重同样地自2014年以来连续两年出现回落，呈现逐渐下降的趋势，但又在2017年迅速增加。政府性基金收入在2015～2016年的变化趋势特征，与财政部发布的《关于完善政府预算体系有关问题的通知》中规定的"从2015年1月1日起，将用于提供基本公共服务以及主要用于人员和机构运转等方面的11项政府性基金纳入一般公共预算"是相符的。[①] 政府性基金收入在2017年突然大幅增加的原因主要是，北京市政府加快落实2017年住宅用地供应计划，从而导致国有土地使用权出让收入、国有土地收益基金收入出现超预算的大幅增长。

表3　政府性基金收入的规模及变化情况

年份	政府性基金收入（亿元）	政府性基金收入的增速（%，上年=100）	政府性基金收入占地区GDP的比重（%）
2010	1456.98	123.47	10.09
2011	1352.82	-7.15	8.14
2012	1197.92	-11.45	6.53
2013	1841.76	53.75	9.06
2014	3122.91	69.56	14.23

---

① 这11项政府性基金具体包括地方教育附加、文化事业建设费、残疾人就业保障金、从地方土地出让收益计提的农田水利建设和教育资金、转让政府还贷道路收费权收入、育林基金、森林植被恢复费、水利建设基金、船舶港务费、长江口航道维护收入等。

续表

年份	政府性基金收入（亿元）	政府性基金收入的增速（%，上年=100）	政府性基金收入占地区GDP的比重（%）
2015	2028.37	-35.05	8.56
2016	1316.47	-35.10	5.13
2017	3132.80	137.97	11.19

资料来源：2010~2016年的数据均来源于《北京统计年鉴（2017）》，2017年的数据来源于《关于北京市2017年预算执行情况和2018年预算的报告》。

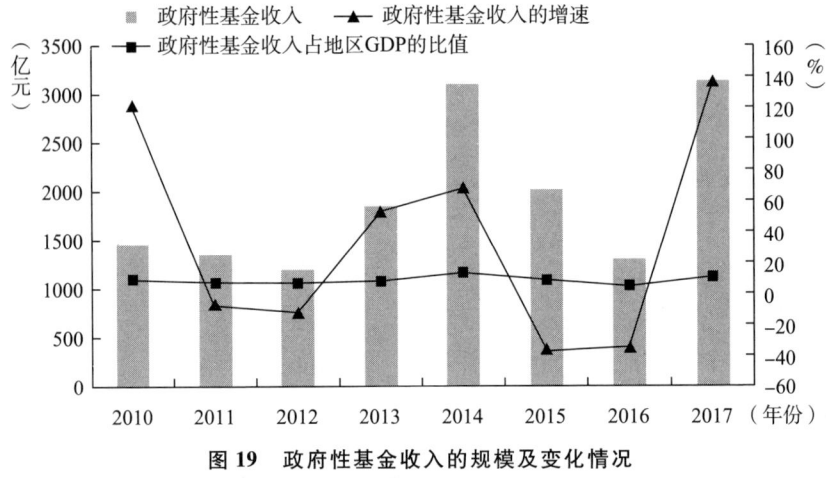

图19 政府性基金收入的规模及变化情况

（3）国有资本经营收入

2017年北京市国有资本经营收入61.6亿元，较2016年而言，国有资本经营收入的数额减少了3.15亿元。自2012年以来，北京市国有资本经营收入的绝对金额变化不明显，保持着相对较为平稳的态势。相比于一般公共预算收入和政府性基金收入，北京市国有资本经营收入的规模非常小，2017年的金额仅为一般公共预算收入的1.1%、政府性基金收入的2.0%。如表4和图20所示，2017年北京市国有资本经营收入的增速为-4.86%，继2015年国有资本经营收入增速出现负值之后，再次出现增速为负的情况，可见国有资本经营收入的增速具有波动性。2017年国有资本经营收入占地区生产总值的比重仅为0.22%，占GDP的比重十分小，而且这一比重还呈现逐年下降的趋势。

表4 国有资本经营收入的规模及变化情况

年份	国有资本经营收入（亿元）	国有资本经营收入的增速（%，上年=100）	国有资本经营收入占地区GDP的比重（%）
2012	60.87	—	0.33
2013	63.21	3.84	0.31
2014	64.46	1.98	0.29
2015	61.60	-4.44	0.26
2016	64.75	5.11	0.25
2017	61.60	-4.86	0.22

注：由于国有资本经营收入金额数据进行了四舍五入处理，因此增速和占比数据会出现细微出入。

资料来源：2010~2016年的数据均来源于《北京统计年鉴（2013—2017）》，2017年的数据来源于《关于北京市2017年预算执行情况和2018年预算的报告》。"—"表示数据未取得。

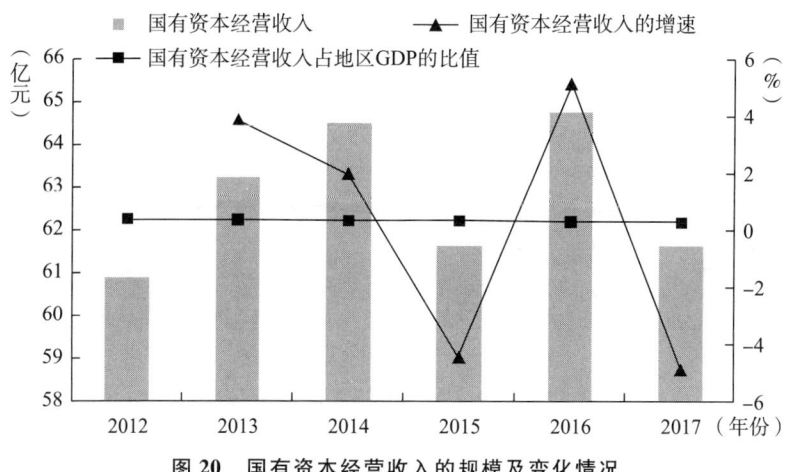

图20 国有资本经营收入的规模及变化情况

（4）社会保险基金收入

2017年北京市社会保险基金收入3587.4亿元，相比于2016年社会保险基金收入增加了134.6亿元，并且从2014年以来呈现逐年稳步递增的趋势。如表5和图21所示，2017年北京市社会保险基金收入的增速为3.9%，相比于2015年和2016年出现了大幅度降低。2017年社会保险基金收入占地区生产总值的比重为12.81%，比2016年下降了0.62个百分点。

表5 社会保险基金收入的规模及变化情况

年份	社会保险基金收入（亿元）	社会保险基金收入的增速（%，上年＝100）	社会保险基金收入占地区GDP的比重（%）
2014	2209.10	—	10.07
2015	2653.90	20.13	11.20
2016	3452.80	30.10	13.45
2017	3587.40	3.90	12.81

注：《关于北京市2013年预算执行情况和2014年预算草案的报告》中提到，北京市推进政府全口径预算管理，2014年首次将北京市社会保险基金预算报送市人代会审议，初步实现了"四本"预算同时上会审查。因此，笔者仅能获取2014年以后社会保险基金收入的数据。

资料来源：上述数据来源于《关于北京市2014年预算执行情况和2015年预算的报告》、《关于北京市2015年预算执行情况和2016年预算的报告》、《关于北京市2016年预算执行情况和2017年预算的报告》和《关于北京市2017年预算执行情况和2018年预算的报告》。"—"表示数据未取得。

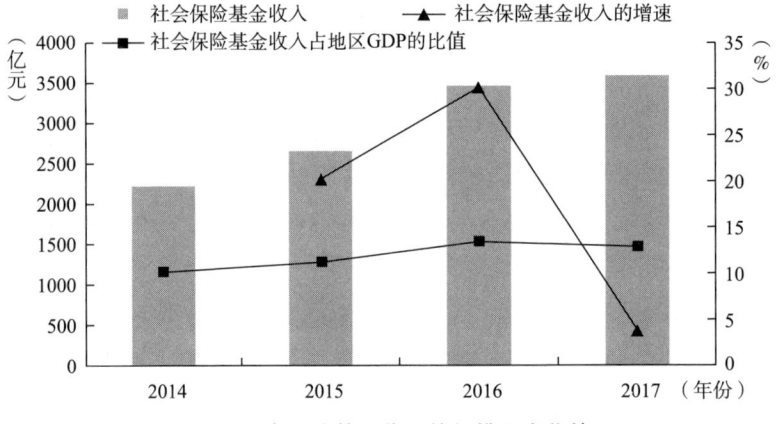

图21 社会保险基金收入的规模及变化情况

（5）债务收入和债务余额

经国务院批准，2017年北京市发行地方政府债券1070.0亿元（其中，新增债券525.0亿元，置换债券545.0亿元），新增债券已按要求分类列入预算，并经法定程序报市人大常委会批准调整了2017年市级预算，重点保障了交通基础设施、环境改善、城市副中心建设等全市性中心工作。①

如表6所示，截至2017年底，北京市政府债务余额为3875.59亿元，

---

① 2017年北京市发行地方政府债券的数据来源于《北京市2017年预算执行情况和2018年预算（草案）》，北京市财政局网站。

比 2016 年的债务余额增加了 134.4 亿元，增长幅度为 3.59%，仍未超过财政部下达北京市的当年政府债务限额 7736.40 亿元，仅达到限额的 50.1%，比 2016 年下降了 1.78 个百分点，说明目前北京市政府债务风险尚在安全可控的范围。① 2017 年北京市政府的债务余额中，一般债务余额为 1859.1 亿元，比 2016 年增长了 7.76%，占总债务余额的 48.0%；专项债务余额为 2016.5 亿元，比 2016 年增长了 0.03%，占总债务余额的 52.0%，可见 2017 年北京市政府债务余额的增加主要归因于一般债务的增长。②

表 6 2017 年北京市政府债务余额和结构

单位：亿元，%

项目	政府债务余额			政府债务限额			债务余额占限额的比重	
	2016 年	2017 年	增速	2016 年	2017 年	增速	2016 年	2017 年
合计	3741.18	3875.59	3.59	7211.40	7736.40	7.28	51.88	50.10
一般债务	1725.29	1859.12	7.76	1987.30	2284.30	14.94	86.82	81.39
专项债务	2015.89	2016.47	0.03	5224.10	5452.10	4.36	38.59	36.99

资料来源：数据来源于《北京市 2016 年市级决算草案》和《北京市 2017 年预算执行情况和 2018 年预算（草案）》，北京市财政局网站。

（二）2017 年财政收入结构分析

1. 收入的类型结构

（1）"四本"预算的收入结构

《中华人民共和国预算法（2014 年修正）》第五条规定，预算包括一般公共预算、政府性基金预算、国有资本经营预算、社会保险基金预算。一般公共预算、政府性基金预算、国有资本经营预算、社会保险基金预算应

---

① 债务限额是指，自 2015 年起，国家对地方政府债务余额实行限额管理，地方政府举债不得突破批准的限额。各省、自治区、直辖市政府债务限额，由财政部在全国人大或其常委会批准的总限额内，根据债务风险、财力状况等因素并统筹考虑国家宏观调控政策、各地区建设投资需求等提出方案，报国务院批准后下达各省级财政部门。
② 一般债券是指省、自治区、直辖市政府为没有收益的公益性项目发行的、约定一定期限内主要以一般公共预算收入还本付息的政府债券。专项债券是指省、自治区、直辖市政府为有一定收益的公益性项目发行的、约定一定期限内以公益性项目对应的政府性基金或专项收入还本付息的政府债券。

当保持完整、独立。政府性基金预算、国有资本经营预算、社会保险基金预算应当与一般公共预算相衔接。因此，2014年北京市推进政府全口径预算管理，首次将我市社会保险基金预算报送市人民代表大会审议，初步实现了"四本"预算同时审查。

2017年北京市"四本"预算的财政收入总计12212.6亿元，比2016年增长了23.2%。"四本"预算的财政收入结构如图22所示。由图22可知，一般公共预算收入占比为44.5%，是"四本"预算中收入规模最大的一项预算，占北京市政府所有财政收入的近一半；财政收入规模排名第二的为社会保险基金收入，占政府财政收入的比重为29.4%；政府性基金收入占政府财政收入的比重排在第三位，比重为25.7%；国有资本经营收入的规模十分小，占政府财政收入的比重仅为0.5%，与前三者的规模差距较大。

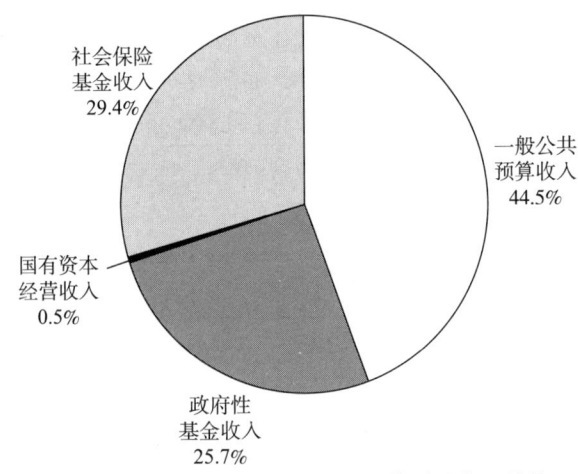

图22 2017年北京市"四本"预算财政收入结构

资料来源：《北京统计年鉴》和《关于北京市2017年预算执行情况和2018年预算的报告》。

如图23所示，结合2014~2016年北京市总体财政收入的结构来看，"四本"预算占比的变化情况为：2014~2016年，一般公共预算收入占总体财政收入的比重持续增长，但到2017年该比重下降，2017年的比重比2016年降低了6.8个百分点；社会保险基金收入占总体财政收入的比重同样在2014~2016年不断增长，但是2017年该比重比2016年降低了5.4个百分点；政府性基金收入的比重在2014~2016年不断下降，但2017年该比重较

2016年而言大幅增长了12.4个百分点;与前三类收入相比而言,国有资本经营收入一直占比很小,2017年国有资本经营收入占总体财政收入的比重比2016年降低了0.2个百分点。① 简而言之,2017年北京市总体财政收入结构的变化特点是,一般公共预算收入、社会保险基金收入和国有资本经营收入占比下降,政府性基金收入占比大幅度上升。

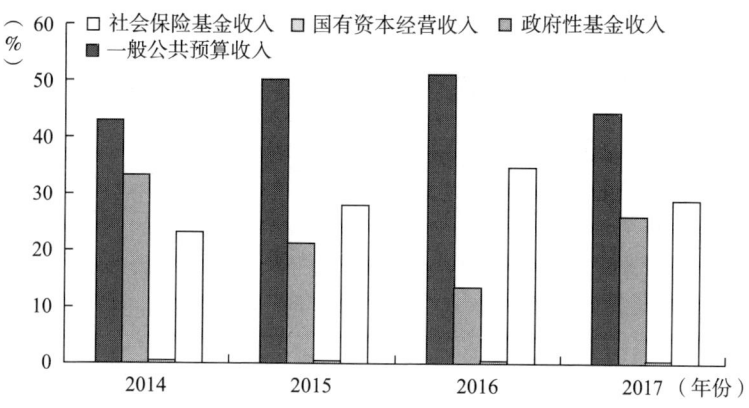

图23　2014~2017年北京市"四本"预算财政收入结构

资料来源:《关于北京市2017年预算执行情况和2018年预算的报告》。

(2) 一般公共预算收入结构

一般公共预算收入包括了税收收入和非税收入这两大类财政收入。从"四本"预算中规模最大的一般公共预算收入的内部结构来看,2017年北京市的税收收入为4676.7亿元,税收收入总额比2016年增长了5.0%,而且增幅较2016年提高了0.6个百分点(2016年税收收入的增速为4.4%);非税收入为754.11亿元,非税收入总额比2015年增长了20.0%,增幅较2016年下降了16.6个百分点(2015年非税收入的增速为36.6%),可见非税收入增速呈现放缓的趋势。②

另外,由图24可以直观地看到2017年北京市一般公共预算收入中,税

---

① 2016年北京市总体财政收入的结构情况为:一般公共预算收入占比为51.3%,社会保险基金收入的占比为34.8%,政府性基金收入占比为13.3%,国有资本经营收入占比为0.7%。
② 2017年数据来源于《北京市2017年预算执行情况和2018年预算 (草案)》,2016年数据来源于《北京统计年鉴 (2017)》。

收收入与非税收入的占比情况。税收收入占一般公共预算收入的比重为86.1%，较2016年减少了1.5个百分点（2016年税收收入占一般公共预算收入的比重为87.6%）；非税收入占一般公共预算收入的比重为13.9%，较2016年增加了1.5个百分点（2015年税收收入占一般公共预算收入的比重为12.4%）。由此说明2017年一般公共预算收入内部结构的变化为税收收入的占比下降，非税收入的占比上升。

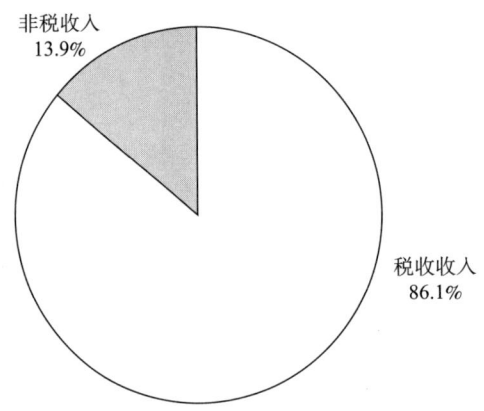

图24　2017年北京市税收收入与非税收入结构

资料来源：《北京市2017年预算执行情况和2018年预算（草案）》，北京市财政局网站。

（3）税收收入结构

图25和表7给出了2017年北京市税收收入中各种类型的明细收入数据和占比情况。其中，增值税为1657.88亿元，占总体税收收入的比重为35.4%，比2016年的增值税收入增加了36.5%，增幅较2016年降低了33.0个百分点；营业税为14.02亿元，占总体税收收入的比重为0.3%，比2016年的营业税收入减少了97.6%，增幅较2016年下降了46.9个百分点。增值税与营业税出现如此巨大的变化，原因在于2016年5月1日开始北京市全面推开营业税改增值税试点，建筑业、房地产业、金融业、生活服务业全部纳入了营改增的试点范围，营业税逐渐退出历史舞台。2015年增值税和营业税加总之后的金额为1902.3亿元，2016年增值税和营业税加总之后的金额为1798.8亿元，2017年增值税和营业税加总的金额为1671.9亿元，2015～

2017年增值税和营业税加总的金额不断下降，意味着北京市全面推开营业税改增值税试点工作以后，并未增加社会的实际税收负担，成功实现了税负的"只减不增"。

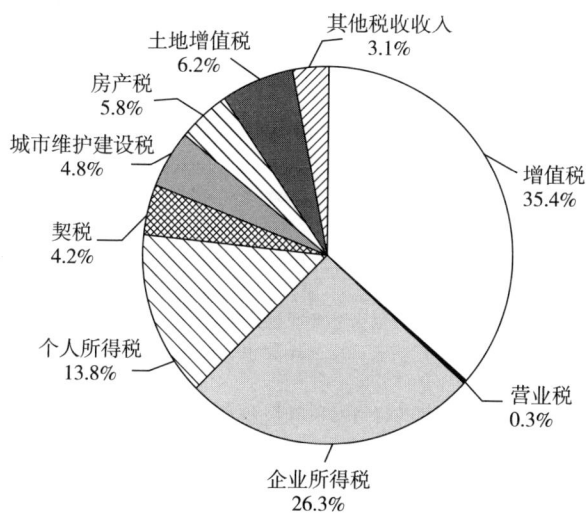

图 25　2017 年北京市税收收入结构

资料来源：《北京市 2017 年预算执行情况和 2018 年预算（草案）》，北京市财政局网站。

表 7　2017 年北京市一般公共预算收入执行情况

单位：亿元

一般公共预算收入明细	2017 年预算执行数
一、税收收入	4676.69
增值税	1657.88
营业税	14.02
企业所得税	1229.80
个人所得税	643.20
契税	197.46
城市维护建设税	225.41
房产税	273.11
土地增值税	288.99
其他税收收入	146.82

续表

一般公共预算收入明细	2017年预算执行数
二、非税收入	754.11
专项收入	462.30
行政事业性收费收入	65.68
罚没收入	49.19
国有资源（资产）有偿使用收入	120.42
捐赠收入	1.24
政府住房基金收入	42.68
其他非税收入	12.59
一般公共预算收入合计	5430.80

注：表中的"其他税收收入"的数据为笔者通过计算所得，计算方法为对《北京市2017年预算执行情况和2018年预算（草案）》附表一中的印花税、车船税、城镇土地使用税、耕地占用税、资源税、其他税收收入数据进行加总。

资料来源：《北京市2017年预算执行情况和2018年预算（草案）》，北京市财政局网站。

企业所得税为1229.8亿元，占总体税收收入的比重为26.3%，比2016年的企业所得税收入增加了12.3%，增幅较2016年提高了5.4个百分点；个人所得税为643.2亿元，占总体税收收入的比重为13.8%，比2016年的个人所得税增加了12.6%，增幅较2016年下降了6.9个百分点。2017年北京市增值税、企业所得税、个人所得税这三大税收收入的总金额为3530.9亿元，占总体税收收入的75.5%，说明北京市税收收入结构的一个特点为税种来源比较集中，增值税、所得税为北京市财政的主体税种。

另外，按计税依据和转嫁难易程度，可将税收收入划分为流转税和所得税。就地方税收收入而言，增值税和营业税被归类为流转税，企业所得税和个人所得税被归类为所得税。按照这一标准，2017年北京市流转税占总体税收收入的比重为35.8%，较2016年所占比重40.4%降低了4.6个百分点；所得税占总体税收收入的比重为40.1%，较2016年所占比重37.4%提高了2.7个百分点。上述数据对比说明，2017年北京市的税制结构不再以流转税为主而是以所得税为主，所得税占总体税收收入的比重比流转税高4.3个百分点，表明北京市在全面推开营业税改增值税试点之后，税制结构逐渐趋于合理。

除了增值税、所得税以外，其他一些主要税源的收入情况如下：契税收入为197.46亿元，占总体税收收入的比重为4.2%；城市维护建设税为225.41亿元，占总体税收收入的比重为4.8%；房产税为273.11亿元，占总体税收收入的比重为5.8%；土地增值税为288.99亿元，占总体税收收入的比重为6.2%；其他税收收入为146.8亿元，占总体税收收入的比重为3.1%。可见，北京市的主要税源除了增值税、所得税以外，还有与土地和房屋交易相关的其他税种。

（4）非税收入结构

2017年北京市非税收入的结构如图26所示。非税收入中占比最大的为专项收入，2017年专项收入金额为462.3亿元，占总的非税收入的比重为61.3%，比重较2016年增加了1.6个百分点；其次为国有资源（资产）有偿使用收入，收入金额为120.42亿元，占非税收入的比重为16.0%，比重较2016年降低了0.5个百分点；再次为行政事业性收费收入，收入金额为65.68亿元，占非税收入的比重为8.7%，比重较2016年降低了0.1个百分点；罚没收入的金额为49.19亿元，占非税收入的比重为6.5%，比重较2016年降低了0.8个百分点；政府住房基金收入的金额为42.68亿元，占非税收入的比重为5.7%，比重较2016年增加了0.5个百分点；捐赠收入的金额为1.24亿元，占非税收入的比重为0.2%；其他非税收入的金额为12.59

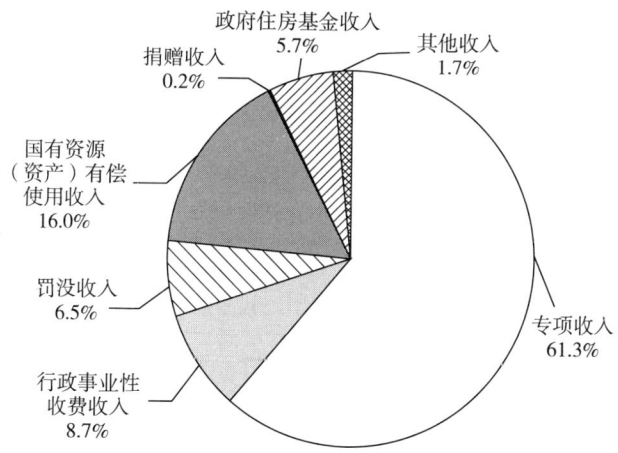

图26　2017年北京市非税收入结构

资料来源：《北京市2017年预算执行情况和2018年预算（草案）》，北京市财政局网站。

亿元，占总的非税收入的比重为1.7%。

2. 收入的层级结构

从层级结构来看，如表8所示，2017年北京市本级的一般公共预算收入为3138.0亿元，比2016年市本级一般公共预算收入增长了7.4%，占全市一般公共预算收入的比重为57.78%；北京市16个区的一般公共预算收入合计为2292.8亿元，比2016年16个区合计的一般公共预算收入增长了6.1%，占全市一般公共预算收入的比重为42.22%。

表8 2010～2017年北京市本级与区县的一般公共预算收入

单位：亿元，%

年份	全市收入总额	市本级		区级合计	
		金额	占比	金额	占比
2010	2353.93	1304.18	55.40	1049.75	44.60
2011	3006.28	1644.40	54.70	1361.88	45.30
2012	3314.93	1804.47	54.43	1510.46	45.57
2013	3661.11	1981.25	54.12	1679.86	45.88
2014	4027.16	2183.74	54.23	1843.42	45.77
2015	4723.86	2642.42	55.94	2081.44	44.06
2016	5081.26	2920.98	57.49	2160.28	42.51
2017	5430.80	3138.00	57.78	2292.80	42.22

资料来源：《北京区域经济统计年鉴（2017）》和《关于北京市2017年预算执行情况和2018年预算的报告》。

就层级收入结构的变化而言，如图27所示，2010～2017年北京市本级的一般公共预算收入一直高于16个区一般公共预算收入的总额。其中，2010～2013年，北京市本级一般公共预算收入的占比缓慢下降，区级合计的一般公共预算收入占比缓慢上升，二者差距逐渐缩小；但2013年以后，市本级一般公共预算收入占比快速上升，区级合计的一般公共预算收入占比下降，二者的差距呈现不断扩大的趋势。

3. 收入的地区结构[①]

从北京市一般公共预算收入的地区结构来看，如图28所示，2016年首

[①] 《北京区域经济统计年鉴》尚未公布2017年北京市各区的财政收入数据，因此本小节采纳的为2016年的数据。

都功能核心区一般公共预算收入金额合计为580.2亿元，相比于2015年减少了5.8%，占全市一般公共预算收入总金额的比重为11.4%；城市功能拓展区一般公共预算收入金额合计为1019.9亿元，相比于2015年增长了7.9%，占全市一般公共预算收入总金额的比重为20.1%；城市发展新区一般公共预算收入金额合计为424.1亿元，相比于2015年增长了8.7%，占全市一般公共预算收入总金额的比重为8.3%；生态涵养发展区一般公共预算收入金额合计为136.2亿元，相比于2015年增长了4.4%，占全市一般公共预算收入总金额的比重为2.7%。

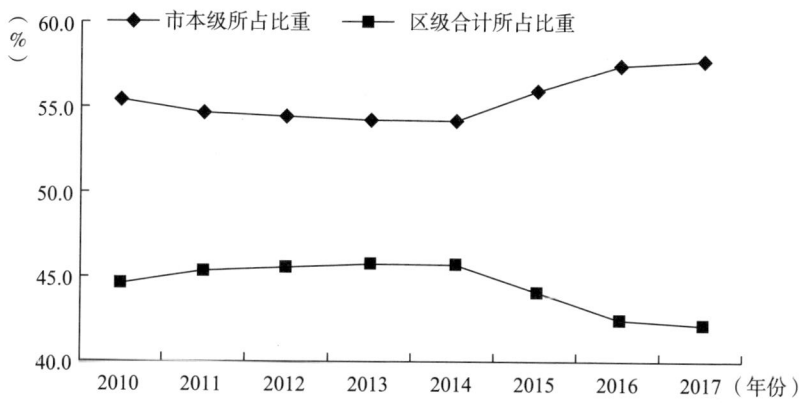

图27　2017年北京市本级与区县一般公共预算收入的占比变化

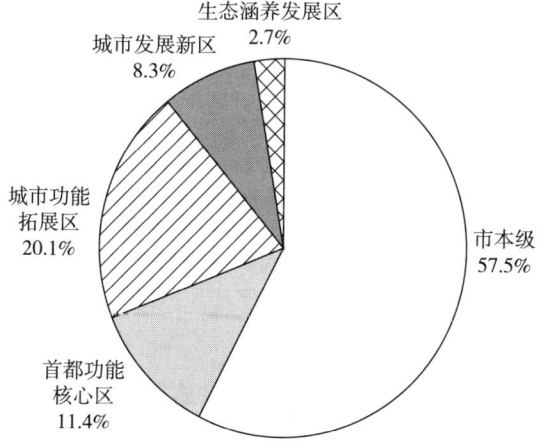

图28　2016年北京市各功能区一般公共预算收入的占比情况

资料来源：《北京区域经济统计年鉴（2017）》。

具体到16个区的地区结构，由表9和图29可以观察到，2016年北京市收入规模最大的区为朝阳区，朝阳区一般公共预算收入金额为477.135亿元，占全市一般公共预算收入总金额的比重为9.39%；收入规模排名第二位的区为西城区，西城区一般公共预算收入金额为413.806亿元，占全市一般公共预算收入总金额的比重为8.14%；收入规模第三位的区为海淀区，海淀区一般公共预算收入金额为386.108亿元，占全市一般公共预算收入总金额的比重为7.6%。这三大区一般公共预算收入规模较大的原因在于，一方面金融业、信息服务业、商务服务业等优势行业的总部企业集中分布于这三大区，总部经济的财政收入支撑作用明显；另一方面这三大区尤其是海淀区集中了大量的高新技术企业，2016年北京市科技型企业发展态势良好，全市高新技术企业财政收入增幅超过20%，对全市财政增收贡献近三成。[①] 在16个区中，一般公共预算收入规模最小的区为延庆区，延庆区一般公共预算收入金额为13.608亿元，占全市一般公共预算收入总金额的比重为0.27%；规模倒数第二位的区为门头沟区，门头沟区一般公共预算收入金额为27.786亿元，占全市一般公共预算收入总金额的比重为0.55%；规模倒数第三位的区为平谷区，平谷区一般公共预算收入金额为27.946亿元，占全市一般公共预算收入总金额的比重为0.55%。

表9 2016年北京市各区的一般公共预算收入情况

单位：亿元，%

一般公共预算收入	2015年			2016年		
	金额	增速	占比	金额	增速	占比
全市	4723.860	17.30	100.00	5081.260	7.57	100.00
首都功能核心区	615.967	16.50	13.04	580.148	-5.82	11.42
东城区	164.561	5.52	3.48	166.342	1.08	3.27
西城区	451.406	21.10	9.56	413.806	-8.33	8.14
城市功能拓展区	945.068	10.91	20.01	1019.907	7.92	20.07
朝阳区	447.981	8.78	9.48	477.135	6.51	9.39
丰台区	94.489	9.69	2.00	104.591	10.69	2.06

---

① 科技企业的财政收入数据来源于《关于北京市2016年预算执行情况和2017年预算草案的报告》。

续表

一般公共预算收入	2015 年			2016 年		
	金额	增速	占比	金额	增速	占比
石景山区	45.094	18.76	0.95	52.072	15.47	1.02
海淀区	357.504	13.08	7.57	386.108	8.00	7.60
城市发展新区	390.018	13.09	8.26	424.068	8.73	8.35
房山区	50.154	9.98	1.06	53.703	7.08	1.06
通州区	70.804	16.35	1.50	76.507	8.05	1.51
顺义区	124.761	12.79	2.64	137.862	10.50	2.71
昌平区	73.053	10.21	1.55	78.277	7.15	1.54
大兴区	71.245	15.81	1.51	77.720	9.09	1.53
生态涵养发展区	130.388	10.74	2.76	136.156	4.42	2.68
门头沟区	26.068	18.31	0.55	27.786	6.59	0.55
怀柔区	33.381	10.01	0.71	35.648	6.79	0.70
平谷区	27.934	5.22	0.59	27.946	0.04	0.55
密云区	29.505	6.15	0.62	31.168	5.64	0.61
延庆区	13.500	22.50	0.29	13.608	0.80	0.27

注：由于笔者对各区一般公共预算收入金额数据进行了四舍五入处理，因此增速和占比数据、四大功能区加总的金额数据会产生细微出入。

资料来源：《北京区域经济统计年鉴（2017）》。

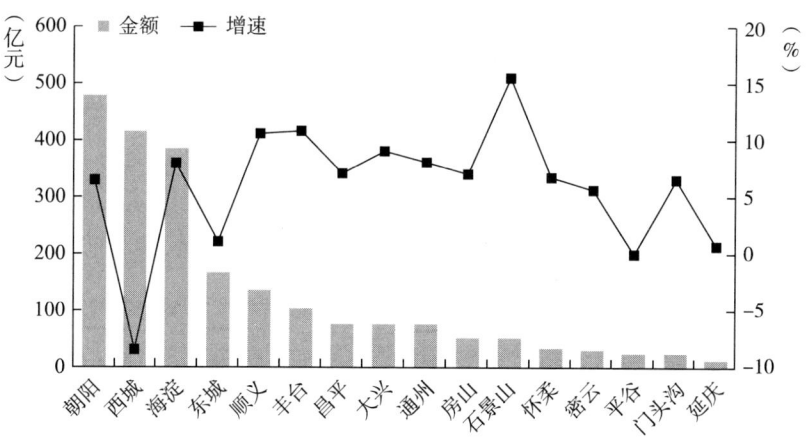

图 29 2016 年北京市各区的一般公共预算收入情况

资料来源：《北京区域经济统计年鉴（2017）》。

在16个区的一般公共预算收入增长速度方面,由表9和图29可知,与2015年相比,2016年一般公共预算收入增长速度最快的为石景山区,增长速度为15.47%,增幅比2015年低3.29个百分点;增长速度排第二位的是丰台区,增长速度为10.69%,增幅比2015年高1.0个百分点;增长速度排第三位的是顺义区,增长速度为10.5%,增幅比2015年低2.29个百分点;2016年一般公共预算收入增长速度最慢的为西城区,增长速度为-8.33%,增幅比2015年下降了29.43个百分点;其次为平谷区,增长速度为0.04%,增幅比2015年下降了5.18个百分点;再次为延庆区,增长速度为0.8%,增幅比2015年下降了21.7个百分点。

三 2017年北京市财政支出分析

(一)2017年财政支出规模分析

1. 2017年财政支出的预算安排情况[①]

2017年北京市财政支出预算安排主要考虑的是,按照2017年收入预期增长水平,根据中央对本市、本市对区的财政体制情况及调入预算稳定调节基金能力,并考虑保障疏解非首都功能,京津冀协同发展,筹备冬奥会、冬残奥会等重大支出需求,综合测算2017年财政支出规模。2017年,北京市将围绕市委市政府中心工作,继续统筹"三本预算"资金,坚持有保有压、有进有退,严格控制机关运行经费,将统筹的资金聚焦京津冀协同发展、创新驱动、生态环境建设、城市治理、提升公共服务水平等五大重点领域,初步安排资金3406.8亿元,较2016年预算2980.8亿元增加426.0亿元,增长14.3%,推动重点任务落地生效。具体而言,2017年北京市在促进京津冀协同发展方面安排资金333.1亿元,在促进创新驱动发展方面安排资金526.3亿元,在完善首都生态环境建设方面安排资金598.5亿元,在加强城市治理方面安排资金1020.5亿元,在提升公共服务水平方面安排资金928.4亿元。

---

① 北京市财政局:《北京市2016年预算执行情况和2017年预算草案的报告》,北京市第十四届人民代表大会第五次会议,2017年1月14日。

（1）一般公共预算支出预算安排情况

2017年北京市一般公共预算支出6243.5亿元，同口径增长10.1%（剔除2016年新增债券安排支出492亿元），加上解中央等支出290.7亿元，支出合计6534.2亿元。

市本级一般公共预算支出3050.0亿元，同口径增长10.3%（剔除2016年新增债券安排支出240.1亿元）；加上解中央支出85.7亿元、对区税收返还和一般性转移支付1231.5亿元、地方政府债券还本34.0亿元，支出合计4401.2亿元。2017年市级预备费安排50亿元，占市级预算支出的1.6%，符合《预算法》1%~3%的要求。

2017年市对区税收返还和转移支付预算安排1481.9亿元，较2016年执行数增长12.4%。其中，税收返还和一般性转移支付1231.5亿元，增长25.9%；专项转移支付250.4亿元，下降26.5%。

2017年市级党政机关、事业单位的"三公"经费财政拨款支出预算安排92870万元，较2016年预算增加23770万元，主要原因在于：一是区检察院、法院财物上划市级管理，原由各区保障的"三公"经费改由市级安排，相应增加"三公"经费预算4197万元；二是根据国Ⅰ国Ⅱ车辆限行政策，为保障北京市执法执勤、处置突发事件等工作正常开展，安排国Ⅰ国Ⅱ执法公务车辆更新购置费23100万元，更新购置方案已上报国务院。剔除以上因素，同口径下降5.1%。具体而言，2017年"三公"经费财政支出的预算安排包括：因公出国（境）费15370万元；公务接待费3700万元；公务用车购置及运行维护费73800万元（其中：购置费23100万元、运行维护费50700万元）。

（2）政府性基金支出预算安排情况

2017年北京市政府性基金预算支出1517.6亿元，下降6.6%；加地方专项政策性结转下年使用等支出74.4亿元，支出合计1592.0亿元。

市本级政府性基金预算支出746.9亿元，增长27.8%；加调出资金25.1亿元、地方专项政策性结转下年使用3.0亿元，支出合计775.0亿元。市本级政府性基金预算收支平衡。

（3）国有资本经营支出预算安排情况

2017年北京市国有资本经营预算支出56.1亿元，增长21.1%；加调出资金14.9亿元，支出合计71.0亿元。

市本级国有资本经营预算支出48.0亿元，增长28.9%，主要是根据以收定支原则，根据收入规模安排支出；加调出资金13.1亿元，支出合计61.1亿元。市本级国有资本经营预算收支平衡。

（4）社会保险基金支出预算安排情况

2017年北京市社会保险基金预算支出2586.6亿元，增长3.4%。年末滚存结余5316.7亿元，用于按时足额支付各项社会保险待遇。

市本级社会保险基金预算支出2497.3亿元，增长3.3%，主要是因为基本养老保险待遇提高。年末滚存结余5157.2亿元。

2. 2017年财政支出的决算执行情况[①]

（1）一般公共预算支出决算情况

2017年北京市一般公共预算支出6540.5亿元，增长6.2%，完成调整预算的100.0%[②]；加上解中央等支出811.8亿元，支出合计7352.3亿元。

市本级一般公共预算支出3123.3亿元，增长3.9%，完成调整预算的100.0%；加上解中央支出61.1亿元、对区税收返还和一般性转移支付1231.5亿元、地方政府债券还本34.0亿元、地方政府债券转贷支出223.7亿元、补充预算稳定调节基金280.5亿元，支出合计4954.1亿元。市级一般公共预算收支平衡。

（2）政府性基金支出决算情况

2017年北京市政府性基金预算支出2481.8亿元，完成调整预算的100.0%；加地方专项政策性结转下年使用等支出1321.1亿元，支出合计3802.9亿元。

市本级政府性基金预算支出784.6亿元，完成调整预算的100.0%；加调出资金234.5亿元、地方政府专项债务转贷支出190.3亿元、地方专项政策性结转下年使用322.6亿元，支出合计1532.0亿元。市级政府性基金预算收支平衡。

---

① 北京市财政局：《关于北京市2017年预算执行情况和2018年预算的报告》，北京市第十五届人民代表大会第一次会议，2018年1月24日。需要说明的是，财政支出决算执行情况的数据是根据预算执行情况初步汇总的，在地方财政决算正式编成后还会有所变化。

② 财政预算在实际执行的过程中，由于各种情况变化，财政部门需要按规定进行预算调整，组织新的预算平衡。因此年末的"调整预算"数据与年初预算数据并不完全一致。

(3) 国有资本经营支出决算情况

2017年北京市国有资本经营预算支出56.7亿元，完成预算的101.1%；加调出资金15.3亿元、结转下年使用3.0亿元，支出合计75.0亿元。

市本级国有资本经营预算支出48.0亿元，完成预算的100.0%；加调出资金13.1亿元、结转下年使用1.4亿元，支出合计62.5亿元。市级国有资本经营预算收支平衡。

(4) 社会保险基金支出决算情况

2017年北京市社会保险基金预算支出2594.9亿元，完成调整预算的98.5%。年末滚存结余5475.4亿元。

市本级社会保险基金预算支出2501.6亿元，完成调整预算的98.6%。年末滚存结余5319.6亿元。社会保险基金预算中机关事业单位基本养老保险、生育保险存在年度收支缺口，主要由财政资金予以弥补。

3. 2017年财政支出总体规模水平及变化趋势

(1) 一般公共预算支出

如表10和图30所示，2017年北京市一般公共预算支出为6540.50亿元，比2016年的绝对数额增加了133.7亿元，保持着2010年以来一般公共预算支出金额呈现的稳步增长趋势。2017年北京市一般公共预算支出的增速为2.09%，比2016年一般公共预算支出的增速下降了9.57个百分点，而且一般公共预算支出的增速在2015年之后呈现一个快速下降的趋势，因此2017年的增速2.09%是一个新的低点。2016年一般公共预算支出占地区生产总值的比重为23.36%，低于2016年的比重24.96%，这是2010年以来一般公共预算支出占地区生产总值的比重首次出现回落，改变了之前其稳步增长的趋势。

表10 一般公共预算支出的规模及变化情况

年份	一般公共预算支出（亿元）	一般公共预算支出的增速（%，上年=100）	一般公共预算支出占地区GDP的比重（%）
2010	2717.32	17.16	18.82
2011	3245.23	19.43	19.52
2012	3685.31	13.56	20.08

续表

年份	一般公共预算支出（亿元）	一般公共预算支出的增速（%，上年=100）	一般公共预算支出占地区GDP的比重（%）
2013	4173.66	13.25	20.53
2014	4524.67	8.41	20.62
2015	5737.70	26.81	24.22
2016	6406.77	11.66	24.96
2017	6540.50	2.09	23.36

资料来源：2010~2016年的数据均来源于《北京统计年鉴（2017）》，2017年的数据来源于《关于北京市2017年预算执行情况和2018年预算的报告》。

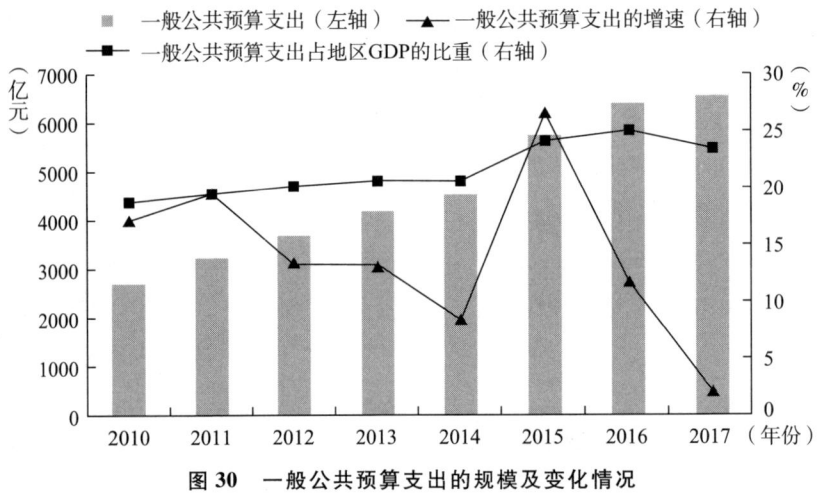

图30　一般公共预算支出的规模及变化情况

（2）政府性基金支出

如表11和图31所示，2017年北京市政府性基金支出为2481.8亿元，较2016年而言增加了1049.7亿元，这主要归因于北京市政府加快落实住宅用地供应计划，导致国有土地使用权出让收入、国有土地收益基金收入出现大幅增长，从而对应安排的政府性基金支出大幅增长。2010~2017年，政府性基金支出的绝对数额呈现先下降、再上升、再次下降、再次上升的变化趋势。2017年北京市政府性基金支出的增速为73.3%，远远高于2016年的增速-37.22%。2017年政府性基金支出占地区生产总值的比重为8.86%，高于2016年的比重5.58%。不论是政府性基金支出的增速，还是其占地区生产总值的比重，均同样呈现先下降、再上升、再次下降、再次上升的变化趋势。

表 11　政府性基金支出的规模及变化情况

年份	政府性基金支出（亿元）	政府性基金支出的增速（%，上年=100）	政府性基金支出占地区GDP的比重（%）
2010	1347.65	168.73	9.33
2011	1329.71	-1.33	8.00
2012	1118.45	-15.89	6.10
2013	1798.81	60.83	8.85
2014	2559.09	42.27	11.66
2015	2281.30	-10.86	9.63
2016	1432.09	-37.22	5.58
2017	2481.80	73.30	8.86

资料来源：2010~2016 年的数据均来源于《北京统计年鉴（2017）》，2017 年的数据来源于《关于北京市 2017 年预算执行情况和 2018 年预算的报告》。

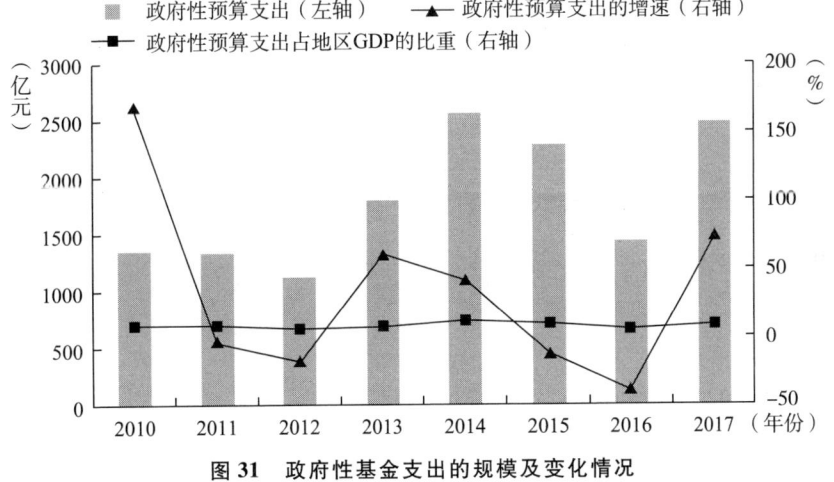

图 31　政府性基金支出的规模及变化情况

（3）国有资本经营支出

如表 12 和图 32 所示，2017 年北京市国有资本经营支出为 56.7 亿元，比 2016 年国有资本经营支出的绝对数额增加了 11.1 亿元；国有资本经营支出 2013~2016 年呈现逐年递减的趋势，在 2016 年达到了一个低点之后，2017 年又有所回升。2017 年北京市国有资本经营支出的增速为 24.3%，远远高于 2013~2016 年的增长速度，是 2013 年以来国有资本经营支出增速的一个高点。2017 年国有资本经营支出占地区生产总值的比重为 0.2%，略高于 2016 年的比重数值；相比于一般公共预算支出和政府性基金支出，国有资本经营支出占地区生产总值的比重非常小。

表 12　国有资本经营支出的规模及变化情况

年份	国有资本经营支出（亿元）	国有资本经营支出的增速（%，上年 = 100）	国有资本经营支出占地区 GDP 的比重（%）
2012	62.68	—	0.34
2013	66.95	6.81	0.33
2014	63.99	-4.43	0.29
2015	61.72	-3.55	0.26
2016	45.63	-26.07	0.18
2017	56.70	24.26	0.20

资料来源：2010~2016 年的数据均来源于《北京统计年鉴（2013—2017）》，2017 年的数据来源于《关于北京市 2017 年预算执行情况和 2018 年预算的报告》。"—"表示数据未取得。

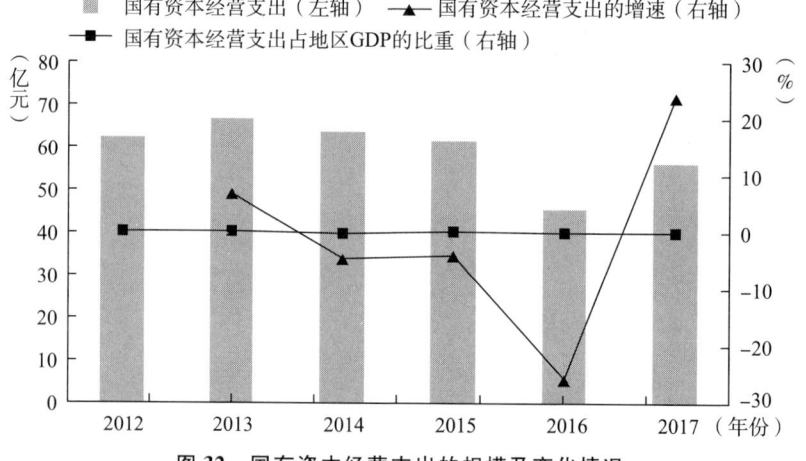

图 32　国有资本经营支出的规模及变化情况

（4）社会保险基金支出

如表 13 和图 33 所示，2017 年北京市社会保险基金支出为 2594.9 亿元，相比于 2016 年而言增长了 92.8 亿元，保持了社会保险基金支出绝对数额逐年增长的趋势。2017 年北京市社会保险基金支出的增速为 3.71%，远远低于 2016 年的增速 31.95%，降低了 28.24 个百分点。2017 年社会保险基金支出占地区生产总值的比重为 9.27%，略低于 2016 年的比重 9.75%，改变了自 2014 年以来占 GDP 比重逐年递增的趋势。

表 13　社会保险基金支出的规模及变化情况

年份	社会保险基金支出（亿元）	社会保险基金支出的增速（%，上年=100）	社会保险基金支出占地区 GDP 的比重（%）
2014	1679.70	—	7.65
2015	1896.30	12.90	8.01
2016	2502.10	31.95	9.75
2017	2594.90	3.71	9.27

注：《关于北京市 2013 年预算执行情况和 2014 年预算草案的报告》中提到，北京市推进政府全口径预算管理，2014 年首次将北京市社会保险基金预算报送市人代会审议，初步实现了"四本"预算同时上会审查。因此，笔者仅能获取 2014 年以后社会保险基金支出的数据。

资料来源：上述数据来源于《关于北京市 2014 年预算执行情况和 2015 年预算的报告》、《关于北京市 2015 年预算执行情况和 2016 年预算的报告》、《关于北京市 2016 年预算执行情况和 2017 年预算的报告》和《关于北京市 2017 年预算执行情况和 2018 年预算的报告》。"—"表示数据未取得。

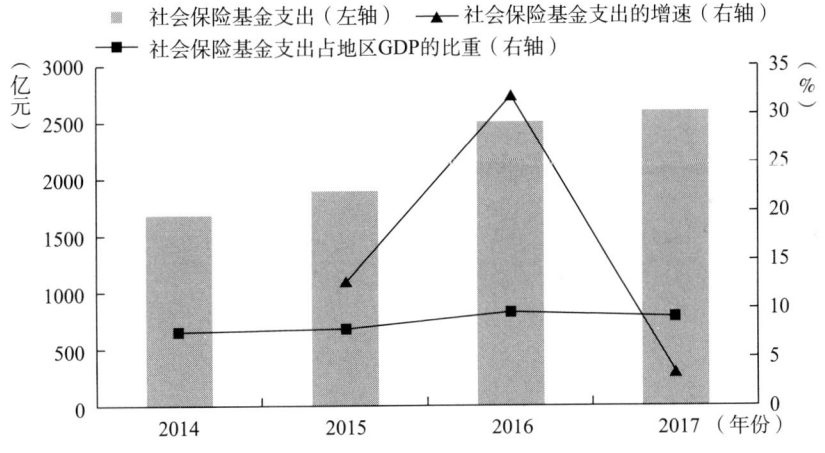

图 33　社会保险基金支出的规模及变化情况

4. 2017 年财政收支关系分析

（1）一般公共预算收支关系

经计算，2017 年北京市一般公共预算收入少于一般公共预算支出，收支差额（财政收入减去财政支出）是 1109.7 亿元，收支差额的绝对值略小于 2016 年。由表 14 可以了解到，2010～2016 年一般公共预算收入一直少于一般公共预算支出，而且差距呈现越来越大的趋势，直到 2017 年收支差距才略微缩小一点。北京市收入小于支出的财政资金缺口大部分是依靠中央转移支付来填补以保证财政工作的正常运转,2017年北京市中央返还及补助等收入为1921.5亿元,2016年中央返还及补助等收入1783.2亿元,2017年中央转移支付比2016年增加了7.8%。[①] 另外经计算,2017年北京市一般公共预算的自给率为83.03%,意味着政府每花费100元财政支出,其中83元是北京市政府自己通过税收手段征收筹集的,剩余的17元依靠中央的转移支付补助资金。北京市这一财政自给率水平在全国居于领先水平,说明北京市政府的财力水平总体状况不错。

表14 一般公共预算收支差额及自给率

单位:亿元,%

年份	一般公共预算收入	一般公共预算支出	收支差额	自给率
2010	2353.93	2717.32	-363.39	86.63
2011	3006.28	3245.23	-238.95	92.64
2012	3314.93	3685.31	-370.38	89.95
2013	3661.11	4173.66	-512.55	87.72
2014	4027.16	4524.67	-497.51	89.00
2015	4723.86	5737.70	-1013.84	82.33
2016	5081.26	6406.77	-1325.51	79.31
2017	5430.80	6540.50	-1109.70	83.03

注:收支差额=收入-支出;自给率=收入÷支出×100%。
资料来源:2010~2016年的数据均来源于《北京统计年鉴(2017)》,2017年的数据来源于《关于北京市2017年预算执行情况和2018年预算的报告》。

(2) 政府性基金收支关系

经计算,2017年北京市政府性基金收入大于支出,盈余金额为651.0亿元(见表15),改变了2015年和2016年政府性基金收支差额为负数的状态,甚至超过了2014年收支差额的数值,达到了2010年以来政府性基金收支差额一个新的高点。另外经计算,2016年政府性基金的自给率为126.23%,大于2016年的自给率91.93%,在2015年和2016年的自给率变

[①] 转移支付数据来源于《关于北京市2016年预算执行情况和2017年预算的报告》和《关于北京市2017年预算执行情况和2018年预算的报告》。

得小于100%后，2017年政府性基金的自给率又重新大于100%。

表15 政府性基金收支差额及自给率

单位：亿元，%

年份	政府性基金收入	政府性预算支出	收支差额	自给率
2010	1456.98	1347.65	109.33	108.11
2011	1352.82	1329.71	23.11	101.74
2012	1197.92	1118.45	79.47	107.11
2013	1841.76	1798.81	42.95	102.39
2014	3122.91	2559.09	563.82	122.03
2015	2028.37	2281.30	-252.93	88.91
2016	1316.47	1432.09	-115.62	91.93
2017	3132.80	2481.80	651.00	126.23

注：收支差额=收入-支出；自给率=收入÷支出×100%。

资料来源：2010~2016年的数据均来源于《北京统计年鉴（2017）》，2017年的数据来源于《关于北京市2017年预算执行情况和2018年预算的报告》。

（3）国有资本经营收支关系

经计算，2017年北京市国有资本经营收入大于国有资本经营支出，盈余金额为4.9亿元（见表16），小于2016年的盈余金额19.12亿元，大于2012~2015年的国有资本经营的收支差额。另外经计算，2017年国有资本经营收支的自给率为108.64%，低于2016年的自给率141.9%，略高于2012~2015年国有资本经营收支的自给率。

表16 国有资本经营收支差额及自给率

单位：亿元，%

年份	国有资本经营收入	国有资本经营支出	收支差额	自给率
2012	60.87	62.68	-1.81	97.11
2013	63.21	66.95	-3.74	94.41
2014	64.46	63.99	0.47	100.73
2015	61.60	61.72	-0.12	99.81
2016	64.75	45.63	19.12	141.90
2017	61.60	56.70	4.90	108.64

注：收支差额=收入-支出；自给率=收入÷支出×100%。

资料来源：2010~2016年的数据均来源于《北京统计年鉴（2013—2017）》，2017年的数据来源于《关于北京市2017年预算执行情况和2018年预算的报告》。

(4) 社会保险基金收支关系

经计算，2017年北京市社会保险基金收入大于社会保险基金支出，盈余金额为992.5亿元（见表17），大于2014年、2015年和2016年的收支盈余金额，并且收支差额呈现一个不断向上增长的趋势。另外经计算，2017年社会保险基金的收支自给率为138.25%，略高于2016年社会保险基金的收支自给率138.03%。2014年以来社会保险基金的收支自给率都大于100%，说明目前北京市社会保险基金管理处于一个收入大于支出的良性运转的状态。

表17 社会保险基金收支差额及自给率

单位：亿元，%

年份	社会保险基金收入	社会保险基金支出	收支差额	自给率
2014	2209.10	1679.70	529.40	131.52
2015	2653.90	1896.30	757.60	139.95
2016	3446.83	2497.23	949.60	138.03
2017	3587.40	2594.90	992.50	138.25

注：收支差额＝收入－支出；自给率＝收入÷支出×100%。
资料来源：《关于北京市2014年预算执行情况和2015年预算的报告》、《关于北京市2015年预算执行情况和2016年预算的报告》、《关于北京市2016年预算执行情况和2017年预算的报告》和《关于北京市2017年预算执行情况和2018年预算的报告》。

（二）2017年财政支出结构分析

1. 支出的类型结构

(1) "四本"预算的支出结构

2014年以来北京市推进政府全口径预算管理，实现了"四本"预算同时报北京市人民代表大会审议以及向社会公开财政信息。图34给出了2017年北京市一般公共预算支出、政府性基金支出、国有资本经营支出和社会保险基金支出占整个财政支出的比重情况。2017年全市"四本"预算的财政支出总计为11673.9亿元，比2016年增长了12.4%。在"四本"预算中，所占比重最大的为一般公共预算支出，比重为56.0%，占了整个政府财政支出的一半以上；排名第二的是社会保险基金支出，占所有财政支出的比重为22.2%；政府性基金支出占所有财政支出的比重为21.3%，位列第三；国有资本经营支出与前三者的差距较为明显，其占整个财政支出的比重仅为0.5%，占比远远低于其他三本预算支出。结合财政收入来看，"四本"预算的支出占比排名与收入占比排名保持一致。

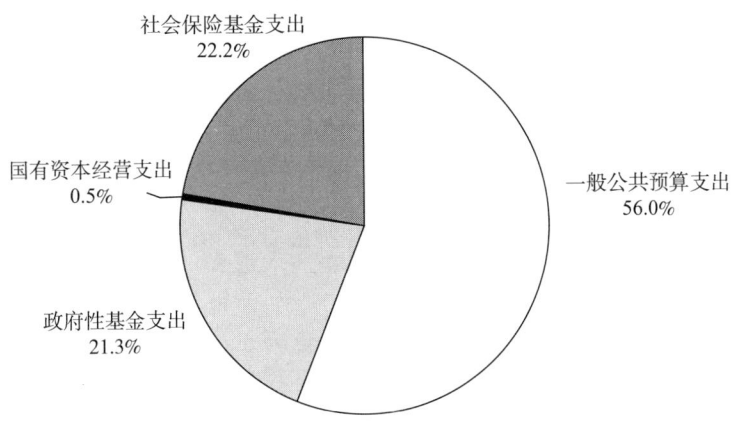

图34　2017年北京市"四本"预算财政支出结构

资料来源：《关于北京市2017年预算执行情况和2018年预算的报告》。

结合2016年北京市"四本"预算的财政支出结构来看，① 四大类财政支出占比变化的情况为：一般公共预算支出占总财政支出的比重比2016年减少了5.7个百分点，社会保险基金支出占比较2016年而言减少了1.9个百分点，政府性基金支出占比比2016年增加了7.5个百分点，国有资本经营支出占比比2016年增加了0.1个百分点。简而言之，2017年北京市总体财政支出结构的变化特点是，一般公共预算支出和社会保险基金支出占比下降，政府性基金支出和国有资本经营支出占比上升。

（2）一般公共预算支出结构

2017年北京市一般公共预算各项明细类支出的占比情况如表18及图35所示。其中，一般公共服务支出的金额为477.14亿元，占一般公共预算支出的比重为7.3%，占比排序第五位，一般公共服务支出比2016年增长了

---

① 2016年北京市整体财政支出的结构情况为：一般公共预算支出占比为61.7%，社会保险基金支出占比为24.1%，政府性基金支出占比为13.8%，国有资本经营支出占比为0.4%。

30.0%，增长幅度比2016年高7.6个百分点（2016年一般公共服务支出的增速为22.4%）。公共安全及国防支出的金额为476.14亿元，占一般公共预算支出的比重为7.3%，占比排序位列第六，金额较2016年而言增长了29.6%。教育支出的金额为955.85亿元，占一般公共预算支出的比重为14.6%，占比排序第二位，教育支出金额较2016年而言增长了7.7%。科学技术支出的金额为353.3亿元，占一般公共预算支出的比重为5.4%，占比排序第十位，其金额较2015年而言增长了23.6%。文化体育与传媒支出的金额为203.12亿元，占一般公共预算支出的比重为3.1%，占比排序在第十一位，其金额较2016年而言增长了2.4%。社会保障和就业支出的金额为691.77亿元，占一般公共预算支出的比重为10.6%，占比排序在第三位，其金额较2016年而言减少了3.4%。医疗卫生与计划生育支出的金额为385.79亿元，占一般公共预算支出的比重为5.9%，占比排序在第九位，金额较2016年而言降低了3.1%。节能环保支出的金额为422.14亿元，占一般公共预算支出的比重为6.5%，占比排序第七位，金额较2016年而言增长了16.2%。城乡社区支出是一般公共预算支出中占比最大的明细支出，占比高达15.9%，接近1/6，金额为1039.2亿元，比2016年减少了7.2%。农林水支出的金额为504.3亿元，占一般公共预算支出的比重为7.7%，占比排名第四位，金额较2016年而言增长了13.7%。交通运输支出占一般公共预算支出的比重为6.4%，排名第八位，金额为418.95亿元，比2016年的数额增长了18.5%。住房保障支出的金额为143.49亿元，占一般公共预算支出的比重为2.2%，排名第十二位。

表18　2017年北京市一般公共预算支出决算情况表

单位：亿元

一般公共预算支出决算明细项目	决算数	占比排序
一般公共服务支出	477.14	5
公共安全及国防支出	476.14	6
教育支出	955.85	2
科学技术支出	353.33	10
文化体育与传媒支出	203.12	11

续表

一般公共预算支出决算明细项目	决算数	占比排序
社会保障和就业支出	691.77	3
医疗卫生与计划生育支出	385.79	9
节能环保支出	422.14	7
城乡社区支出	1039.20	1
农林水支出	504.30	4
交通运输支出	418.95	8
住房保障支出	143.49	12
其他支出	469.25	—
一般公共预算支出合计	6540.47	—

注：表中的"其他支出"的数据为笔者通过计算所得，计算方法为对《北京市2017年预算执行情况和2018年预算（草案）》附表二中的资源勘探信息等支出、商业服务业等支出、援助其他地区支出、债务付息支出、国土海洋气象等支出、金融支出、粮油物资储备支出、债务发行费用支出、其他支出数据进行加总。

资料来源：《北京市2017年预算执行情况和2018年预算（草案）》，北京市财政局网站。通过与前文对比可知，《北京市2016年市级决算草案》中的一般公共预算支出数额与《关于北京市2016年预算执行情况和2017年预算的报告》中报告的数额有一定出入，由于后者未报告支出明细的数据，因此在分析一般公共预算支出结构时，笔者采纳《北京市2016年市级决算草案》中报告的数据。

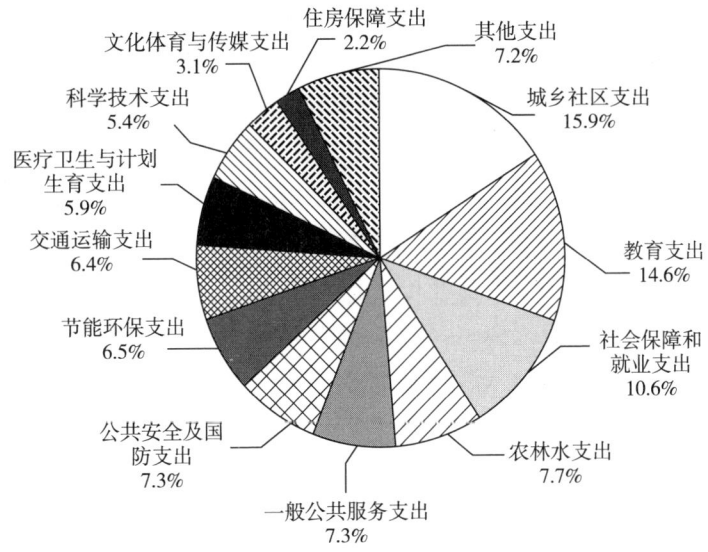

图35　2017年北京市一般公共预算支出结构

总而言之，2017年一般公共预算支出中规模占比排名前三的明细支出为城乡社区支出、教育支出、社会保障和就业支出，占比分别为15.9%、14.6%、10.6%，合计占比为41.1%，说明北京市政府重视民生、关注民生，在提高民生公共服务方面投入了较多的财政资金。增速最大的三类明细支出为一般公共服务支出、公共安全及国防支出、科学技术支出，增长幅度分别为30.0%、29.6%和23.6%。

2017年北京市政府通过财政预算统筹安排了3491.6亿元财政资金用于聚焦五大重点领域——疏解非首都功能、推动创业创新、加强生态环境建设、加强城市精细化管理、提升公共服务水平，进一步优化了财政支出结构，充分发挥了财政手段的调控作用，促使财政支出能够更好地为首都社会经济发展服务。

具体而言，2017年北京市财政局对财政支出五大重点领域的财政资金安排如下。①

第一，疏解非首都功能，扎实推进京津冀协同发展，安排资金374亿元。

疏解非首都功能投入118.6亿元。推动教育、医疗等公共服务资源均衡布局，引导中心城区非首都功能有序疏解，保障友谊医院顺义院区、北京电影学院新校区等项目建设运行；加快新机场征地拆迁和设施建设。

京津冀基础设施建设等投入111.2亿元。保障南苑机场和冬奥会、冬残奥会相关配套基础设施建设；建设京张、京沈等城际铁路和京秦、延崇等高速公路工程，增强京津冀区域交通的互联互通。

跨区域生态保护等投入6.0亿元。保障6.5万亩京津风沙源治理造林工程实施，扩大绿色屏障覆盖范围；支持京冀生态水源保护林、张承地区生态清洁小流域和永定河综合治理与生态修复建设，改善京冀生态环境。

城市副中心建设投入80.9亿元。推进城市绿心、运河商务区、城市副中心站综合交通枢纽等建设，保障行政办公区一期工程和市政、教育、医疗等配套基础设施建设。

对口帮扶投入57.3亿元。按照中央政策要求，加大对新疆、西藏、青海、内蒙古、湖北巴东等地区的援助力度；加强京冀对口帮扶贫困县合作；

---

① 北京市财政局：《关于北京市2017年预算执行情况和2018年预算的报告》。

开展对河南省、湖北省的南水北调援助协作。

第二，支持创新引领发展，促进经济提质增效，安排资金533.9亿元。

科技创新中心建设投入323.8亿元。保障"三城一区"主平台建设提速；设立北京科创基金，吸引社会资本参与建设科创中心；支持重大和共性技术研究、科技重大专项和重点实验室建设、科技成果转化、创新环境建设等创新全链条协调发展；加强人才吸引力度，吸引和广聚国际领军科学家和国内创新人才。

拉动需求引擎投入48.5亿元。引导绿色消费和新兴消费，落实节能减排商品促消费政策，优化旅游产品结构，开展北京旅游推介工作；继续深化服务业扩大开放综合试点改革，鼓励企业境外参展和开拓国际市场，促进跨境电商等新兴产业发展。

构建高精尖经济结构投入113.6亿元。落实《财政支持疏解非首都功能构建高精尖经济结构的意见》，优化营商环境，加大对区域经济发展的支持力度，鼓励和引导各区制定实施结合区域功能定位、促进构建高精尖经济结构和人才培育的奖励政策。

国企国资改革发展投入48.0亿元。优化国有经济布局和资源配置，促进国有经济产业调整，推进国有企业建立现代企业制度；支持自主品牌高端基地升级改造等重点项目。

第三，推进生态环境建设，打造和谐宜居环境，安排资金608.4亿元。

治理大气污染投入184.2亿元。加大机动车污染防治，淘汰老旧机动车49.6万辆，推广应用新能源汽车；支持实施环保技改工程，减少污染物排放；实施清洁能源替代，支持901个村开展煤改清洁能源，城六区和南部平原地区基本实现"无煤化"。

改善水环境投入196.9亿元。利用南水北调工程实现调水10.8亿立方米，做好城市副中心、新机场等重点区域以及冬奥会和冬残奥会、世园会等重大项目的水资源储备工作；加大老旧供水管网、污水处理厂、再生水厂的建设、改造力度，保证首都用水安全；支持流域生态环境改善，实施对建成区57条黑臭水体的整治工作。

垃圾综合处理投入22.6亿元。提升环境卫生和垃圾处理能力，垃圾日处理能力达到2.4万吨；推动怀柔生活垃圾焚烧厂、海淀和丰台餐厨垃圾处理厂以及房山循环经济产业园建设。

生态保护投入171.9亿元。加大对山区生态林的补偿力度，推进平原百万亩造林工程建设，保障美丽乡村建设，支持林木养护等工程，绿化美化首都环境；提升城市景观水平，推行健康绿道、郊野公园和城市绿地建设，推进世园会园区规划建设。

提升城市人居环境投入32.8亿元。启动整治核心区背街小巷1484条，保障核心区架空线入地工作；实施市级重点环境建设项目，完成重大国际会议周边环境综合整治建设任务；加大平房区、旅游景点等厕所改造力度。

第四，加大城市治理力度，提升首都城市品质，安排资金1036.3亿元。

疏解整治促提升引导资金市级投入87.7亿元。带动全市投入269.6亿元，保障全市重点区域专项整治、一般制造业企业关停退出、整治违法建设等专项行动顺利实施。

住房保障资金投入133.3亿元。加快推进各类保障性安居工程，各类保障性住房新开工6.5万套，竣工9万套，棚户区改造4.9万户，推进老旧小区综合整治，加快人居环境改造提升。

交通缓堵投入570.2亿元。加快实施轨道交通、城市道路、交通枢纽建设；优化公交场站布局，新增、调整和优化公交线路；加大对自行车道和步道设施整治，治理自行车道600公里，加快中心城区微循环道路改造，规范停车管理；继续落实老年人、残疾人、学生等群体票价减免补贴，引导绿色出行。

城市安全投入245.1亿元。全面深化"平安北京"建设，强化反恐防恐力量建设，保障党的十九大、"一带一路"国际合作高峰论坛等重大活动的顺利召开；推进社会治安防控体系建设，增强基层消防力量，完善消防装备配备，持续加大安全生产工作力度；全面实施法院检察院财物市级统管改革，保障司法体制改革和监察体制改革顺利推进；扎实推进国家食品安全城市创建和"阳光餐饮"建设，进一步加强首都食品药品安全监管。

第五，优化公共服务供给，着力增进民生福祉，安排资金939亿元。

城市运行投入270.4亿元。支持城市功能有机更新，保障地下综合管廊建设等重点任务实施，加快供水、供电、供气等市政基础设施更新改造，提升桥梁、道路等建设、养护及环卫清洁水平；落实居民领域电、气、热补贴政策；实施提高生活性服务业品质行动计划，继续推进"一刻钟社区服务圈"建设。

教育发展投入259.1亿元。扩大义务教育和学前教育资源，通过新建、改扩建幼儿园和扶持发展普惠性幼儿园等多渠道增加学前教育学位，推进高校办附中附小、九年一贯制、集团化等办学模式，扩大义务教育优质资源供给；促进高等教育内涵式发展，实施高水平人才交叉培养计划，建设高校"高精尖创新中心"，推进高校大学生创业园建设。

养老、社保、就业投入160.6亿元。完善养老服务体系建设，加强养老服务人才培养，探索发展农村养老服务，支持居家养老服务，落实养老床位运营资助政策；推动社区养老服务驿站、养老照料中心建设；完善残疾人社保和服务体系；落实各类社会保障补贴政策，促进大学生、退役军人以及失业人员就业创业。

医疗卫生投入88.6亿元。提升医疗服务能力，推动医疗卫生事业发展；支持公立医院综合改革，推动北京市医药分开综合改革顺利实施；支持中医发展；落实城镇居民医疗保险和新农合补助政策，完善院前急救工作体系建设，加强传染病和慢性病防治。

文化事业产业发展投入71.1亿元。加强文化中心建设，提升文化软实力，举办国际电影节、全民阅读工程等各项文化活动，实施博物馆、美术馆、纪念馆免费开放等重大文化惠民工程；推动中轴线周边景观风貌保护和箭扣长城等重点文物保护工程；支持"投贷奖"联动，搭建文化金融服务平台。

体育事业产业发展投入12.8亿元。落实北京市全民健身消费、新建体育场馆、体育职业俱乐部财政奖补政策，引导体育健身消费和体育产业发展；落实北京市全民健身条例，支持专项健身活动场地建设；推动冬奥会、冬残奥会筹备工作，大力发展冰雪运动，支持冬季运动项目职业队伍及青少年队伍建设。

城乡统筹发展投入76.4亿元。推进农业综合开发，加大农业生态环境治理力度，支持农业结构调整及畜禽生态养殖，促进农业产业化经营，推动休闲农业、乡村旅游等特色产业发展；精准帮扶低收入农户增收，加大对村级组织、山区搬迁农民、政策性农业保险的支持力度。

（3）政府性基金支出结构

2017年北京市政府性基金支出主要用于城乡社区支出、债务付息支出、交通运输支出等七个方面。由表19可以观察到，政府性基金支出中规模最大的支出为城乡社区支出，金额为2414.4亿元，其所占比重高达97.28%，远远高于其他六类政府性基金支出。城乡社区支出资金主要用于国有土地使用权出让收入及对应专项债务收入安排的支出、城市公用事业附加及对应专项债务收入安排的支出、国有土地收益基金及对应专项债务收入安排的支出、农业土地开发资金及对应专项债务收入安排的支出、城市基础设施配套费及对应专项债务收入安排的支出、污水处理费及对应专项债务收入安排的支出六个方面。除了城乡社区支出之外，债务付息支出、交通运输支出等其他几类政府性基金支出的规模都非常小，占比均达不到总体政府性基金支出的2%。

表19 2017年北京市政府性基金支出结构

单位：%

政府性基金明细支出项目	所占比重	占比排序
文化体育与传媒支出	0.03	7
城乡社区支出	97.28	1
交通运输支出	0.53	4
资源勘探信息等支出	0.08	5
其他支出	0.80	3
债务付息支出	1.25	2
债务发行费用支出	0.03	6

资料来源：《北京市2017年预算执行情况和2018年预算（草案）》，北京市财政局网站。

2. 支出的层级结构

从一般公共预算支出的层级结构来看，如表20和图36所示，2017年北京市本级一般公共预算支出占全市支出的比重为47.75%，市本级一般公共预算支出的金额为3123.3亿元，比2016年市本级一般公共预算支出增长了15.8%，这一增幅为2017年市本级一般公共预算收入增速的两倍多；北京市16个区的一般公共预算支出占全市支出的比重为52.25%，16个区一般公共预算支出合计为3417.2亿元，相比于2016年而言，16个区合计的一般公共预算支出下降了7.9%。

表20 2017年北京市本级与区一般公共预算支出

年份	全市支出总额（亿元）	市本级		区合计	
		金额（亿元）	占比（%）	金额（亿元）	占比（%）
2010	2717.32	1197.41	44.07	1519.91	55.93
2011	3245.23	1464.25	45.12	1780.98	54.88
2012	3685.31	1613.09	43.77	2072.22	56.23
2013	4173.66	1702.01	40.78	2471.65	59.22
2014	4524.67	1843.07	40.73	2681.59	59.27
2015	5737.70	2199.92	38.34	3537.78	61.66
2016	6406.77	2697.01	42.10	3709.76	57.90
2017	6540.50	3123.30	47.75	3417.20	52.25

资料来源：《北京区域经济统计年鉴（2017）》和《关于北京市2017年预算执行情况和2018年预算的报告》。

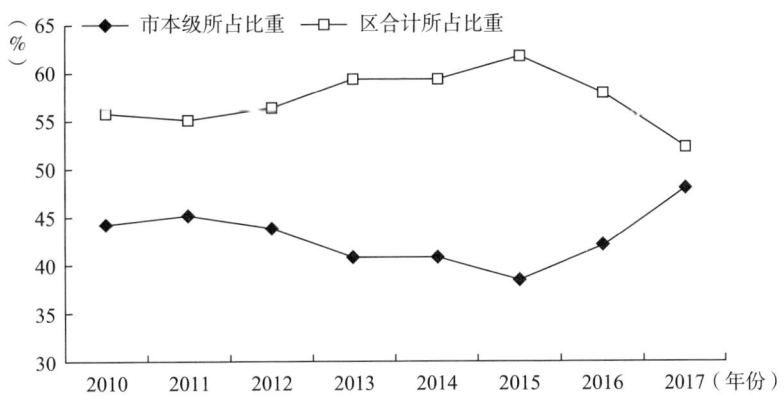

图36 2017年北京市本级与区一般公共预算支出的占比变化

图36展示了一般公共预算支出层级结构的变化情况。如图36所示，2010年以来北京市本级的一般公共预算支出金额一直低于16个区一般公共预算支出的总额，但是差距呈现波动态势。其中，2010~2012年，北京市本级一般公共预算支出的占比有所上升，区级合计的一般公共预算支出占比有所下降，二者差距逐渐缩小；2013~2015年，市本级一般公共预算支出的占比逐渐下降，区级合计的一般公共预算支出占比逐渐上升，二者差

距又进一步拉大；2016年，市本级一般公共预算支出的占比又再次上升，区级合计的一般公共预算支出占比再次下降，二者差距又重新缩小；至2017年，市本级一般公共预算支出的占比又再次下降，区级合计的一般公共预算支出占比又再次上升，二者差距又重新扩大。

3. 支出的地区结构①

从北京市一般公共预算支出的地区结构来看，如表21和图37所示，2016年首都功能核心区一般公共预算支出金额合计为663.624亿元，相比于2015年减少了6.8%，占全市一般公共预算支出合计金额的比重为10.36%；城市功能拓展区一般公共预算支出金额合计为1322.504亿元，相比于2015年增长了6.69%，占全市一般公共预算支出合计金额的比重为20.64%；城市发展新区一般公共预算支出金额合计为1201.464亿元，相比于2015年增长了10.78%，占全市一般公共预算支出合计金额的比重为18.75%；生态涵养发展区一般公共预算支出金额合计为522.169亿元，相比于2015年增长了4.1%，占全市一般公共预算支出合计金额的比重为8.15%。

表21 2016年北京市各区的一般公共预算支出情况

地区	2015年			2016年		
	金额（亿元）	增速（%）	占比（%）	金额（亿元）	增速（%）	占比（%）
全市	5737.701	26.81	100.00	6406.768	11.66	100.00
首都功能核心区	712.071	38.58	12.41	663.624	-6.80	10.36
东城区	237.158	21.39	4.13	237.539	0.16	3.71
西城区	474.913	49.13	8.28	426.085	-10.28	6.65
城市功能拓展区	1239.616	24.44	21.60	1322.504	6.69	20.64
朝阳区	443.648	16.51	7.73	453.025	2.11	7.07
丰台区	207.926	35.97	3.62	194.110	-6.64	3.03
石景山区	91.329	32.70	1.59	97.970	7.27	1.53
海淀区	496.712	26.19	8.66	577.399	16.24	9.01

---

① 《北京区域经济统计年鉴》尚未公布2017年北京市各区的财政支出数据，因此本小节采纳的为2016年的数据。

北京财经发展：现状、问题与前景

续表

地区	2015 年			2016 年		
	金额（亿元）	增速（%）	占比（%）	金额（亿元）	增速（%）	占比（%）
城市发展新区	1084.518	44.24	18.90	1201.464	10.78	18.75
房山区	183.571	19.11	3.20	224.195	22.13	3.50
通州区	198.307	50.41	3.46	338.441	70.67	5.28
顺义区	225.105	34.12	3.92	239.093	6.21	3.73
昌平区	185.736	34.17	3.24	160.288	-13.70	2.50
大兴区	291.799	82.77	5.09	239.447	-17.94	3.74
生态涵养发展区	501.579	19.50	8.74	522.169	4.10	8.15
门头沟区	93.307	35.44	1.63	87.517	-6.21	1.37
怀柔区	106.980	9.29	1.86	107.441	0.43	1.68
平谷区	107.249	28.82	1.87	121.235	13.04	1.89
密云区	110.212	15.30	1.92	113.507	2.99	1.77
延庆区	83.832	13.13	1.46	92.470	10.30	1.44

注：由于笔者对各区一般公共预算支出金额数据进行了四舍五入处理，因此增速和占比数据、四大功能区加总的金额数据会产生细微出入。

资料来源：《北京区域经济统计年鉴（2017）》。

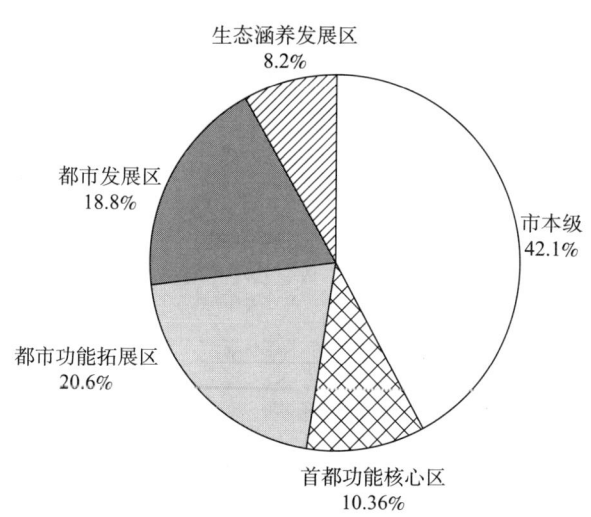

图 37　2016 年北京市各功能区一般公共预算支出的占比情况

资料来源：《北京区域经济统计年鉴（2017）》。

从北京市16个区的一般公共预算支出来看，由表21和图38可知，支出规模最大的区为海淀区，海淀区一般公共预算支出金额为577.399亿元，占区级一般公共预算支出合计金额的9.01%；支出规模第二位的区为朝阳区，朝阳区一般公共预算支出金额为453.025亿元，占区级一般公共预算支出合计金额的7.07%；支出规模第三位的区为西城区，西城区一般公共预算支出金额为426.085亿元，占区级一般公共预算支出合计金额的6.65%。16个区中，一般公共预算支出规模最小的区为门头沟区，门头沟区一般公共预算支出金额为87.517亿元，占区级一般公共预算支出合计金额的1.37%；规模倒数第二位的区为延庆区，延庆区一般公共预算支出金额为92.470亿元，占区级一般公共预算支出合计金额的1.44%；规模倒数第三位的区为石景山区，石景山区一般公共预算支出金额为97.970亿元，占区级一般公共预算支出合计金额的1.53%。

在16个区的一般公共预算支出增长速度方面，表21和图38显示，与2015年相比，2016年一般公共预算支出增长速度最快的为通州区，增长速度为70.67%，增幅比2015年高20.26个百分点；增长速度排第二位的是房山区，增长速度为22.13%，增幅比2015年高3.02个百分点；增长速度排第三位的是海淀区，增长速度为16.24%，增幅比2015年低9.95个百分点；2016年一般公共预算支出增长速度最慢的为大兴区，增长速度为-17.94%，

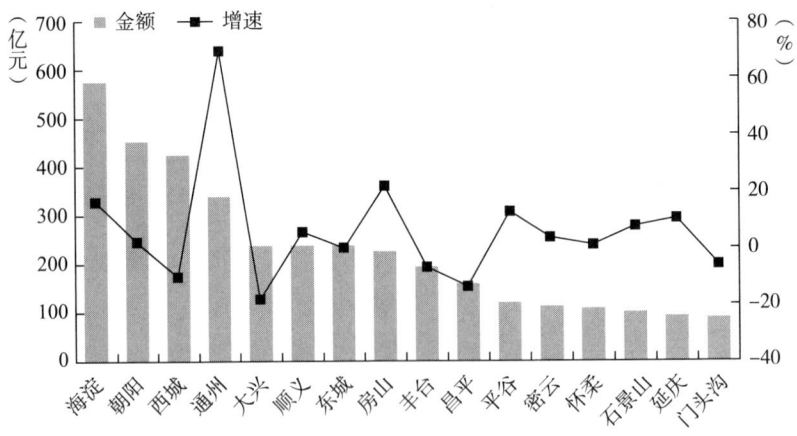

图38　2016年北京市各区的一般公共预算支出情况

资料来源：《北京区域经济统计年鉴（2017）》。

增幅比 2015 年下降了 100.71 个百分点；增长速度倒数第二位的为昌平区，增长速度为 -13.7%，增幅比 2015 年下降了 47.87 个百分点；增长速度倒数第三位为西城区，增长速度为 -10.28%，增幅比 2015 年下降了 59.4 个百分点。

4. 市对区转移支付支出的结构①

如表 22 所示，2016 年北京市本级向 16 个区拨付的转移支付资金达 1403.86 亿元，比 2015 年增长了 22.06%。其中，市本级向大兴区拨付的转移支付资金最多，为 163.44 亿元，占市级转移支付拨付总额的比重为 11.64%。从市本级获取转移支付资金第二位和第三位的区分别为通州区和房山区，金额分别为 130.2 亿元和 123.99 亿元，占市级转移支付拨付总额的比重分别为 9.27% 和 8.83%。从市本级获取转移支付资金最少的区为石景山区，其次为门头沟区，再次为怀柔区，它们获取的转移支付资金金额分别为 39.72 亿元、50.26 亿元、61.6 亿元，占市级转移支付拨付总额的比重分别为 2.83%、3.58%、4.39%。从 2016 年市级拨付给区转移支付资金的增速来看，增长率最高的区为西城区，增长率为 86.85%；其次为东城区，增长率为 80.61%；再次为朝阳区，增长率为 67.98%。而转移支付资金增长率最低的区为大兴区，增长率为 -11.61%；其次为平谷区，增长率为 3.06%；再次为门头沟区，增长率为 9.37%。

表 22　2016 年北京市对各个区县的转移支付支出情况

区的名称	转移支付小计（亿元）	各区转移支付占比（%）	占比排序	增长率（%）
大兴区	163.44	11.64	1	-11.61
通州区	130.20	9.27	2	10.89
房山区	123.99	8.83	3	24.35
朝阳区	106.92	7.62	4	67.98
海淀区	106.81	7.61	5	40.99
西城区	96.28	6.86	6	86.85
顺义区	80.32	5.72	7	24.67

---

① 《北京区域经济统计年鉴》尚未公布 2017 年北京市对各区的转移支付数据，因此本小节采纳的为 2016 年的数据。

续表

区的名称	转移支付小计（亿元）	各区转移支付占比（%）	占比排序	增长率（%）
丰台区	79.63	5.67	8	18.58
东城区	78.67	5.60	9	80.61
昌平区	78.45	5.59	10	11.63
密云区	78.02	5.56	11	21.33
延庆区	67.00	4.77	12	18.87
平谷区	62.54	4.45	13	3.06
怀柔区	61.60	4.39	14	15.46
门头沟区	50.26	3.58	15	9.37
石景山区	39.72	2.83	16	27.80
合计	1403.86	100	—	22.06

注：《北京市2016年市级决算草案》市对区转移支付小计数据为返还性支出、一次性转移支付和经费类专项转移支付加总之和；《北京市2015年市级决算草案》中市对区转移支付总计数据为体制返还、一般性转移支付和专项转移支付加总之和。

资料来源：《北京市2016年市级决算草案》和《北京市2015年市级决算草案》，北京市财政局网站。

四 2017年北京市财税管理体制改革

为了深入贯彻落实党的十八届三中、四中全会精神和国务院决策部署，为了建立与实现现代化相适应的现代财政制度，从而实现优化资源配置、维护市场统一、促进社会公平和国家长治久安，北京市一直以来不断深化财政管理制度的改革，按照全面深化财税体制改革的总体要求，准确把握首都城市战略定位，加快转变政府职能，坚持依法理财，完善管理制度和管理方式，提高管理绩效和资金效益，初步形成了与社会主义市场经济体制相适应的公共财政制度体系。

（一）预算管理制度改革

2015年6月，北京市政府为了深入贯彻落实《国务院关于深化预算管理制度改革的决定》（国发〔2014〕45号）精神，改进预算管理，实施全面规范、公开透明的预算制度，颁布了《北京市人民政府关于深化预算管理制度改革的实施意见》（以下简称《意见》）。《意见》强调，随着经济社会发展，北京市现行预算管理制度存在一些不符合现代公共财政制度和现代特大城市治理要求的问题，例如，政府预算体系不够完善，预算管理和控制方式不够科学，跨年度预算平衡机制尚未建立，财政收支结构、投入方式有待优化，预算约束力和透明度不够，预算执行、绩效管理、债务管理和财经纪律等方面有待加强。《意见》指出北京市预算管理制度改革应当遵循现代治理理念、划清市场和政府的边界、着力推进预算公开透明、协同推进重点领域改革，从而基本建立与首都经济社会发展水平相适应的预算管理制度体系。具体而言，预算管理制度改革的工作内容包括：①完善政府预算体系，建立健全公开透明的预算制度；②改进预算管理和控制方式，建立跨年度预算平衡机制；③加强财政收入管理，规范税收优惠政策；④优化财政支出结构，盘活财政存量资金；⑤加强预算执行管理，提高财政支出绩效；⑥规范政府债务管理，防范化解财政风险；⑦规范理财行为，严肃财经纪律。

至 2017 年底，北京市从多个方面着手进行预算管理制度改革，已经取得了显著成效。这些成效主要表现在以下几个方面。

（1）北京市政府已经实现全口径的预决算管理

在北京市政府层面，财政部门致力于将一般公共预算、政府性基金预算、国有资本经营预算和社会保险基金预算同时纳入预算编制的管理范围，目前已经实现"四本预算"同时进行编制，并且将预算和决算均上报北京市人民代表大会审查；在职能部门层面，财政部门要求将职能部门所有收支全部纳入部门预算，加强预算收支审核，健全预算标准体系，完善基本支出定额，推进项目支出预算标准体系建设，充分发挥支出标准在预算管理中的基础支撑作用。

（2）北京市政府大力促进财政预决算公开透明

北京市政府在预决算的公开范围、公开内容、公开明细程度和公开形式上都有很大提升和改进，做到每年都有新的突破。2017 年 2 月 27 日，北京市集中公开市级部门预算，从公开范围、公开内容、明细程度和公开形式四个方面进一步提升财政预算公开的水平。

首先，北京市财政局扩大了财政预算公开的范围，公开部门的范围实现"全覆盖"。目前北京市一般公共预算、政府性基金预算、国有资本经营预算和社会保险基金预算这"四本预算"的预算和决算数据同时在财政局官网和首都之窗网站予以公开，并接受社会公众的监督与问责。与往年相比，2017年公开预算的部门新增了由各区上划市级管理的检察院、法院等部门，仅这一项因素就新增公开43家预算单位，基本做到了除涉密部门外，原则上所有使用财政资金的市级部门，全部公开部门预算。预算公开的部门数量从2010年的44家增至2017年的196家，比2016年新增了55家部门，总数达历年之最。[1] "三公"经费统计范围由党政机关和全额拨款事业单位扩大到全部党政机关事业单位，对所有财政拨款安排的"三公"经费都详细公开，预算公开范围更加完整。

其次，北京市财政局促使财政预算公开内容更加完整和规范。在已主动公开各部门项目支出预算、政府购买服务信息、政府采购预算等内容的基础上，2017年首次公开500万元以上的重点项目支出绩效目标、部门机关运行经费预算、国有资本经营预算情况，以及部分涉及面广、社会关注度高的行政事业性收费事项。[2] 2017年新增公开政府债务限额和余额、中央对北京市专项转移支付、全市收支决算等情况，实现绩效目标向社会公开，并选取30家预算部门公开重点项目绩效评价报告。2017年全市152家市级部门开展了绩效自评，自评情况首次随决算向社会公开。除涉密和临时机构外，全部市级部门公开了绩效评价工作开展情况。2017年实施支出经济分类改革，分别编制政府和部门两套经济分类科目预算，更加清晰、完整、细化地反映政府各类支出情况，提高预算透明度。目前北京市财政预决算公开的内容已经超越了《预算法》所规定的基本要求。[3]

再次，北京市财政局提高了财政预算公开的细化程度。2016年北京市财政局已经将部门预算基本支出全部细化公开至功能分类最底层的"项"级科目，经济分类最底层"款"级科目，在"其他重要事项说明"中增加

---

[1] 《全部市级部门预算公开 重点项目首晒绩效，首次公开部门机关运行经费预算》，北京市财政局网站，http://www.bjcz.gov.cn/zwxx/czxw/t20170228_644976.htm，2017年2月28日。
[2] 《2017年北京市从三个方面推进部门预算公开工作》，北京市财政局网站，http://www.bjcz.gov.cn/zxfw/zxfw2011/zcjd/t20170302_645179.htm，2017年3月2日。
[3] 《关于北京市2017年预算执行情况和2018年预算的报告》。

了机关运行经费统计情况说明、政府采购信息、国有资产占用情况说明。2017年北京市财政局进一步加强部门收支增减变化的预算信息分析，进一步细化公开各部门职责、机构设置情况等财政信息，并且对专业性较强的财税名词进行解释，从而使社会公众能更方便地了解财政资金的用途，更清晰地掌握部门预算的使用安排情况。

最后，北京市丰富了预算信息公开的形式。目前财政预算和决算数据已经在北京市财政局官方网址公开，部门预算也已经通过各自部门的官方网站进行公开。2017年在继续保持这些预算公开途径的同时，北京市继续在首都之窗网站设立"2017年部门预算公开专栏"，集中展示各部门预算信息，实现同一时间、同一部门预决算公开情况可比、部门与部门间可比，从而使得政府预算信息更加方便社会公众读取和查阅。①

（3）北京市政府注重提升预算绩效管理水平

北京市财政局进一步加强预算绩效管理，于2017年12月出台《进一步深化项目支出绩效预算管理改革的意见》，提出全面实施绩效管理、完善政策制度机制、强化预算执行约束、加强追责问效等八个方面27条具体措施。②

首先，北京市财政局大力加强绩效目标管理。因为绩效目标是预算绩效管理的前提和考核依据，因此必须狠抓绩效目标这一龙头。北京市加强绩效目标管理的举措有：①明确500万元以上项目和重点民生项目以及200万元以上政府购买服务项目都必须填报绩效目标，而且填报绩效目标的数量不少于部门预算项目的30%；②按照"谁申请资金，谁设定目标"的原则，由预算部门及其所属单位设定绩效目标。在编报预算过程中，北京市财政局编订印发了绩效目标范本和案例集，通过全市预算编制培训会和对预算部门上门式培训，指导预算部门填报绩效目标；③强化绩效目标的审核责任，按照"谁分配资金，谁审核目标"的原则，建立预算部门和财政部门两级审核机制，确保绩效目标填报的准确性和完整性。2017年，绩效目标随年度预算同步批复并首次向社会公开，预算公开实现从"晒账单"

---

① 《北京市2017年市级部门预算公开专栏》，首都之窗网站，http://caizheng.beijing.gov.cn/caizheng/2801/1246561/index.html。
② 《关于北京市2017年预算执行情况和2018年预算的报告》。

向"明绩效"的转变。

其次,北京市财政局开展事前绩效评估,实现绩效管理重心前移。2017年,市财政局继续加大事前绩效评估力度,选取70个项目开展事前评估,对于评估不予支持的项目不再进入下一步预算审核流程。市财政局通过邀请人大代表、政协委员和业内专家,对重大支出政策及重点民生项目进行预算报批前的审核和评估,充分论证项目实施的可行性和必要性,修正绩效指标的相关性和准确性,评判财政资金投入的预期效果,有效摒除无预期绩效的资金和项目,实现绩效管理关口前移。

再次,北京市财政局加强事中绩效跟踪,强化绩效全过程管理。2017年,市财政局选取经过事前评估的27个项目开展了事中绩效跟踪。通过对绩效目标及项目实施进展情况进行监控分析,跟踪查找项目执行中资金使用和业务管理的薄弱环节,结合跟踪发现的问题,指导预算部门强化项目监管职责。市财政局通过促进预算管理、财务管理和项目管理的有效结合,提高全过程绩效管理意识。

最后,北京市财政局加强事后结果运用,切实发挥绩效评价作用。2017年,市财政局在财政评价工作方面,全年共对7类60个财政支出项目开展了财政评价,评价规模近500亿元。建立评价结果与预算安排挂钩机制,评价结果为"一般"和"较差"的项目,将扣减下一年度部门项目预算控制数,形成财政绩效管理的刚性约束。除此之外,2017年全市152家市级部门开展了绩效自评,自评项目超过5000个,自评金额近400亿元。自评情况首次随决算向社会公开。除涉密和临时机构外,全部市级部门公开了绩效评价工作开展情况。①

(4)北京市政府加强规范存量财政资金管理

北京市政府大力推动"促支降存",问责"睡眠"资金,督促部门加快预算执行,以支出提速推进全市重点任务实施。建立支出进度和盘活财政存量资金情况与市级部门和各区的绩效考核挂钩机制,实施预算执行监控、通报、约谈和问责制度。对存量资金较大的部门和区,压缩下年度预算规

---

① 《让财政资金真正花出效益——北京市预算绩效管理如何做到提质增效》,北京市财政局网站,http://www.bjcz.gov.cn/zwxx/czxw/t20171226_870871.htm,2017年12月26日。

模,并对存量资金规模大或盘活不力的部门和区进行通报。市、区各部门按月将支出进度和盘活情况报送给市政府,市政府将各部门和各区促支降存情况与年度预算安排、部门绩效考核和从严执纪问责相挂钩。市级部门每季度有2次以上落后支出任务10个百分点的,将被重点质询并扣减下年预算。除此之外,2017年6月市财政局转发财政部《关于进一步加强财政部门和预算单位资金存放管理的指导意见的通知》,要求建立规范透明的资金存放管理机制、加强内部控制和监督检查、开展财政专户和预算单位银行账户专项检查工作,以防范财政资金的安全风险和廉政风险。

(5) 北京市政府积极探索中期预算管理机制

北京市财政局一直积极探索中期预算管理机制,初步建立收入预测模型,以环保、水利投资运营、义务教育、卫生、社保就业等领域为切入点探索编制中期财政规划。尝试编制市级及试点部门2016~2018年三年滚动财政规划,提高财政政策的前瞻性、有效性和可持续性。围绕落实北京城市总体规划,实施跨年度预算平衡机制和中期财政规划管理,聚焦规划期内重大改革、重要政策、重大项目,编制三年滚动项目预算并实施年度间动态调整。

表23　2017年北京市财政预算管理制度改革情况汇总

实现全口径的预决算管理	"四本预算"同时进行编制,并上报北京市人民代表大会审查	
	职能部门所有收支全部纳入部门预算	
促进财政预决算公开透明	扩大了财政预算公开的范围	已经公开了"四本预算"的预决算数据
		公开预算的部门新增由各区上划市级管理的检察院、法院等
		截至2017年预算公开的部门数量增加至196家
	完善了财政预算公开的内容	首次公开500万元以上的重点项目支出绩效目标
		全市152家市级部门的绩效自评情况首次随决算向社会公开
		新增公开政府债务限额和余额、中央对北京市专项转移支付等
	提高了预算公开的细化程度	进一步加强部门收支增减变化的预算信息分析
		进一步细化公开各部门职责、机构设置情况等财政信息
		进一步对专业性较强的财税名词进行解释
	丰富了预算信息公开的形式	在首都之窗网站设立"部门预算公开专栏",集中展示各部门预算信息

续表

提升预算绩效管理水平	加强绩效目标管理	明确500万元以上项目和重点民生项目以及200万元以上政府购买服务项目都必须填报绩效目标，而且填报绩效目标的数量不少于部门预算项目的30%
		按照"谁申请资金，谁设定目标"的原则，由预算部门及其所属单位设定绩效目标
		强化绩效目标的审核责任，按照"谁分配资金，谁审核目标"的原则，建立预算部门和财政部门两级审核机制，确保绩效目标填报的准确性和完整性
	开展事前绩效评估	市财政局选取70个项目开展事前评估，对于评估不予支持的项目不再进入下一步预算审核流程
	加强事中绩效跟踪	市财政局选取经过事前评估的27个项目开展了事中绩效跟踪，强化绩效全过程管理
	注重事后结果运用	市财政局对7类60个财政支出项目开展了财政评价，评价规模近500亿元
		全市152家市级部门开展了绩效自评，自评项目超过5000个，自评金额近400亿元
规范存量财政资金管理		建立支出进度和盘活财政存量资金情况与市级部门和各区的绩效考核挂钩机制
		市财政局转发财政部《关于进一步加强财政部门和预算单位资金存放管理的指导意见的通知》，要求建立规范透明的资金存放管理机制
探索中期预算管理机制		尝试编制市级及试点部门2016~2018年三年滚动财政规划，并实施年度间动态调整

注：此表为笔者编制，资料来源于北京市财政局网站相关文件、新闻以及《关于北京市2017年预算执行情况和2018年预算的报告》。

（二）税收制度改革

2017年北京市政府全面贯彻落实国务院推出的各项税收改革政策，从减轻企业税负的税收政策、营业税改增值税改革、资源税改革等方面，统一部署、多措并举、落实制度、优化服务，稳步开展和推进北京市的税收制度改革。

1. 减轻企业税负的税收改革

2017年北京市政府税收改革的一个亮点应属积极贯彻落实国务院6项减税新政。2017年4月19日国务院第169次常务会议确定实施6项减税政策，以持续推动实体经济降成本增后劲。这6项减税政策是由"1+4+6"

系列减税政策构成的，其中"1+4"为首次执行的政策。"1+4+6"系列减税政策包括："1"是指简并增值税税率政策；"4"是指扩大享受企业所得税优惠小微企业范围、提高科技型中小企业研发费用税前加计扣除比例、开展创业投资企业和天使投资个人有关税收政策试点、推广商业健康保险个人所得税税前扣除试点等4项新增所得税减税政策；"6"是指物流企业大宗商品仓储设施城镇土地使用税优惠政策、对有线电视收视费免征增值税、金融机构农户小额贷款利息收入免征增值税、重点群体创业就业扣减增值税、退役士兵创业就业扣减增值税、新疆国际大巴扎项目免征增值税等6项延续减税政策。① 以全面贯彻落实国务院推出的6项减税政策，有效推动大众创业、万众创新，促进首都经济结构进一步转型升级，北京市地税局对比高度重视，坚持以"培训全面化、辅导多样化、办税便利化、宣传全覆盖"为工作要求，多措并举，全力做好6项减税政策的纳税服务工作，具体内容如表24所示。《关于北京市2017年预算执行情况和2018年预算的报告》指出，北京市政府在落实国务院六大减税政策方面，2017年全年减轻企业税负已达36.3亿元。

表24 2017年北京市贯彻落实国务院6项减税新政的具体内容

序号	减税政策	具体内容
1	提高科技型中小企业研究开发费用税前加计扣除比例	自2017年1月1日到2019年12月31日，将科技型中小企业实际发生的研发费用在企业所得税前加计扣除的比例，由50%提高至75%； 形成无形资产的，在上述期间按照无形资产成本在税前摊销的比例，由150%提高至175%
2	创业投资企业和天使投资个人有关税收试点政策	2017年1月1日起，对创投企业投资种子期、初创期科技型企业的，可享受按投资额70%抵扣应纳税所得额的优惠政策； 将享受这一优惠政策的投资主体由公司制和合伙制创投企业的法人合伙人扩大到个人投资者
3	将商业健康保险个人所得税试点政策推广到全国范围实施	2017年7月1日起，对个人购买符合条件的商业健康保险产品的支出，可以按照2400元/年（200元/月）的标准在税前扣除； 单位统一为员工购买的，视同个人购买，按照单位为每一员工购买的保险金额分别计入其工资薪金，并在2400元/年（200元/月）的标准内按月税前扣除

---

① 《一图了解6项减税政策》，国家税务总局网站，http://www.chinatax.gov.cn/n810219/n810744/n2672992/n2675288/c2678096/content.html，2017年6月23日。

续表

序号	减税政策	具体内容
4	扩大享受企业所得税优惠的小型微利企业范围	自2017年1月1日至2019年12月31日，将小型微利企业的年应纳税所得额上限由30万元提高到50万元；对年应纳税所得额低于50万元（含50万元）的小型微利企业，其所得额减按50%计入应纳税所得额，按20%的税率缴纳企业所得税
5	简并增值税税率	2017年7月1日起，将增值税税率由四档减至17%、11%和6%三档，取消13%这一档税率；将农产品、天然气等增值税税率从13%降至11%
6	继续实施物流企业大宗商品仓储设施用地城镇土地使用税优惠政策	将2016年底到期的部分税收优惠政策延长至2019年底，包括：对物流企业自有的大宗商品仓储设施用地减半计征城镇土地使用税；对金融机构农户小额贷款利息收入免征增值税，并将这一优惠政策范围扩大到所有合法合规经营的小额贷款公司；对高校毕业生、就业困难人员、退役士兵等重点群体创业就业，按规定扣减增值税、城市维护建设税、教育费附加和个人（企业）所得税等

注：此表为笔者编制，资料来源国家税务总局网站、北京市地税局网站和首都之窗网站。

除了国务院6项减税新政，北京市还在其他方面继续实施减税降费政策，例如，清理规范政府性基金和涉企收费，减轻企业和社会负担超27.3亿元；按中央要求，降低企业职工基本养老保险和失业保险缴费比例，全年减轻企业负担近72亿元。[①] 2013~2017年，北京市地税局累计为纳税人减免各项减税费1993.3亿元，有力支持了首都经济社会发展。[②] 北京市大力减轻税负的政策是深入推进供给侧结构性改革的重要措施，对于增强企业技术创新的动力、激发市场活力、扩大有效供给、节省交易成本具有明显的促进作用，有利于推进实体经济发展壮大。

2. 营业税改增值税改革

2011年经国务院批准，财政部、国家税务总局联合下发营业税改增值税试点方案，营改增改革拉开帷幕。2012~2016年，国务院不断扩大营改

[①] 《关于北京市2017年预算执行情况和2018年预算的报告》。
[②] 《北京地税5年减免税费近2000亿元》，北京市地方税务局网站：http://shiju.tax861.gov.cn/ssxc/swyw/display.asp?more_id=1630640，2018年2月14日。

增试点的省份范围和行业范围。2016年3月18日召开的国务院常务会议决定，自2016年5月1日起，中国将全面推开营改增试点，从此营业税彻底退出历史舞台，这是1994年分税制改革以来财税体制的又一次重要变革。北京市积极响应国务院号召，自2016年5月1日起在全市范围内全面推开营业税改征增值税的试点工作，将建筑业、房地产业、金融业、生活服务业全部纳入试点范围。2017年4月，财政部和国家税务总局颁发《关于简并增值税税率有关政策的通知》，提出各省份从2017年7月1日起，将增值税税率由原来的四档减至17%、11%和6%三档，取消13%这一档税率；将农产品、天然气等增值税税率从原来的13%降至11%。北京市政府积极配合增值税简并税率的改革，积极向相关企业宣传解读政策以及对税务干部开展培训工作。

在北京市委市政府高度重视下，北京市营改增改革取得了显著的成效。

一方面，营改增改革切实减轻了市场主体的税负，激发了经济发展的活力。截至2016年12月底，新增的四大行业试点纳税人33.9万户，累计顺利完成税制转换的试点纳税人89.3万户，占原管辖130万户纳税人的68.7%。截至2017年1月申报期，四大行业累计减税高达297亿元，成功实现了所有行业的税负只减不增。[①] 截至2017年底，北京市营改增改革的新增减税额达260亿元。[②]

营改增实行全链条抵扣，促进了企业更新设备的积极性，增加了企业对固定资产的采购量，推动了企业加快自身转型升级步伐，持续推进规范化、专业化和精细化发展，引导经济结构调整和发展方式转变，强化了经济增长的内生动力。

另一方面，营改增改革优化了北京市政府的税制结构，有利于地方税收体系的完善。全面实施营改增改革，是税收制度向现代增值税制度迈进的关键一步，是深化财税体制改革的重要部分，它有利于发挥税收的基础性、支柱性、保障性作用，增强税制的统一性、合理性、公正性。

---

① 《关于北京市2016年预算执行情况和2017年预算草案的报告》。
② 《关于北京市2017年预算执行情况和2018年预算的报告》。

3. 资源税改革

（1）调整资源税税率

为了促进资源节约集约利用，加快生态文明建设，财政部和国家税务总局于2016年5月联合发布了《关于全面推进资源税改革的通知》。北京市政府积极配合这一财税体制改革，贯彻和落实相关税收政策。2016年6月，北京市财政局和地方税务局联合发布《关于调整我市资源税税率的通知》，规定铁矿、石灰石、大理岩、叶蜡石、石英岩和矿泉水资源税均由从量计征调整为从价计征，其资源税适用税率分别为铁矿3.5%、石灰石5%、大理岩5%、叶蜡石3%、石英岩8.5%、矿泉水4%；地下热水继续从量计征，一般用途地下热水资源税8.5元/立方米，特殊行业（指洗浴业、公共娱乐业）地下热水资源税30元/立方米；将矿产资源补偿费并入资源税，矿产资源补偿费降为零。① 2016~2017年北京市政府调整资源税税率的举措，一方面有效利用税收进行经济调控，对资源消耗高、污染环境的增加税收成本，对节约资源、利于环保的给予税收优惠，提高企业资源利用效率，促进企业转型升级和绿色经济发展；另一方面解决当前存在的税费并存、重复征收的问题，清费立税有利于理顺资源税和费之间的关系，进一步规范相关税费资金的管理。

（2）按法定上限确定环保税税额标准

《环境保护税法》于2016年12月25日经全国人大常委会审议通过，将于2018年1月1日起施行。作为落实十八届三中全会税收法定原则的首部法律，《环境保护税法》通过税收立法，实现排污费制度向环境保护税制度的转换。根据《环境保护税法》第六条、第九条的规定，北京市应税大气污染物和水污染物环境保护税适用税额由市人民政府在《环境保护税法》规定的税额幅度内提出，报市人大常委会决定。

按照中央环境保护税改革部署和《环境保护税法》授权，为了解决北京市突出的环境问题、促进产业转型升级的目标，统筹考虑北京市环境承

---

① 《北京市财政局北京市地方税务局关于调整我市资源税税率的通知》，北京市财政局网站，http://www.bjcz.gov.cn/zwxx/tztg/t20160701_614933.htm，2016年7月1日。

载能力、污染物排放现状和经济社会生态发展目标要求,2017年12月北京市十四届人大常委会第四十二次会议决定,北京市应税大气污染物适用税额标准为12元/污染当量;应税水污染物适用税额标准为14元/污染当量,均统一按法定幅度的上限执行。①

(3) 水资源税改革试点

为加强水资源管理和保护,促进水资源节约与合理开发利用,根据《财政部税务总局水利部关于印发〈扩大水资源税改革试点实施办法〉的通知》(财税〔2017〕80号),北京市人民政府于2017年12月颁发了《北京市水资源税改革试点实施办法》,开始实施水资源费改税的改革试点,这是贯彻落实党的十九大精神、践行绿色发展理念的一项重大改革举措。《北京市水资源税改革试点实施办法》中规定了水资源税纳税人、水资源税的征税对象、水资源税的应纳税额、免征或者减征水资源税的情况、缴纳和征税方式等相关内容。2017年北京市水资源税的适用税额如表25所示。

表25 2017年北京市水资源税的适用税额

类别	取用水户			适用税额（元/立方米）
地表水	农业生产者（超规定限额）	粮食		0.06
		其他		0.12
	供农村人口生活用水的集中式饮水工程单位	农村人口		0.1
		居民		0.1
		非居民	城六区	2.3
			其他区域	1.8
		特种行业		153
	特种行业			153
	其他			2

---

① 《北京按法定上限确定环保税税额标准》,中华人民共和国中央人民政府网站,http://www.gov.cn/xinwen/2017-12/02/content_5243937.htm,2017年12月2日。

续表

类别	取用水户			适用税额（元/立方米）
地下水	农业生产者（超规定限额）	粮食		0.08
		其他		0.16
	供农村人口生活用水的集中式饮水工程单位	农村人口		0.2
		居民		0.2
		非居民	城六区	4.3
	供农村人口生活用水的集中式饮水工程单位	非居民	其他区域	3.8
		特种行业		160
	自建设施供水单位和个人	居民		2.61
		非居民	城六区	4.3
		非居民	其他区域	3.8
		特种行业		160
城镇公共供水	城镇公共供水单位	居民		1.57
		非居民	城六区	2.3
		非居民	其他区域	1.8
		特种行业		153
其他用水	水力发电企业			0.005 元/千瓦时
	火力发电贯流式冷却取用水企业			0.005 元/千瓦时
	疏干排水的单位和个人	回收利用		0.6
		直接外排		4.3
	地源热泵使用者	回收利用		0.6
		直接外排		4.3

资料来源：《北京市人民政府关于印发〈北京市水资源税改革试点实施办法〉的通知》，北京市地方税务局网站，http://shiju.tax861.gov.cn/xxgk/zyts/display.asp?more_id=1625899，2017 年 12 月 27 日。

（三）事权和支出责任划分改革

2016 年 8 月，国务院颁布了《关于推进中央与地方财政事权和支出责任划分改革的指导意见》，指出在新的形势下，现行的中央与地方财政事权和支出责任划分还不同程度存在不清晰、不合理、不规范等问题，这种状况不利于充分发挥市场在资源配置中的决定性作用，不利于政府有效提供基本公共服务，与建立健全现代财政制度、推动国家治理体系和治理能力现代化的要求不相适应，必须积极推进中央与地方财政事权和支出责任划分改革。该项改革的主要内容包括：①推进中央与地方财政事权划分，包括适度加强中央的财政事权、保障地方履行财政事权、减少并规范中央与地方共同财政事权和建立财政事权划分动态调整机制；②完善中央与地方支出责任划分，要求中央的财政事权由中央承担支出责任、地方的财政事权由地方承担支出责任，中央与地方共同财政事权区分情况划分支出责任；③加快省以下财政事权和支出责任划分，省级政府要参照中央做法，结合当地实际，按照财政事权划分原则合理确定省以下政府间财政事权。将部分适宜由更高一级政府承担的基本公共服务职能上移，明确省级政府在保持区域内经济社会稳定、促进经济协调发展、推进区域内基本公共服务均等化等方面的职责。将有关居民生活、社会治安、城乡建设、公共设施管理等适宜由基层政府发挥信息、管理优势的基本公共服务职能下移，强化基层政府贯彻执行国家政策和上级政府政策的责任。省级政府要根据省以下财政事权划分、财政体制及基层政府财力状况，合理确定省以下各级政府的支出责任，避免将过多支出责任交给基层政府承担。

根据国务院颁布的《关于推进中央与地方财政事权和支出责任划分改革的指导意见》，2016～2017年北京市政府不断探索实践，积极开展北京市市级与区级之间的事权和支出责任划分改革，以更好地解放生产力、发展生产力。结合首都"四个中心"功能建设、"疏解整治促提升"、建设城市副中心等首都发展战略任务，北京市政府积极探索市与核心区、市与副中心、市与中心城区、市与发展新区、市与生态涵养区的财政管理体制，从教育、农业、科技公共安全等领域启动了市与事权和支出责任划分试点。具体而言，改革内容包括设立"疏解整治促提升"引导资金、"生态保护补偿"引导资金、出台科技经费管理8项措施、以"四步接力、五路统筹"方式整合涉农资金等多项改革措施，将权责利落实到同一主体，促使财政事权和支出责任划分的合理化。①

---

① 《咬定一个目标 锁定三大任务 北京砥砺奋进交出财政改革亮丽成绩单》，北京市财政局网站，http://www.bjcz.gov.cn/zwxx/czxw/t20170926_840809.htm，2017年9月26日。

《关于推进中央与地方财政事权和支出责任划分改革的指导意见》还提到，财政事权、支出责任划分改革的一项重要保障和配套措施是完善中央与地方收入划分及对地方转移支付制度。因此，2016年1月北京市人民政府发布了《关于改革和完善市对区转移支付制度的实施意见》，增强各区资金统筹能力，引导各区落实全市性中心工作。《关于改革和完善市对区转移支付制度的实施意见》指出此次转移支付改革的目标，基本建立与首都经济社会发展水平相适应的权责清晰、聚焦中心、公共导向、运转高效、公开透明的市对区转移支付制度体系，并建立健全动态监控、考核问责机制，使各区财政保障能力明显增强、区域间基本公共服务均等化水平明显提高，为落实首都城市战略定位、推动京津冀协同发展、加快建设国际一流的和谐宜居之都提供重要保障。除此之外，北京市还出台了《北京市专项转移支付管理办法》，规范专项转移支付预算编制、审核和分配等管理，将市对区专项转移支付纳入市级预算执行动态监控管理。① 经过2016~2017两年时间，北京市对区转移支付制度改革取得了一定的成绩：一方面市对区转移支付的结构得以优化，体现为一般性转移支付所占比重逐渐增加，2017年市对区一般性转移支付资金较上年增长20.2%，② 一般性转移支付资金所占比重提高到71.4%，③ 专项转移支付比重逐渐降低；另一方面，转移支付预算管理效率得以提升，市拨付给区政府资金的提前下达率保持在80%以上，确保区政府从年初起就能依照预算进行项目支出安排，从而提高了区政府财政预算的执行效率。④

（四）其他财政制度改革

除了上面三大财政改革之外，2017年北京市政府在财政资金管理的其他方面也进行了制度改革与创新，以不断规范和完善北京市的财政管理体制。

---

① 《关于北京市2016年预算执行情况和2017年预算草案的报告》。
② 《关于北京市2017年预算执行情况和2018年预算的报告》。
③ 《咬定一个目标 锁定三大任务 北京砥砺奋进交出财政改革亮丽成绩单》，北京市财政局，http://www.bjcz.gov.cn/zwxx/czxw/t20170926_840809.htm，2017年9月26日。
④ 《北京市对区转移支付制度改革全面推进》，北京市财政局网站，http://www.bjcz.gov.cn/zwxx/czxw/t20151229_594275.htm，2015年12月29日。

1. 北京市政府积极推广政府和社会资本合作模式

北京市政府充分发挥财政资金的撬动引导作用，进一步创新财政投入方式，规范推广政府和社会资本合作（PPP）模式，加大以奖代补资金对民间资本倾斜力度，加强项目评估论证和项目库规范管理。截至2017年9月底北京市纳入财政部PPP综合信息平台管理项目98个，项目落地率达到81.7%，超过全国PPP项目落地率（35.2%），其中10个项目被财政部评为PPP示范项目。用好京冀协同发展产业投资基金、高精尖产业发展基金、北京中小企业发展基金等基金，发挥政府投资基金的引导和撬动作用；采用"统一出资、统一报告、统一登记、统一绩效评价"的管理模式，规范政府投资基金管理，防范基金运作风险。发挥政府采购市场引导作用，聚焦节能环保、绿色低碳、信息科技等领域，认定30项首购产品，打破同类国外产品的垄断地位，激发企业创新活力。

2. 北京市政府致力于规范地方政府债务管理制度

北京市政府为了加强地方政府债务管理，于2015年12月出台《关于加强政府性债务管理的实施意见》，积极采取措施化解存量债务。这些措施包括：积极化解轨道交通和土地储备等重点领域债务、加快土地上市、采取PPP模式、加大市场化运作、多元化融资、理顺价格机制等多种方式妥善化解和转换政府存量债务。此外，2016年11月，北京市财政局转发了财政部关于《地方政府专项债务预算管理办法》和《地方政府一般债务预算管理办法》的通知，从债务限额、预算编制和批复、预算执行和决算、非债券形式的债务管理、监督管理等方面进一步规范了债务预算管理制度。

与此同时，北京市政府严格实施政府债务限额管理，合理控制北京市债务规模，首次报请市人大常委会审议批准政府债务限额，有序实施存量债务置换，年均节约利息约70亿元。北京市政府还于2017年8月出台了《北京市政府性债务风险应急处置预案》，将政府债务管理情况和债务风险情况纳入市政府绩效考核范围，确保各级政府债务风险可控。[①] 截至2017年底，北京市政府债务余额为3875.6亿元，未超过财政部下达北京市的当年政府债务限额7736.40亿元，仅达到限额的50.1%，这一比值比2016年

---

① 《关于北京市2017年预算执行情况和2018年预算的报告》。

下降了1.78个百分点。① 此外,经计算,2017年北京市政府的负债率(债务余额/地区GDP)为13.8%,债务率(债务余额/一般公共预算收入)为71.4%。由此可见,北京市政府规范地方政府债务的诸多举措,使得北京市政府的负债率和债务率远远低于国际公认的警戒线,很好地防范了政府的财政风险。②

3. 北京市政府加强预算执行动态监控工作

北京市大力推进预算执行动态监控工作,实现市级国库集中支付资金全覆盖,市对区专项转移支付资金纵向延伸到乡镇,有效发挥动态监控提醒、纠偏、威慑作用。建立财政政策公平竞争审查制度,制定公平竞争审查工作规程,聚焦政府采购、政府购买服务、税费优惠政策等八个财政管理重点领域,建立审查逐级纠错机制,维护首都良好市场秩序。③ 此外,北京市财政局对政府投资基金、转移支付、非税收入、各区财政存量资金盘活及预决算公开等情况开展专项检查,自觉接受人大、审计监督,配合市人大开展《预算审查监督条例》修订工作,建立审计发现问题台账、督办及应用机制,狠抓整改落实,促进"钱责、事责、权责"相统一。《北京市预算审查监督条例》已由北京市第十四届人民代表大会常务委员会第三十二次会议于2016年12月29日通过,自2017年3月1日起正式施行。

4. 北京市政府制定支持疏解非首都功能的财税政策

近年来,北京市一直紧紧围绕"政治中心、文化中心、国际交往中心、科技创新中心"四个首都核心功能,致力于疏解非首都功能产业。2016年4月,为了积极推动疏解工作顺利开展,充分发挥税收职能作用,由北京市地方税务局、北京市国家税务局对现行税收政策及办理流程进行梳理后,北京市政府发布了《疏解非首都功能产业的税收支持政策(试行)》。该政府文件提及的税收支持政策包括对于疏解低端市场适用的税收政策、关停企业适用的税收政策和迁出企业适用的税收政策这三个方面的内容,涉及增值税、营业税、企业所得税、个人所得税、土地增值税、城镇土地使用

---

① 《北京市2016年市级决算草案》和《北京市2017年预算执行情况和2018年预算(草案)》。
② 国际公认的负债率警戒线为60%,债务率警戒线为100%。
③ 《关于北京市2017年预算执行情况和2018年预算的报告》。

税、房产税、契税、城市维护建设税、教育费附加以及地方教育费附加等11种税费。2017年9月，北京市人民政府办公厅进一步发布了《关于财政支持疏解非首都功能构建高精尖经济结构的意见》，通过建立"支持区域经济发展"转移支付激励政策、加大企业跨区迁移财力补偿力度、支持在京创新型企业总部发展、创新财政科技经费管理模式、设立科创基金、做优做强市文资投资基金、设立绿色发展基金、加大财政对企业融资担保的支持力度并设立市融资担保基金等一揽子财政政策，充分发挥财政政策调控功能，支持各区根据城市战略定位及区域优势，优化社会经济发展结构。北京市政府一系列疏解非首都功能产业的财税支持政策，充分调动了待疏解企业向外转移的积极性和主动性，积极推动科学技术实现突破，加快了科技创新成果转化落地和产业化，有利于早日实现非首都功能产业疏解目标，优化北京市首都核心功能，促进京津冀一体化协调发展。

五 2017年北京市面临的国内外经济形势分析

（一）国际经济形势分析

1. 全球经济增长

国际货币基金组织的预测数据显示，2017年世界经济增长率约为3%，较2016年上升0.4个百分点。其中，发达经济体GDP增速为2.2%，比2016年上升0.5个百分点；新兴市场与发展中经济体GDP增速为4.6%，比2016年上升0.3个百分点。

2017年美国GDP增速为2.2%，较2016年上升0.3个百分点。2017年，美国劳动市场持续改善，失业率持续下降，失业人数有所减少。2017年9月美国的失业率为4.2%，较上年同期下降了0.8%。美国CPI增长率开始缓慢回升，到2017年10月，CPI同比增长率为2%。2017年美联储已经加息数次，但是美元没有出现预期的升值现象，而是总体上出现了一定的贬值。这种情况很大程度上是缘于欧洲和日本超预期经济增长以及美国政策的不确定性。

2017年欧元区GDP增长2.1%，比2016年提高0.3个百分点。在失业率方面,欧盟整体失业率逐渐下降到2017年9月的7.5%,欧元区失业率下降到2017年9月的8.9%。2017年欧元区总债务/GDP在2014年达到最高点91.9%,此后开始回落,2017年回落至87.4%。

日本2017年GDP增长率比2016年提高0.5个百分点,达到1.5%的水平。日本的失业率在发达经济体中属于最低的。2017年9月,其季调后的失业率下降到2.8%。在政府的努力下,日本终于走出通货紧缩的困境。日本CPI月度同比增长率从2016年1月开始出现负增长,至2016年9月,其增长率为-0.5%,2016年10月开始出现0.1%的正增长。至2017年9月,日本CPI月度同比增长率已达0.7%。

新兴市场与发展中经济体整体增速止跌回升,预计2017年可以实现7年以来的首次回升。2017年中国经济GDP增速为6.9%,相比2016年的6.5%有所回升;GDP总量为82.7万亿元人民币,为世界第二大经济体;人均GDO为59660元,较上年增长6.3%。国际货币基金组织预测,2017年印度GDP增速为7.2%,为全球增速最快,其经济总量位居世界第七。巴西地理统计局公布的数据显示,经过两年严重衰退,巴西2017年GDP重现增长,增速为1%;GDP总值为6.6万亿雷亚尔(按当前汇率约合2.03万亿美元),人均国内生产总值为31587雷亚尔(约合9749美元),比2016年上涨0.2%。2017年俄罗斯经济终于扭转了负增长态势,其GDP增长率从2016年的-0.2%上升到了2017年的1.8%。

2. 国际贸易情况

自2008年金融危机以来,全球经济增速放缓,导致国际贸易发展受限制,但是2017年国际贸易情况有所好转。在投资复苏的推动下,全球贸易增长从2001年以来的最低速度反弹。联合国发布报告称,2017年全球经济增速为3%,这是自2011年以来的最快增长。有关研究表明,国际贸易与世界经济增长之间存在密切的联系。国际贸易是世界经济增长的重要拉动力量,如果国际贸易增长率下降,则表明国际贸易在拉动经济增长方面的作用正在减弱,而经济增长率下降又会影响国际贸易的发展,由此双双陷入恶性循环中。2017年全球经济增长开始出现好转趋势,国际贸易可能会借机快速发展,从而带动新一轮的经济上涨。

2017年全球经济增长趋势明显。全球约有2/3的国家和地区2017年的增长速度比上年高,其中全球最具活力的地区仍然在东亚和南亚。2017年,东亚和南亚经济增长占到全球近一半。中国政府报告称,仅中国对全球经济增长的贡献就约占1/3的比重;阿根廷、巴西、尼日利亚、俄罗斯经济衰退的结束,也为全球增长率的提高做出了贡献。国际贸易量大增是2017年世界经济一个很重要的亮点,也是主要国家经济复苏拉动世界经济繁荣的重要渠道。

3. **大宗商品价格**

大宗商品价格在2015年底走出低点之后,出现了比较大的反弹。分商品来看,2017年NYMEX原油的价格与2016年相比走势较高,在波动中稳步攀升,从2017年1月3日的52.47美元/桶上升到12月29日的60.1美元/桶,全年涨幅达46.1%,说明市场对石油价格趋势还是持乐观态度。2017年COMEX黄金价格在调整中上升,2016年初价格是1159.4美元/盎司,然后一路上涨到2月份的1258美元/盎司,但就此开始出现较剧烈的调整,最低跌到1198美元/盎司,最高涨至1354美元/盎司。金价在下半年开始有一个较大幅度的上升,但随后又剧烈下降,至2017年末黄金收盘价格为1305美元/盎司。CBOT玉米价格在2016年初是355.75美分/蒲式耳,在随后的半年时间里经过多次反复震荡,至7月10日涨到404.75美分/蒲式耳,该数据也是2017年的最高点。此后一路断崖式下跌至328.5美分/蒲式耳,为2017年价格最低点。年末收盘价为351美分/蒲式耳,与年初价格基本持平。LME铝2016年初开盘价为1687美元/吨,全年价格趋势在调整中稳步上升,年末达到2280美元/吨,涨幅较大。

4. **国际金融市场**

为了缓解金融危机后的经济不景气现象,美国和日本相继采用了量化宽松货币政策,随后全球各主要发达经济体都不同程度地实施了量化宽松货币政策,但是随着经济的好转,美国退出量化宽松政策并进行加息。2017年9月下旬,美联储召开议息会议,决定从10月开始正式启动缩表,这是美联储在退出量化宽松政策和加息之后,货币政策正常化的又一重要举措。在此前后,加拿大央行和英国央行启动加息,欧洲央行减少资产购买规模,全球货币政策酝酿新变化,全球将进入流动性拐点。

2017年全球经济增长达到2011年以来的最佳水平,大多数股市都呈现良好的发展态势，在统计的10个股指中均有不同程度的上涨，历史新高不断被刷新，且股市波动性多次创造金融危机以来新低。在10个股指中，涨幅在30%以上的有2个股指，分别是富时中国A50和恒生指数；涨幅在10%～30%的股指有5个，涨幅在10%以下的有3个（见图39）。

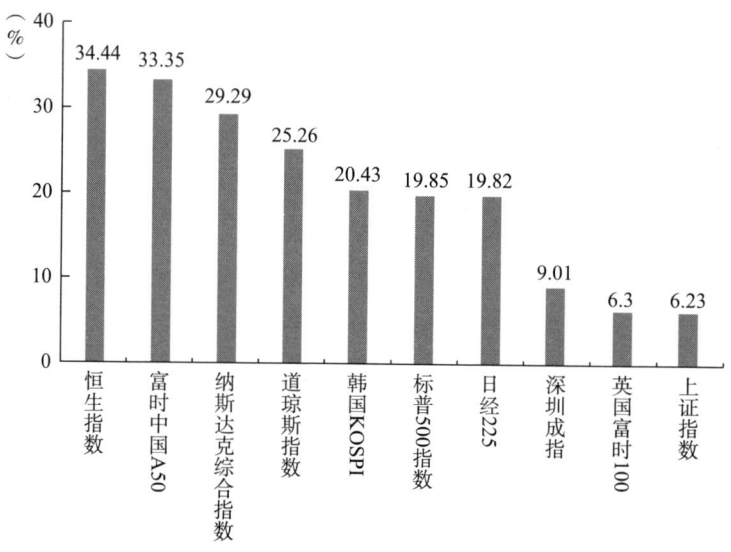

图39　2017年全球主要股市涨跌排行情况

资料来源：wind数据库。

2017年美元对全球主要经济体的货币汇率趋势从前几年的升值转为震荡或者贬值。从美元走势来看，2017年美元指数为102.9，随后在前三个季度中一路震荡下降到9月份的91.02，美元处于持续贬值，全球商品价格相对上升，对美国来说有利于其商品出口；第四季度美元指数调整上升，有利于增强美国的购买力。

5. 地缘政治波动

2017年地缘政治波动较大，英国脱欧、韩国同意部署"萨德系统"等事件接踵而至，相反中国的"一带一路"倡议成果颇丰，为世界经济发展贡献中国力量。

2017年3月，英国首相正式启动了《里斯本条约》第50条，向欧洲理事会告知英国脱欧意向，这标志着英国正式启动脱欧的程序。告知意向，欧盟将与英国进行协商谈判。协商谈判的内容不仅包括英国如何退出欧盟的问题,还包括"脱欧"成功后,英国将与欧盟建立何种贸易关系的问题。进入谈判程序后,何时完成谈判无法预期。

2017年2月27日,乐天集团董事局决定,为部署萨德供地。3月7日上午,韩国国防部发布消息,萨德反导系统的部分装备已运达韩国。韩国部署萨德系统,明显已经超出了自卫的范围,伤及中国及其周边国家的权益,部署萨德加大了朝鲜半岛局势的紧张程度,并且危害了中韩的正常经济往来,也为国际贸易往来带来一定的障碍。

2017年以来,在中国提出的"一带一路"倡议推动下,成果颇丰,为世界经济注入了正能量:"一带一路"写入联合国决议、自贸试验区再增7个、亚投行新增27名成员、丝路基金签约17个项目、40多个项目取得重大进展等,让"一带一路"沿线国家搭乘中国经济发展快车,实现区域经济快速发展的新局面。

6. 小结:中国面临的机遇和挑战

首先,2017年世界经济的发展情况好于预期,全球贸易规模大增,为2018年中国经济的发展提供了一个良好的环境。其次,2018年两会召开,政府工作报告显示我国对世界经济的贡献率在30%左右,国际地位的提升能为我国下年在国际上谋求更高的话语权,保护本国经济不受外部不稳定因素的冲击。最后,"一带一路"的有序化推进,促进"引进来"和"走出去"更好结合,不仅使中国经济受惠,而且对亚洲其他国家也有促进和推动作用。2017年我国与"一带一路"沿线国家进出口总额73745亿元,比上年增长17.8%。其中,出口增长12.1%,进口增长26.8%。双向合作不断深化。2018年中国会继续积极推动"一带一路"倡议,让经济活起来。

虽然有如此多利好的因素,但是世界依旧还存在些不稳定因素,会对经济发展产生不利影响。英国脱欧事件尘埃落定,这是"逆全球化"趋势的一个缩影,对中国现有的贸易冲击虽有限,但未来中国与欧盟自由贸易谈判的进度或许会受到这个事件的影响;美国近日启动全球钢铝关税,再一次施行贸易保护主义,保护本国的相关行业免受海外竞争的影响,该措施在全球市场上引起较大影响。这些国际事件的发生都会影响中国经济的发展,所以中国需要进行长远的规划,并对未来可能出现的问题准备应急方案,保护国内经济不会受到外部事件太大的冲击。

（二）国内经济形势分析

1. 经济增长

（1）2017年GDP增速是近6年来的首次回升，经济运行保持在合理区间，完成年初目标。

2017年是我国全面建成小康社会决胜阶段的第二年，也是推进供给侧结构性改革的攻坚之年。在以习近平同志为核心的党中央坚强领导下，我国坚持全面深化改革，坚持创新驱动发展，加快经济发展方式转变和经济结构调整，在"十三五"时期良好开局的基础上继续稳步发展。国家统计局统计数据显示，我国2017年国内生产总值为827122亿元（见图40），较2016年增长6.9%，增长速度开始回升，完成年初目标。2012～2016年GDP增长率呈现缓慢下降趋势，之前8%增速的辉煌已成为历史，面对人口红利下降、经济发展周期变化和产业结构调整等事实，中国经济正在进行深度调整，经济发展进入新常态。但是2017年经济增速上升至6.9%，经济增速止降回升，这是一个良好的发展态势，显示中国经济较强的稳定性和韧性。

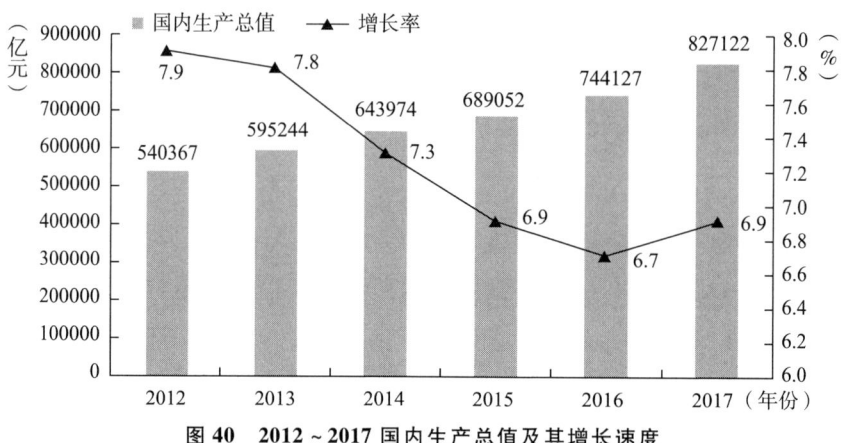

图40 2012～2017国内生产总值及其增长速度

资料来源：《中国统计年鉴2017》及中华人民共和国2017年国民经济和社会发展统计公报。

（2）第三产业增加值稳步上涨，可见我国产业结构调整已初见成效，正朝着高附加值的方向前进。

2017年第一产业增加值65468亿元,增长3.9%;第二产业增加值334623亿元,增长6.1%;第三产业增加值427032亿元,增长8%。第一产业增加值占国内生产总值的比重为7.9%,第二产业增加值比重为40.5%,第三产业增加值比重为51.6%(见图41)。第三产业已经连续三年在国内生产总值中的比重超过50%,2017年占比与2016年持平。

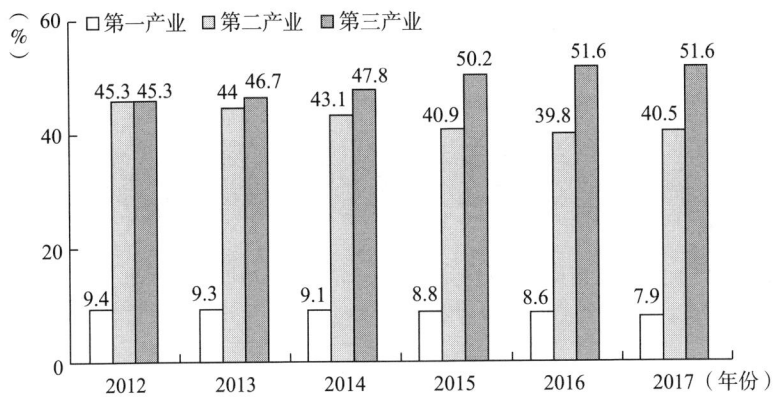

图41　2012~2017年三次产业增加值占国内生产总值比重

资料来源:《中国统计年鉴2017》及中华人民共和国2017年国民经济和社会发展统计公报。

(3)工业企业发展稳定,2017年股份制企业和外商及港澳台投资企业的增加值基本保持在最高的增速水平,股份合作企业增速下降巨大。

2016年与2017年工业企业发展呈现截然不同的景象,走势差距可谓巨大。2016年,国有及国有控股企业、外商及港澳台投资企业增速逐步上升,私营企业增速略有下降,股份制企业增速基本保持不变。但是上述四种类型的企业在2017年中除个别的变动之外,其增速基本一致,在6%~7%徘徊(见图42)。2016年集体企业增长率缓慢下降,从2016年2月的3.7%下降到2016年12月的-1.3%,2017年,其增长率2~6月上升,之后缓慢下降。股份合作企业的增长率变动最大,2016年降幅较大,从2月的13.8%下降到12月的6.2%,降幅达到一半。从2017年开始,2月份突然降到-11.2%,之后虽又大幅上涨到6月的-1.2%,但是后半年还是结束在持续下降中,12月的增速为-4.6%。

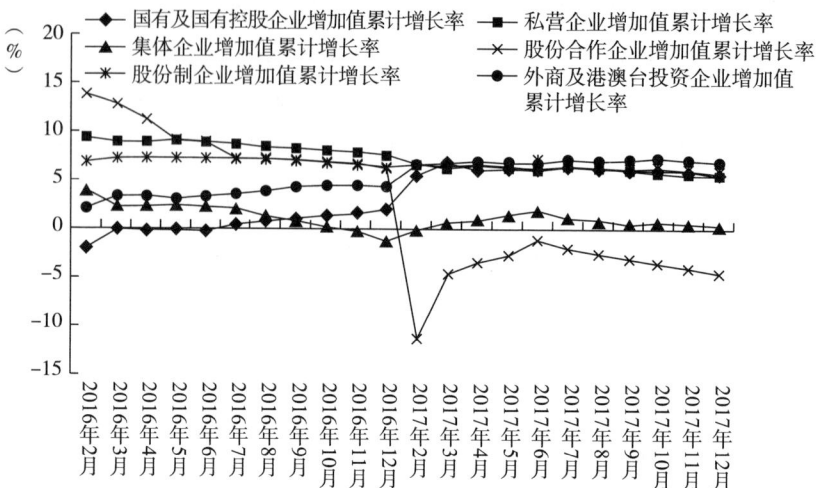

图42 按经济类型分类的工业企业增加值累计增长率

资料来源：根据国家统计局网站相关数据整理。

2. 收入分配

（1）城乡居民人均可支配收入差距逐渐扩大，贫富差距明显。

2017年全国人均可支配收入为25974元，较上年名义增长率为9%，剔除价格因素后实际增长率为7.3%（见图43）；城镇居民人均可支配收入为36396元，较上一年名义增长率为8.3%，剔除价格因素后的实际增长率为

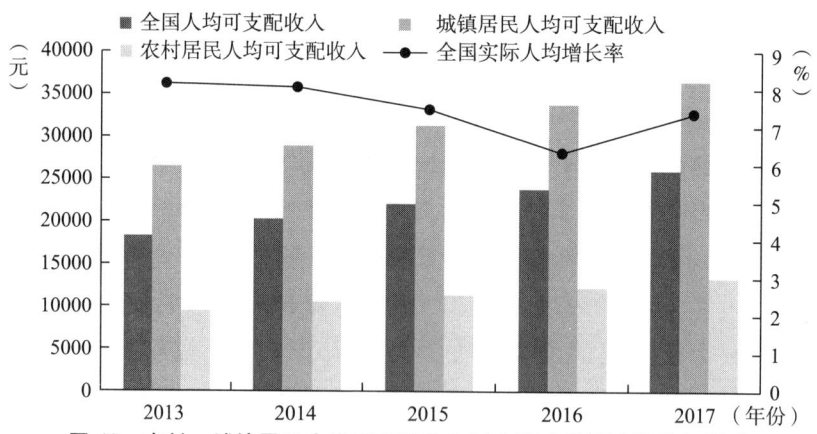

图43 农村、城镇居民人均可支配收入及全国人均可支配收入增速

资料来源：《中国统计年鉴2017》及中华人民共和国2017年国民经济和社会发展统计公报。

6.5%；农村居民人均可支配收入为13432元，较上年名义增长率为8.6%，扣除价格因素后实际增长率为7.3%。从城镇居民人均可支配收入与农村居民人均可支配收入看，随着时间的增加城镇和农村居民的人均可支配收入都在增长，但是二者的差距在逐渐加大。收入差距从2013年的17037.41元增加到2017年的22964元，2017年城镇人均收入是农村的2.71倍。

（2）全国一般公共预算收入总额在不断上升，其增长率从2017年开始回升。

全国一般公共预算收入总额在逐年上升，其增长率在2012～2016年逐年下降，但是受2017年国内经济的发展的影响，增长率开始回升，上升至7.4%（见图44）。2017年全国一般公共预算收入为172567亿元，其中，中央一般公共预算收入为81119亿元，同比增长7.1%；地方一般公共预算收入为91448亿元，同比增长7.7%。

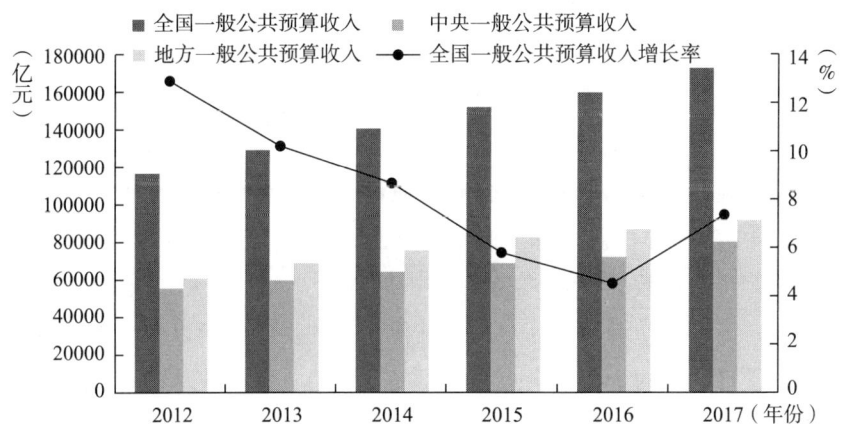

图44　中央及地方一般公共预算收和全国一般公共预算收入增长率

资料来源：根据《中国统计年鉴2017》和财政部网站相关资料汇总计算整理。

在2017年国家一般公共预算收入中，税收收入144360亿元，同比增长7.4%；非税收入28207亿元，同比下降6.9%。

在2017年国家税收收入中，国内消费税为10225亿元（见表26），同比增长0.1%。企业所得税为32111亿元，比上年增长11.3%；个人所得税为11966亿元，较上年增长18.6%；关税为2998亿元，同比增长15.1%。

表26　2012～2017年各项税收

单位：亿元

年份	合计	国内增值税	国内消费税	企业所得税	个人所得税	关税
2012	100614.28	26415.51	7875.58	19654.53	5820.28	2783.93
2013	110530.70	28810.13	8231.32	22427.20	6531.53	2630.61
2014	119175.31	30855.36	8907.12	24642.19	7376.61	2843.41
2015	124922.20	31109.47	10542.16	27133.87	8617.27	2560.84
2016	130360.73	40712.08	10217.23	28851.36	10088.98	2603.75
2017	144360	56378	10225	32111	11966	2998

资料来源：根据《中国统计年鉴2017》和财政部网站相关资料汇总计算整理。

3. 国民消费

（1）全国居民消费价格增幅稳定，通胀压力较小。

居民消费价格指数（CPI）是用来反映居民家庭购买消费商品及服务的价格水平变动情况的，其变动率在一定程度上反映了通货膨胀或紧缩的程度。2017年全国居民消费价格比上年上涨1.6%。从消费细分类别来看，全国食品烟酒比上年下降了0.4%，服饰上涨了1.3%，居住上涨了2.6%，生活用品及服务上涨了1.1%，交通和通信上涨了1.1%，教育文化和娱乐上涨了2.4%，医疗保健上涨了6%，其他用品和服务上涨了2.4%。工业生产者出厂价格指数（PPI）是反映某一时期生产领域价格变动情况的重要经济指标，因为生产者的商品会用在其他商品的生产，所以如果PPI指数上涨过快，最终产品的价格也会上升，可能导致通货膨胀。从图45可以看出，居民消费价格指数增速稳定，略有小幅下降，工业生产者出厂价格指数增速除开始的1~3月份上升外，全年其余时间较为平稳，通货膨胀的压力较小。

（2）社会消费品零售总额增长率持续下降，反映出我国居民消费水平略有下降。

2017年社会消费品零售总额为366262亿元（见图46），比上年增长10.2%（未剔除价格因素）；按经营地划分，城镇社会消费品零售总额为314290亿元，同比增长10%；乡村社会消费品零售总额为51972亿元，同比增长11.8%。按消费类型划分，餐饮收入为39644亿元，同比增长10.7%；商品零售为326618亿元，较上年增长10.2%。

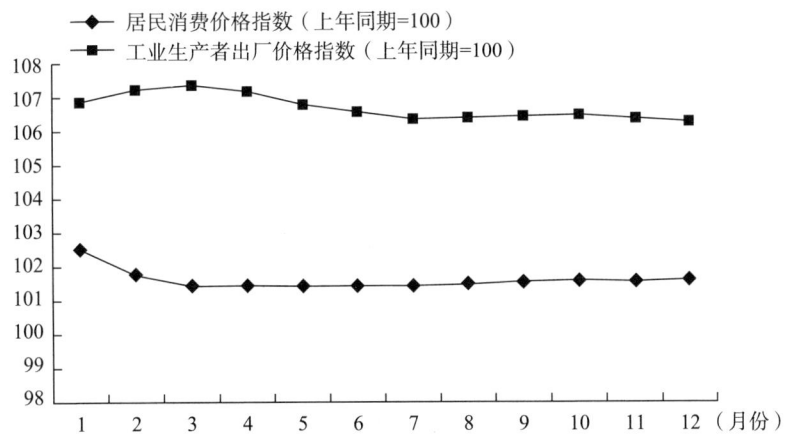

图45　2017年居民消费价格指数和工业生产者出厂价格指数

资料来源：根据国家统计局网站的相关数据整理。

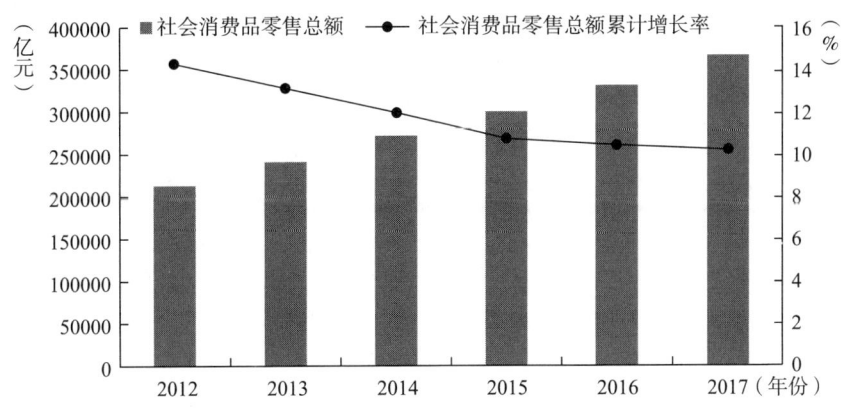

图46　社会消费品零售总额及其累计增长率

资料来源：根据《中国统计年鉴2017》和统计局网站相关资料汇总计算整理。

在限额以上企业商品零售额中，粮油、食品、饮料、烟酒类商品零售额比上年增长9.7%；服装鞋帽、针、纺织品类商品零售额同比增长7.8%；化妆品类商品零售额同比增长13.5%；金银珠宝类商品零售额同比增长5.6%；日用品类商品零售额同比增长8%；家用电器和音像器材类商品零售额同比增长9.3%；中西药品类商品零售额同比增长12.4%；文化办公用品类商品零售额同比增长9.8%；家具类商品零售额同比增长12.8%；通信器材类商品零售额同比增长11.7%；石油及制品类商品零售额同比增长

9.2%；建筑及装潢材料类商品零售额同比增长10.3%；汽车类商品零售额同比增长5.6%。

（3）全国人均、城镇和农村人均消费水平总体提高，但是城乡居民消费支出差距扩大。

2017年全国居民人均消费支出为18322元（见图47），同比增长7.1%，其中城镇居民人均消费支出为24445元，同比增长5.9%；农村居民人均消费支出为10955元，同比增长8.1%。虽然城镇和农村的人均消费支出都在增加，但是二者的绝对差距在扩大，从侧面反映了贫富差距正在加大的事实。

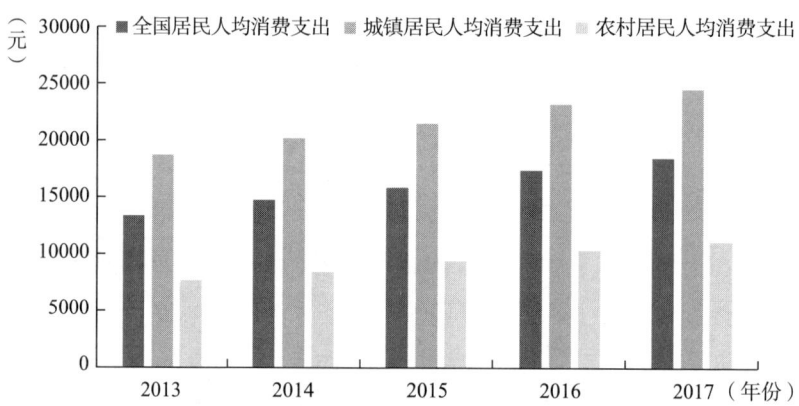

图47　2013~2017年全国、城镇和农村居民年人均消费支出额

资料来源：根据《中国统计年鉴2017》和统计局网站相关资料汇总计算整理。

在2017年全国居民人均消费支出分类中，前四名分别是：食品烟酒类29.3%、居住类22.4%、交通通信类13.6%和教育文化娱乐类11.4%。从上述数据中可以看出全国居民主要的消费方向都还是以生活类的消费为主，精神方面的消费占比较小。

（4）财政支出更投放在人民关注的民生方面，着力解决老百姓关心的问题。

2017年国家一般公共预算支出总额为203330亿元（见图48），同比增长7.7%。其中，中央一般公共预算支出总额为29859亿元，同比增长7.5%；地方一般公共预算支出总额为173471亿元，同比增长7.7%。

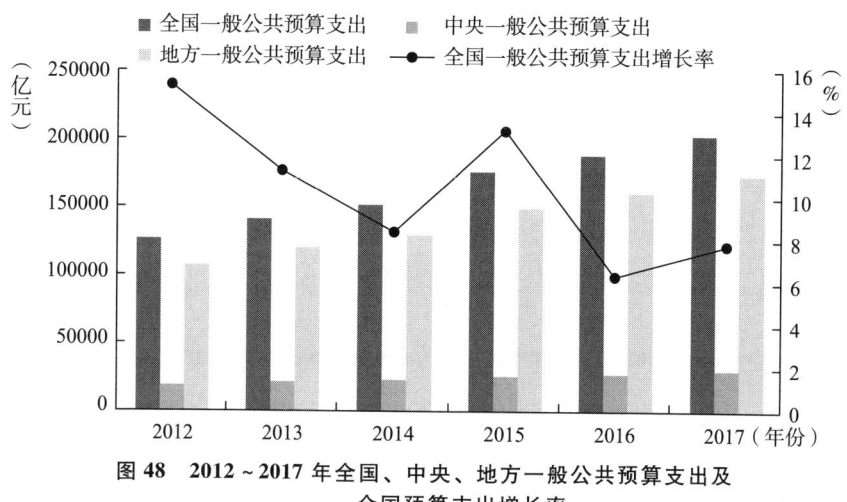

图 48 2012~2017 年全国、中央、地方一般公共预算支出及全国预算支出增长率

资料来源：根据《中国统计年鉴 2017》和财政部网站相关资料汇总计算整理。

2017 年国家一般公共预算支出中教育支出占比最高，为 30259 亿元（见表 27），约占总支出的 14.9%，教育一直是人民密切关注的民生问题，所以政府始终重视教育投入；其次是社会保障和就业支出，为 24812 亿元，占比为 12.2%；城乡社区支出占比为 10.5%，支出总额为 21255 亿元；医疗卫生与计划生育支出为 14600，占比为 7.2%；文化体育与传媒支出为 3367 亿元，占总支出的 1.7%。

表 27 2017 年全国一般公共预算支出主要项目数额及占比情况

单位：亿元，%

项目	全国一般公共预算支出	占比
合计	203330	100.0
教育支出	30259	14.9
科学技术支出	7286	3.6
文化体育与传媒支出	3367	1.7
社会保障和就业支出	24812	12.2
医疗卫生与计划生育支出	14600	7.2
节能环保支出	5672	2.8
城乡社区支出	21255	10.5
债务付息支出	6185	3.0

资料来源：根据《中国统计年鉴 2017》和财政部网站相关资料汇总计算整理。

4. 对外经济活动

（1）受全球气候复苏缓慢的影响，2017 年我国货物进出口总额较上年上升，出口进口总额都有所增长。

2017 年中国货物进出口总额为 277923 亿元人民币，比上年增长 14.2%。其中，出口总额为 153321 亿元人民币，比上年增长 10.8%；进口总额为 124602 亿元人民币，同比增长 18.7%；货物进出口差额（出口减进口）为 28718 亿元人民币（见图 49），比上年减少 4734 亿元人民币。自 2008 年金融危机以来，全球经济发展不景气，至今世界各国经济复苏进程缓慢，再加上人民币升值的压力，2012～2015 年中国货物进出口总额增长率处于不断下降的状态。但是从 2016 年开始，经过国家宏观调控等各项措施的努力下，中国货物进出口总额增长率大幅攀升。进出口差额在 2012～2015 年持续上升后，从 2016 年开始下降，我国的贸易顺差开始减小。

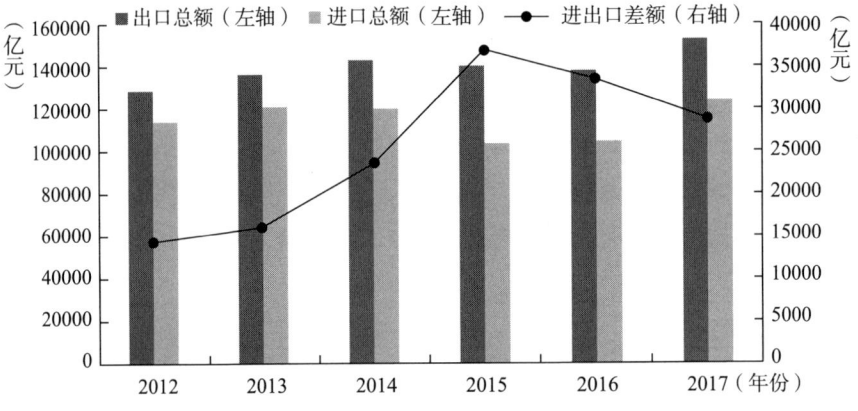

图 49　2012～2017 年我国进出口总额及进出口差额

资料来源：根据《中国统计年鉴 2017》和财政部网站相关资料汇总计算整理。

（2）2017 年外商对中国内地投资增幅为 5.2%，其中亚洲直接投资额占比最大。

前十位国家/地区实际对中国内地投资额及占比情况见表 28。投入外资总额 1246.1 亿美元，占全国实际使用外资金额的 95.1%，同比增长 5.2%；亚洲对华直接投资额占比最大，接近 90%。

表28　2017年前十位国家/地区实际对中国内地投资额及占比情况

单位：亿美元，%

国家/地区	投资额	占比
香港	989.2	75.5
新加坡	48.3	3.7
台湾	47.3	3.6
韩国	36.9	2.8
日本	32.7	2.5
美国	31.3	2.4
荷兰	21.7	1.7
德国	15.4	1.2
英国	15	1.1
丹麦	8.2	0.6

资料来源：根据商务部网站相关资料汇总计算整理。

（3）中国对外直接投资额较上年跌幅较大，对外投资规模收缩。

2017年国家对外直接投资额（不含银行、保险、证券）为8108亿元，若是折合成美元则为1201亿美元，较上年下降29.4%（见表29）。其中，我国企业对"一带一路"沿线的59个国家非金融类直接投资额为144亿美元，同比下降1.2%，主要投资新加坡、马来西亚、老挝、印度尼西亚、巴基斯坦等国家。

表29　2017年对外非金融行业直接投资额及其增长速度

单位：亿美元，%

行业	对外直接投资金额	比上年增长
总计	1201	-29.4
其中：农、林、牧、渔业	22	-25.3
采矿业	83	-4.4
制造业	191	-38.4
电力、热力、燃气及水生产和供应业	32	26.5
建筑业	73	37.5
批发和零售业	249	-9.6

续表

行业	对外直接投资金额	比上年增长
交通运输、仓储和邮政业	30	-16.9
信息传输、软件和信息技术服务业	103	-49.3
房地产业	22	-79.6
租赁和商务服务业	349	-17.3

资料来源：根据商务部网站相关资料汇总计算整理。

六 2018年北京市财政形势的总体预判

（一）2017年北京市财政形势总体分析

2017年北京市财政局坚持稳中求进工作总基调，围绕落实京津冀协同发展规划和首都城市战略定位，坚持以推进供给侧结构性改革为主线，充分发挥财政政策引导作用，主动服务大局，优化资源配置，坚持依法理财，规范执行管理，全年财政运行情况良好。

1. 财政收入方面

2017年全市"四本"预算的财政收入总计12212.6亿元，比2016年增长了23.2%。全市一般公共预算收入、政府性基金预算收入、国有资本经营预算收入和社会保险基金预算收入均超过100%完成调整预算。其中，政府性基金预算收入超过的比例最多，全市政府性基金预算收入完成调整预算的137.8%，这主要归因于北京市政府加快落实2017年住宅用地供应计划、土地供应增加，从而使国有土地使用权出让收入、国有土地收益基金收入超收。

就收入变化趋势而言，2017年一般公共预算收入的绝对数额持续稳步增长，但增速呈现稳中回落的态势；政府性基金预算收入增长幅度较大；国有资本经营预算收入有所下降；社会保险基金预算收入逐年稳步递增但增幅下降。

就"四本"预算收入结构而言，2017年一般公共预算收入所占比重最大，为44.5%，占财政收入总数的近一半；社会保险基金收入和政府性基金收入所占比重分别排第二、第三位，二者差距不大，分别占财政收入总数的29.4%和25.7%；国有资本经营收入与前三者差距较大，仅占财政收入的0.5%。2017年一般公共预算收入、社会保险基金收入和国有资本经营收入占比发生下降，政府性基金收入占比大幅度上升。

就一般公共预算收入的结构而言，2017年税收收入占一般公共预算收入的比重为86.1%，非税收入占一般公共预算收入的比重为13.9%。

就税收收入结构而言，2017年增值税占总体税收收入的比重为35.5%，营业税比重为0.3%，企业所得税比重为26.3%，个人所得税比重为13.8%，土地增值税比重为6.2%，房产税比重为5.8%，城市维护建设税比重为4.8%，契税比重为4.2%，说明2017年北京市的主体税种为增值税、所得税，以及与土地和房产交易相关的税种。营业税比重如此之低的原因在于2016年5月1日北京市全面推开营业税改增值税试点，营业税逐渐退出历史舞台。而且，"营改增"改革促进北京市税制结构逐渐优化，2017年北京市的税制结构不再以流转税为主而是以所得税为主，所得税占税收收入的比重比流转税高4.3个百分点。

就一般公共预算收入层级结构而言，北京市本级的一般公共预算收入一直高于16个区一般公共预算收入的总额，且二者的差距呈现不断扩大的趋势。

2. 财政支出方面

2017年全市"四本"预算的财政支出总计11673.9亿元，比2016年增长了12.4%。除了社会保险基金支出完成调整预算的98.5%外，全市一般公共预算支出、政府性基金预算支出、国有资本经营预算支出均完成了调整预算的100%，财政支出预算执行情况良好。

就支出变化趋势而言，2017年一般公共预算支出的绝对数额虽然增加了但增幅快速下降，2017年的增速2.1%是一个新的低点；政府性基金支出的绝对数额和增速都大幅增加；国有资本经营支出的绝对数额和增速都有所提高；社会保险基金支出绝对数额有所增加但增速大幅下降。

就财政收支关系而言，2017年北京市一般公共预算收支差额（财政收入减去财政支出）为-1109.7亿元，政府性基金收支差额为651.0亿元，国有资本经营收支差额为4.9亿元，社会保险基金收支差额为992.5亿元，可见2017年北京市除了一般公共预算是收不抵支外，其他三本预算是收大于支、略有盈余的状态。

就"四本"预算支出结构而言，2017年一般公共预算支出所占比重最大，占了整个政府财政支出的一半以上；社会保险基金支出和政府性基金支出所占比重分别排第二位、第三位，二者差距不大，分别占财政支出总数的22.2%和21.3%；国有资本经营支出占财政支出总数的比重仅为0.4%，占比远远低于其他三本预算的支出。2017年北京市一般公共预算支出和社会保险基金支出占比下降，政府性基金支出和国有资本经营支出占比上升。

就一般公共预算支出结构而言，占比排名前三位的明细支出为城乡社区支出、教育支出、社会保障和就业支出，占比分别为15.9%、14.6%、10.6%，合计占比41.1%，说明北京市政府重视民生、关注民生，在提高民生公共服务方面投入了较多的财政资金。2017年北京市对财政支出五大重点领域的资金安排为：疏解非首都功能，扎实推进京津冀协同发展，安排资金374亿元；支持创新引领发展，促进经济提质增效，安排资金533.9亿元；推进生态环境建设，打造和谐宜居环境，安排资金608.4亿元；加大城市治理力度，提升首都城市品质，安排资金1036.3亿元；优化公共服务供给，着力增进民生福祉，安排资金939亿元。

就一般公共预算支出的层级结构而言，北京市本级的一般公共预算支出金额一直低于16个区一般公共预算支出的总额，但是差距呈现波动态势。2017年，市本级一般公共预算支出的占比再次下降，区级合计的一般公共预算支出占比再次上升，二者差距又重新扩大。

3. 财税制度方面

2017年，北京市深入贯彻落实国务院发布的各项财税体制改革文件，从预算管理制度、税收制度、事权和支出责任划分等方面，积极推进并深化北京市财税制度改革，完善管理制度和管理方式，提高管理绩效和资金效益。

在预算管理制度方面，北京市政府在已经实现全口径的预决算管理的基础上，大力促进财政预决算公开透明，2017年2月集中公开市级部门预算，从公开范围、公开内容、明细程度和公开形式四个方面进一步提升财政预算公开的水平。而且，北京市财政局进一步加强预算绩效管理，大力加强绩效目标管理，开展事前绩效评估、事中绩效跟踪和事后结果运用，强化财政资金绩效的全过程管理，并于2017年12月出台《进一步深化项目支出绩效预算管理改革的意见》，提出了八个方面的27条具体措施。另外，北京市政府大力推动"促支降存"，问责"睡眠"资金，督促部门加快预算执行，将各部门和各区促支降存情况与年度预算安排、部门绩效考核和从严执纪问责相挂钩。北京市财政局还一直积极探索中期预算管理机制，尝试编制市级及试点部门2016~2018年三年滚动财政规划，提高财政政策的前瞻性、有效性和可持续性。

在税收制度方面，2017年的一个亮点是北京市政府贯彻落实国务院六项减税新政，具体减税内容为：简并增值税税率政策、扩大享受企业所得税优惠小微企业范围、提高科技型中小企业研发费用税前加计扣除比例、开展创业投资企业和天使投资个人有关税收政策试点、推广商业健康保险个人所得税税前扣除试点、继续实施物流企业大宗商品仓储设施用地城镇土地使用税优惠政策。北京市政府继续推进营业税改征增值税改革，从2017年7月1日起，将增值税税率由原来的四档减至17%、11%和6%三档，取消13%这一档税率；将农产品、天然气等增值税税率从原来的13%降至11%。除此之外，北京市还开展对部分资源税进行改革，包括调整资源税税率、按法定上限确定环保税税额标准、水资源税试点等。

在事权和支出责任划分方面，北京市政府根据国务院颁布的《关于推进中央与地方财政事权和支出责任划分改革的指导意见》，不断探索实践，积极开展北京市市级与区级之间的事权和支出责任划分改革。另外，北京市政府出台了《关于改革和完善市对区转移支付制度的实施意见》，积极开展市对区转移支付制度改革，完善转移支付的资金结构、预算编制、分配管理、绩效考核等方面制度规定。

在其他制度方面，北京市政府积极推广政府和社会资本合作的PPP模式，并且大力规范地方政府债务管理制度，推进财政预算执行动态监控工作，还制定了一系列支持疏解非首都功能的财税政策。

（二）2018年北京市财政形势总体预判

1. 社会经济形势的预判

2017年我国总体经济发展稳中向好，好于预期，但是发展不平衡不充分的突出问题仍有待进一步解决。十九大报告明确了中国特色社会主义进入新时代,我国社会主要矛盾的转变,这将直接影响今后我国经济发展的方向。在我国总体社会经济形势进入新常态,经济增速由高速转向中高速,增长方式由粗犷的资源要素投入向创新驱动发展转变的大环境下,2018年北京市的经济发展走势将同全国基本保持一致。未来的一年,北京市政府将继续围绕"四个中心"的首都城市战略定位对城市进行全盘布局,"腾笼换鸟",优化产业结构,升级增长动力,提高增长质量,提升地区产业综合实力。疏解非首都功能,缓解人口资源环境的突出矛盾,为构建更具活力的发展方式腾出空间,切实改善居民生活质量,将成为贯穿北京市今后多年的城市发展主题词。

从经济增长速度方面看,2017年北京市地区生产总值增速为6.7%,连续七年增速下降,但下降的趋势逐年放缓,增速下滑有探底的可能。据此判断,进入2018年,北京市社会经济形势下行压力依然存在,但经济已有逐步复苏的迹象。经济增速预计大体与2017年持平,甚至可能出现增速回升。而外部环境中,伴随经济形势回暖,美联储根据经济复苏情况很可能在未来选择加息,这给2018年中国经济的增速带来不确定性,从而波及北京的社会经济形势,因此也要对外部经济风险保持谨慎。

从支撑经济发展的产业方面看,2018年高新技术创新产业和现代服务业将成为支撑北京经济平稳发展的重点产业。2016年,国务院印发实施《北京加强全国科技创新中心建设总体方案》,要使北京成为全国创新引领者、高端经济增长极、创新人才首选地、文化创新先行区和生态建设示范城。这一战略布局对北京市高新技术创新产业和现代服务业的推动作用将在未来逐步显现。服务业方面,2017年北京市服务业经济占比继续维持在经济总量八成以上,并仍在不断增长。经过多年发展,北京现代服务业总量不断提高,结构不断优化,持续保持高速增长,但与此同时依然存在产业定位同质化、市场发育不充分、产业链不完整等问题。2018年,伴随服务产业地位进一步提高,北京市现代服务业将在现有基础上发挥自身优势,推动产业实现更长足的发展。

投资方面,随着经济增长的总体放缓,基础设施建设投资趋于饱和,未来北京市地区投资需求会继续减弱。在固定资产投资方面,随着更为严格的限购政策的出台,房地产市场投资性交易会逐步降温。房子是用来住的,不是用来炒的,因此固定资产投资也将趋于理性。在产业结构调整和非首都核心功能疏解的总体环境下,投资增速很难有大幅提高,投资者应将焦点从投资总量转向投资效益上来。

物价水平方面,2017 年北京市居民消费价格指数(CPI)为 1.9%,通胀水平始终控制在合理范围。一方面,伴随功能疏解的深入推进,一些产业和部门将从北京市迁出,与此同时一部分劳动力也将随之转移。产品和服务供给端的结构调整,以及适龄劳动力的减少,这些因素会推高北京市整体物价水平。另一方面,随着"一带一路"倡议在国际逐步受到认可,基础设施及能源合作方面的成果开始显现,我国能源供给渠道将更加丰富,从长期看能源价格有下降趋势,这一因素同样会使北京物价水平降低。综合来看,2018 年北京市物价水平会呈现稳中有升的特点,即总体平稳,小幅上升。

2. 财政收入形势的预判

根据 2018 年 1 月 24 日在北京市第十四届人民代表大会第五次会议上通过的《关于北京市 2017 年预算执行情况和 2018 年预算的报告》,北京市 2018 年"四本"财政预算的收入安排是:一般公共预算收入预期为 5783.8 亿元,政府性基金预算收入预期为 1924.0 亿元,国有资本经营预算收入预期为 60.9 亿元,社会保险基金预算收入预期为 3804.2 亿元。通过计算,表 30 给出了北京市 2017 年财政收入决算和 2018 年财政收入预算的对比情况:2018 年北京市一般公共预算收入预期增长率为 6.5%,增幅相对于 2017 年有所下降;政府性基金收入预期增长率为 -38.59%,与 2017 年相比增速由正值变为负值;国有资本经营收入预期增长率为 -1.14%,与 2017 年相比增速仍然为负数但绝对值有所下降;社会保险基金收入预期增长率为 6.04%,与 2017 年相比增幅有所提高;四本预算总体财政收入预期增长率为 -5.24%,增幅明显低于 2017 年总体财政收入的增长率 23.17%。《关于北京市 2017 年预算执行情况和 2018 年预算的报告》同时指出,2018 年财政收入预算安排主要考虑的是:首都经济保持平稳增长能够为财政增收提供坚实基础,但落实好简并增值税税率等中央结构性减税政策、持续推进疏解非首都功能、加快产业转型等,也将对财政增收带来一定压力。

表30 北京市2017年财政收入决算和2018年财政收入预算情况

单位：亿元，%

项目	2017年		2018年	
	金额	增速	预期金额	预期增速
一般公共预算收入	5430.80	6.88	5783.80	6.50
政府性基金收入	3132.80	137.97	1924.00	-38.59
国有资本经营收入	61.60	-4.86	60.90	-1.14
社会保险基金收入	3587.40	3.90	3804.20	6.04
财政收入总计	12212.60	23.17	11572.90	-5.24

资料来源：《关于北京市2017年预算执行情况和2018年预算的报告》。

目前，国际经济发展环境复杂，国内经济发展面临转型，北京市经济发展也进入了转变经济增长方式、调整经济结构、疏解首都非核心功能的新阶段，经济增长面临着一定的下行压力，从而导致财政收入增速放缓。而且，为了激发市场活力，充分发挥财政手段的宏观调控作用，2017年以来的税收制度改革导致全市整体的减税规模不断增加，又进一步压缩了政府财政收入的增长空间。不过值得注意的是，北京市拥有非常具有潜力的税源增长点——科技创新，只要北京市政府坚持落实创新驱动发展战略、激发科技创新活力，就能够优化产业结构和振兴实体经济，从而培育出新的税源增长点，实现财政收入持续稳步增长。综上所述，2018年北京市财政收入应呈现稳步增长、增幅略降的变化趋势。

3. 财政支出形势的预判

根据2018年1月24日在北京市第十四届人民代表大会第五次会议上通过的《关于北京市2017年预算执行情况和2018年预算的报告》，北京市2018年四本财政预算的支出安排是：一般公共预算支出预期为6770.2亿元，政府性基金支出预期为2588.1亿元，国有资本经营支出预期为48.5亿元，社会保险基金支出预期为2958.6亿元。通过计算，表31给出了北京市2017年财政支出决算和2018年财政支出预算的对比情况：2018年北京市一般公共预算支出预期增长率为3.51%，增幅高于2017年的增速2.09%；政府性基金支出预期增长率为4.28%，增幅远远低于2017年的增速73.3%；国有资本经营支出预期增长率为-14.46%，与2017年相比增速由正值变为负值；社会保险基金支出预期增长率为14.02%，增幅高于2017年的增速3.71%；"四本"预算总体财政支出预期增长率为5.92%，增幅低于2017年总体财政支出的实际增长率12.39%。

表31 北京市2017年财政支出决算和2018年财政支出预算情况

单位：亿元，%

项目	2017年		2018年	
	金额	增速	预期金额	预期增速
一般公共预算支出	6540.50	2.09	6770.20	3.51
政府性基金支出	2481.80	73.30	2588.10	4.28
国有资本经营支出	56.70	24.26	48.50	-14.46
社会保险基金支出	2594.90	3.71	2958.60	14.02
财政支出总计	11673.90	12.39	12365.40	5.92

资料来源：《关于北京市2017年预算执行情况和2018年预算的报告》。

《关于北京市2017年预算执行情况和2018年预算的报告》指出，2018年北京市财政支出预算主要考虑以下因素：一方面，支出水平必须与2018年北京市财政收入预期增长水平，中央对本市、本市对区的财政体制情况以及调入预算稳定调节基金能力保持协调统一；另一方面，财政支出必须考虑保障疏解非首都功能、"四个中心"建设、京津冀协同发展、筹备冬奥会和冬残奥会等市委市政府中心工作的巨大支出需求。

此外，《关于北京市2017年预算执行情况和2018年预算的报告》对于北京市2018年五大重点支出领域的预算安排如表32所示。由表32可知，2018年北京市政府对京津冀协同发展安排财政资金431.4亿元，比2017年预期增长15.3%，主要用于疏解非首都功能、京津冀重大基础设施、跨区域生态保护、城市副中心建设、对口帮扶等方面；对创新驱动发展安排资金572.1亿元，比2017年预期增长7.2%，主要用于科技创新中心建设、优化提升现代服务业、支持各区发展区域经济、国企国资改革等方面；对首都生态环境建设安排资金675.5亿元，比2017年预期增长11.0%，主要用于大气污染治理、水土环境治理、垃圾综合处理、生态保护、提升城市人居环境等方面；对城市治理安排资金1107.7亿元，相比于2017年预期增长

6.9%，主要用于疏解整治促提升引导、住房保障、缓解城市交通拥堵、城市安全等方面；对提升公共服务水平安排资金1033.3亿元，比2017年预期增长10.0%，主要用于保障城市运行、提升教育质量、养老社保和就业、构建健康服务体系、推进文化中心建设、保障冬奥会和冬残奥会等体育事业、城乡统筹方面。北京市2018年对这五大重点支出领域总共安排资金3820.0亿元，比2017年预期增长9.4%。

表32 北京市2018年五大重点支出领域的预算安排情况

单位：亿元，%

项目	2017年决算金额	2018年预算金额	2018年预期增速
京津冀协同发展	374.0	431.4	15.3
创新驱动发展	533.9	572.1	7.2
首都生态环境建设	608.4	675.5	11.0
城市治理	1036.3	1107.7	6.9
提升公共服务水平	939.0	1033.3	10.0
总计	3491.6	3820.0	9.4

资料来源：《关于北京市2017年预算执行情况和2018年预算的报告》。

综上可知，2018年北京市财政支出形势十分严峻，一方面京津冀协同发展、创新驱动发展、首都生态环境建设、城市治理、提升公共服务水平、筹备冬奥会这些公共服务需求要求政府投入大量财政资金；而另一方面北京市的经济增长水平、财政收入水平的增幅均可能出现缓慢下降趋势，难以满足日益增长的城市公共服务需求。若想解决这一两难困境，北京市政府则需要在如何提高财政资金的使用效率方面做出思考和改进，积极探索推进财政管理体制改革。

4. 财税管理体制的改革方向

2017年12月27日，全国财政工作会议指出，2018年各级财政部门要全面贯彻党的十九大精神，以习近平新时代中国特色社会主义思想为指导，加强党对经济工作的领导，坚持稳中求进工作总基调，坚持新发展理念，坚持以供给侧结构性改革为主线，继续实施积极的财政政策，增强财政可持续性。各级财政部门在支持打好防范化解重大风险、精准脱贫、污染防治三大攻坚战的同时，要扎实做好八个方面的重点工作。一是深化供给侧结构性改革，支持制造业优化升级，促进新动能持续快速成长，继续推进"三去一降一补"。二是落实创新驱动发展战略，支持提升科技创新能力，深化财政科技管理改革，加速科技成果向现实生产力转化，促进创业创新和小微企业发展。三是支持实施乡村振兴战略，完善农业支持保护制度，深入推进农业供给侧结构性改革，加快发展现代农业，深化农村综合改革。四是推动区域协调发展，提高基本公共服务均等化水平，支持加快实施"一带一路"建设、京津冀协同发展、长江经济带发展"三大战略"。五是加快财税制度改革，健全财政体制，完善预算管理制度，深化税制改革，推进政府购买服务改革。六是提高保障和改善民生水平，支持教育发展，加强就业和社会保障工作，支持实施健康中国战略，加强基本住房保障，推动文化繁荣兴盛。七是强化财政管理监督，全面实施绩效管理，推进法治财政建设，完善现代国库管理体系，加强财政管理基础工作，强化财政监督。八是推动形成全面开放新格局，积极促进"一带一路"国际合作，加快培育外贸竞争新优势，深度参与全球经济治理。[①]

结合中央政府对于财税体制改革方面的工作精神和北京市经济社会发展、财政管理体制的现状，2018 年，预计北京市政府将重点从以下几个方面进一步深化财税管理体制改革。[②]

（1）继续完善财政绩效管理制度

北京市财政局将加强绩效管理顶层设计，逐步推进形成"广覆盖、多层次、多主体、全过程"的财政预算绩效管理模式；深化绩效目标管理，强化对绩效目标合规性、必要性的审核，将绩效目标作为预算安排的必要前提；完善绩效评价体系，围绕成本、质量、效益等关键指标，加快建立高质量的指标体系和绩效评价管理体系，完善重点民生项目和财政支出政策、部门整体支出绩效评价制度，探索垄断性公共服务事项绩效评价的方法；强化评价结果运用，督促预算部门履行绩效管理的主体责任，实行项

---

① 《全国财政工作会议在京召开》，财政部网站，http://www.mof.gov.cn/zhengwuxinxi/caizhengxinwen/201712/t20171228_2790125.htm，2017 年 12 月 28 日。
② 《关于北京市 2017 年预算执行情况和 2018 年预算的报告》。

目责任人制度，逐步建立绩效跟踪与部门内控、监督检查相结合的管理模式，启动绩效评价结果通报和约谈机制，推动预算部门建立绩效管理内部问责制度。

（2）稳步推进市区财政事权与支出责任划分改革

一方面，北京市财政局将落实中央拟出台的关于推进基本公共服务、教育、医疗卫生等领域财政事权与支出责任改革的意见，结合北京实际，研究提出上述领域市区财政事权和支出责任划分意见；另一方面，北京市财政局加大市对区转移支付力度，按照北京城市总体规划，结合各区功能定位和可支配财力情况，继续加大市对区转移支付资金规模，进一步增强区级可统筹财力。

（3）强化财政资金监督防控体系

北京市财政局将深化国库集中收付制度改革和电子化管理，运用动态监控和财政大数据分析，加大对大额项目资金、疏解整治促提升、民生保障等资金的财政监督检查力度。同时，将监督检查结果与下年度部门预算编制、绩效考核等紧密挂钩，督促发现违规问题的单位限期落实整改，对发现的骗取、套取和违规使用财政资金等重大违法违规问题，加大处罚力度。另外，还将健全北京市行政事业单位内部控制基础评价指标体系，指导各部门根据自身的业务性质、业务范围、管理架构，完善适合本单位实际情况的内部控制体系。

专题报告

北京市转移支付制度改革的国际经验借鉴

宁 静 熊芮铭 杨睿楠[*]

| 摘 要 | 党的十八届三中全会决定提出要完善转移支付制度,为了深入贯彻落实,北京市于2016年开启了财政转移支付制度改革。目前虽然改革取得了初步成效,但由于事权划分不明晰、资金使用监管不严格、转移支付并未系统化和法律化等问题,北京市转移支付制度改革依旧任重而道远。本文选取了4个发达国家(美国、日本、加拿大、德国)和2个与我国更加相近的发展中国家(巴西、印度),对它们的政府结构、财政制度和转移支付制度进行描述,并且对它们转移支付制度的经验教训进行总结归纳。本文旨在对这些国家的转移支付制度进行经验性的总结,为优化北京市转移支付制度提供新的思路,为后续北京市进一步转移支付制度改革提供经验借鉴。 |

| 关键词 | 转移支付 制度设计 国际经验 |

一 引言

党的十八届三中全会中指出财政是国家治理的基础和重要支出,提出

---

[*] 宁静,副研究员,中央财经大学财经研究院,研究方向为财政理论、地方财政。熊芮铭,中央财经大学中国公共财政与政策研究院。杨睿楠,中央财经大学中国公共财政与政策研究院。

要深化财税体制改革、建立现代财政制度,并且强调应对转移支付制度进行完善。基于目前我国转移支付制度存在的各种问题,中央和省级层面都在着力进行转移支付制度的改革。为了深入贯彻落实《国务院关于改革和完善中央对地方转移支付制度的意见》(国发〔2014〕71号)精神,北京市于2016年发布了《关于改革和完善市对区转移支付制度的实施意见》,并主要提出了两个改革方向:一是整合专项资金,压缩清理专项项目及结余资金;二是扩大一般性转移支付比重,使用因素法进行资金分配。同时,《关于改革和完善市对区转移支付制度的实施意见》还指出北京市转移支付改革的目标是到2020年,基本建立与首都经济社会发展水平相适应的权责清晰、聚焦中心、公共导向、运转高效、公开透明的市对区转移支付制度体系,并建立健全动态监控、考核问责机制,使各区财政保障能力明显增强、区域间基本公共服务均等化水平明显提高,为落实首都城市战略定位、推动京津冀协同发展、加快建设国际一流的和谐宜居之都提供重要保障。目前北京市的转移支付制度改革已经实施两年多,对以上改革方向进行了落实,并取得了初步成效,但由于事权划分不明晰、资金使用监管不严格、转移支付并未系统化和法律化等历史遗留问题,目前北京市转移支付制度改革依旧任重而道远。

随着近几十年来对财政体制和政府间财政关系理论研究的不断深入,各个国家政府日渐意识到了转移支付体制对于财政体健全发展的重要性,因此进行了许多各有特色的转移支付制度改革,改进其国家的转移支付制度设计。目前,国际上许多发达国家的财政体制愈加完善,其转移支付制度设计中有许多可取之处。为了给北京市对区县转移支付制度改革提供经验借鉴,本文选取了全球4个发达国家(美国、日本、加拿大、德国),对它们的政府结构及财政制度、转移支付制度以及其均等化效果进行描述,并且对它们的经验教训进行总结归纳。由于中国国情与发达国家仍然有很大差异,某些制度设计可能无法适用于中国的实际情况,因此本文也选取了2个发展状况与我国更加相近的发展中国家(巴西、印度),并对两国的转移支付制度进行相应的阐述和归纳。本文旨在对这些国家的转移支付制度进行经验性的总结,为优化北京市转移支付制度提供新的思路,为后续北京市进一步转移支付制度改革提供经验借鉴。

二 发达国家的转移支付制度

（一）美国

1. 政府结构与财政制度

美国政府体系由联邦政府、州政府和地方政府三个层次组成。实行立法、行政、司法三权分立的政治体制。由于美国联邦体制的特点，其三级政府之间具有横向的平级关系。在美国宪法中也对各级政府的支出责任进行了非常明确的事权划分，各级政府各司其职，共同为本国居民提供良好的公共服务。美国联邦政府、州政府和地方政府具体的事权范围和支出责任划分如表1所示。

表1 美国三级政府事权范围和支出责任划分

政府级次	事权范围	支出责任
联邦政府	国防、外交与国际事务，保持经济的增长，维持和促进社会发展和保证社会稳定	国防支出、人力资源支出，包括教育、培训、就业和社会服务、卫生、医疗、收入保险、社会保障、退伍军人福利和服务、物力资源支出（包括能源、自然资源和环境）、交通社会和地区发展、债务的净利息支出、其他支出（包括空间和技术、农业、司法管理、财政补贴等）
州政府	收入的再分配，提供基础设施和社会服务，运用一定的手段促进本州的经济社会发展	公路建设、基础教育、公共福利项目、医疗和保健开支、收入保险、警察、消防、煤气及水电供应、州政府债务的还本付息等
地方政府	与地方关系较为密切的事务	一般行政性经费、家庭和社区服务、健康服务、治安、消防、道路和交通、公共设施支出等

资料来源：笔者根据相关文献整理。

2. 转移支付制度

美国的转移支付开始于19世纪初联邦政府的财政补助制度，转移支付主要是为了调剂和缓解联邦、州、地方政府之间财政的不平衡，同时也是体现联邦政府意图、干预地方经济的主要手段。美国转移支付主要分为三类，包括专项转移支付、分类转移支付和一般性转移支付，基本以专项转移支付为主。专项转移支付只能用于指定的项目，并且也会限定使用范围；

分类转移支付会规定使用范围，比如教育、农业等，但不会对使用的项目加以规定；一般性转移支付可以被用于任何领域。

而且，专项转移支付还分为四个类型，分别是项目专项转移支付、公式法专项转移支付、公式法－项目专项转移支付、开放式报销专项转移支付。具体而言，项目专项转移支付是由地方政府竞标的方式下发的；公式法专项转移支付是通过因素法计算分配的，考虑的因素包括人口、家庭收入、人均收入、贫困率等；公式法－项目专项转移支付是上述两种方法的综合，先用因素法确定各州分配金额，再由地方政府通过竞标将资金下发到各个项目；开放式报销专项转移支付承诺地方政府可以报销一定比例的项目开销，从而省去了竞争和公式计算环节。就联邦政府分配资金的自由度和资金使用者的自由度而言，笔者归纳美国各种类型转移支付的特点如表2所示。

表 2 美国各类转移支付的特点

联邦政府分配资金的自由度	低	公式法专项转移支付	开放式报销专项转移支付	一般性转移支付	
	中	分类转移支付	公式法－项目转移支付		
	高	项目专项转移支付			
资金使用者的自由度	低	项目专项转移支付	公式法－项目转移支付	公式法专项转移支付	开放式报销专项转移支付
	中	分类转移支付			
	高	一般性转移支付			
业绩条件	低	一般性转移支付			
	中	分类转移支付			
	高	项目专项转移支付	公式法专项转移支付	公式法－项目转移支付	开放式报销专项转移支付

资料来源：笔者根据相关文献整理。

美国转移支付以调控经济、调节财政平衡为主要目的，因此专项转移支付占了总体转移支付相当大的比重。美国专项转移支付分配的完整法律体系、因素法分配的指标和下发流程，以及分类转移支付的设置、分类转移支付的计算公式与指标等，都十分值得北京市转移支付改革借鉴。

3. 借鉴意义小结

美国作为发达国家的首要代表，其财政体制已经发展得相当科学完善。从支出责任来看，各级政府事权划分明确，在项目监管、资金透明和民众参与方面都起着绝对的表率作用。由于美国是联邦制国家，从收入情况来看，其下级政府拥有较强的自治能力，可以独立决定当地税种税率（只需要保证所设立的税种不会对其他同级或上级政府税收造成过大的外部性作用即可），而且地方政府的本级资金缺口相对于本级收入而言并不是非常庞大。同时，从地方政府的工作绩效的角度来看，由于各级政府都是基于选举制度由当地选民投票选举出来的，因此地方政府对于民众意愿的重视程度也是可见一斑，民众也往往有着更加强烈的意愿去监督地方政府提供公共服务质量。

美国的转移支付体制并不是以均等化地区差异为主要目标的，在其转移支付制度的演变进程中，它也逐渐取消了一般性转移支付的款项拨付。美国的转移支付主要是为了调剂和缓解纵向财政不平等，体现上级政府意图以及干预地方经济的作用。因此其专项转移支付的金额较为庞大，同时也有比较详细的分类。从经验借鉴的角度来看，北京市对区县的转移支付制度中专项转移支付的设计方法可以参考美国目前的实施情况。

美国目前的专项转移支付主要采用公式法专项转移支付，即"因素法"，通过设计基于可测算客观指标的特定公式，计算得到转移支付所应拨付的金额。因素法目前在北京市已被采纳运用于一般性转移支付，如何将因素法运用至专项转移支付是一个值得探索的方向。除此之外，值得借鉴的另一种专项转移支付金额确定的方法是项目竞标的资金下发方式，即先用因素法确定各州转移支付金额，再由地方政府通过竞标将资金下发到各个项目。这一方式，开创性地引入了私人企业参与到公共服务的提供中来，这对于北京市转移支付改革具有很好的借鉴意义。

（二）日本

1. 政府结构与财政制度

日本政府中负责地方财政决策的部门主要有内政部和财政部两个部门，其中，内政部主要负责各地方政府预算的制定和实施，也被称为中央政府中的"反对派"，它旗下的地方财政局（the Local Finance Bureau）和地方税务局（the Local Tax Bureau）直接参与地方事务管理，其中地方税务局（the Local Tax Bureau）也负责地方交付税的相关事务。

根据OECD公布的数据，1995年日本地方政府支出占财政总支出的比例高达70%（不考虑社会保障资金）。日本地方政府在提供公共服务方面扮演着非常重要的角色，其支出占日本政府总支出的70%，形成的公共资本占日本政府总公共资本的80%。日本财政体系的特点就是大多数的公共支出都由地方政府完成。某些公共事务的支出责任虽然根据宪法的规定由中央政府负责，但最终一般由地方政府实际执行。当然，中央对地方政府的支出有严格的控制和规定，这也使得地方政府不容易出现过度赤字的情况。日本地方政府提供的公共服务包括纯公共服务和由公共部门提供的私人性质物品。日本地方政府的支出大项是基础设施建设、城市发展支出和道路修建，其他支出还包括消防支出和公安支出，这些都可以算作纯公共品的范畴，它们一共占到了地方财政支出的35%。其他由政府提供的服务包括教育、社会保险与福利支出，这些可以被看作公共部分提供的私人产品，它们一共占了总支出的50%左右。

值得注意的是，地方财政占总政府支出的比例如此之高，其实地方财政的支出大项都是中央强制要求的，支出的具体标准和支出水平均按照中央要求执行。在日本，中央政府几乎干预了地方政府工作的方方面面，在宪法下中央和地方的支出责任和职能并没有非常明确的划分。大多数的政府职能如健康、教育和社会福利均由中央负责，但最终都是由地方政府来具体执行的。日本内政部时刻关注着各地方政府的收支情况，日本战后财政体制的主要目标就是均等化各地的财政资源。

然而，虽然日本地方政府承担了大多数的支出责任，但中央政府掌握了大部分的财政收入，中央政府收入的约1/4都是通过转移支付的方式补贴给地方政府的,可见转移支付在日本财政体系中的地位非常重要。在无转移支付的情况下,支出责任和收入能力决定了地方政府和中央政府一定会分别出现财政赤字和财政盈余的情况,因此日本中央政府就利用大量的转移支付来平衡不同级别地方政府的财政缺口,目前主要是通过地方交付税(Local Allocation Tax)、专项转移支付补助(Specific Purpose Grants),或者分享增值税及个人所得税来完成的。在日本,内政部负有保证地方支出的责任,它会采取各种方法保证财政资金的到位。在实际操作中,除了增加地方交付税或地方专项补贴之外,还可以通过向日本财政部基金管理委员会的特殊账户借短期借款或者发行地方债券来保证地方政府当期财政资金的落实。

2. 转移支付制度

前文提到,日本地方政府负担了大部分的支出责任,却没有得到相应的财力支持,目前解决这一问题最重要的途径就是无条件转移支付补贴,即地方交付税,地方交付税明显减少了地区间人均地方财政收入差距的水平。日本第一个正式用于均等化地方间财力差距的体系是在1940年构建的地方交付税,这个体系的建立是与日本在冷战时期建立的地方与中央税收制度相匹配的。地方交付税类似于一种分享给各个地方政府的国税,它们在地方政府之间的无条件分配并不取决于当地税源,而是取决于一套以平等化财政收入为目标的计算公式。日本均等化财政收入体系在第二次世界大战结束后美军驻扎期间产生了巨大的变化。这一时期的体系非常强调地方政府的自治性和独立性,为了实施财政分权的机制,颁布并施行了为时长达5年的地方分权促进法案(the Decentralization Promotion Law),战前的财政体系土崩瓦解。1950年,地方交付税被"地方财政平衡补贴"(the Local Finance Equalization Grant)所取代。由于种种原因,地方财政均衡补助在1953年被废除,日本政府在1954年推出了新的地方交付税(Local Allocation Tax)政策。

日本现行的地方交付税是以地方交付税法为依据的,地方交付税法规定,地方交付税的金额必须由统一的公式确定,最终由国会表决通过。同时,它也规定地方交付税的具体金额、资金运转和系数修正由日本内政部负责执行。为了防止内政部滥用权力,内政部并没有修改公式或者公共服务成本的权力，只是保有对转移支付金额进行边际调整的权力。内政部也负有收集用于计算地方交付税具体金额各项数据的职责，各地方政府有且只有义务主动向内政部提供这些数据，这样可以避免地方官员过多干涉转移支付具体金额的确定。地方交付税通过公式分配的方式将财政资金发放给相对落后的地区，并且不限制资金的使用用途。

地方政府可以获得的地方交付税计算公式为：

$$LAT_i = N_i - C_i$$

其中，LAT_i表示第i个地区分得的地方交付税，N_i表示第i个地区的基本财力需求，C_i表示第i个地区的基本财力状况。这些资金会每年分配给那些入不敷出的地方政府，较为富裕的地区（收入大于基本支出）并不会被拨付或在财政上依赖转移支付的资金。

在计算基本财力需求（Basic Financial Needs）的时候，每一个辖区或自治市的成本都会分类别计算。对于辖区而言，共有24类服务，如治安、路桥修建、义务教育等类别；对于自治市而言，也有24类服务，包括城市规划、公园、垃圾处理等。第i个地区的基本财力需求是按照如下公式计算的：

$$N_i = \sum k(I_{ik} \cdot U_{ik} \cdot M_{ik})$$

其中，I_{ik}表示第i个地区第k种类型公共服务的需求量，U_{ik}表示第i个地区提供第k种服务的单位成本，M_{ik}表示对第i个地区提供第k种服务的矫正系数。对于每一个地方政府，其基本财政需求等于各项所需公共服务量乘以单位成本再乘以校正系数的总和。再具体执行过程中一般需要先确定服务需求的计量单位，再根据单位的确定估算单位成本，其中单位成本由以下公式进行估算：

$$U = (C_g - R_s)/S$$

其中，U表示某项公共服务的单位成本，C_g表示提供服务的总成本，R_s表示专项地方收入（*special revenue*），S表示计量单位数。接下来需要确定矫正系数。一般而言，单位成本是固定的，通过对不同的地区不同的服务确定不同的矫正系数来考虑地方差异性。

另外，中央政府也还需要确定各地区的基本财政收入，它包括两种类型的收入：一是地方本身的收入，一般按辖区收入的80%或自治市总收入的75%加入公式计算；二是地方转移支付的总金额。可以表示为：

$$C_i = G(\sum_j B_{ij} \cdot t_j) + LTT_i$$

其中，G对于辖区是0.8，对于自治市是0.75。B_{ij}是指第i个地区第j个税种的税基，t_j是指对应的标准税率，LTT_i是指从其他地方转移支付中得到的收入。选择之前提到的两个比率主要是基于以下两个因素的考虑：一是内政部不可能将各个地方的所有公共服务支出项都纳入考虑；二是需要给地方政府一些提高本级收入的激励。

在某些情况下，基于公式计算的地方交付税资金可能无法完全覆盖地方政府的支出需求，此时则需要通过调整资金池的规模来适应地方政府公共支出需求。内政部每年要负责地方公共财政项目，来保证地方政府有足够的收入覆盖支出，以及支出能覆盖政府应该提供的公共服务项目。一般常用的保证地方政府当期财力方法有五种，包括从资金管理特殊账户借款、地方交付税的转移支付、取消地方交付税削减、地方交付税的增支或削减等。

3. 借鉴意义小结

日本的政治体制和财政体制与中国非常类似，从支出责任来看，由于历史原因，日本的中央与地方支出责任并没有明确的划分（与我国情况类似），而从财力的角度来看，中央集中了政府的税收权力，地方政府并没有较为独立的税收立法权，中央政府会参与到地方税税种的设立甚至于下一年税收估算的工作中去。从已有地方税来看，首先地方税收占日本总财政收入的比重非常小，同时其地方税严重依赖于当年日本经济发展情况，并且与经济周期是顺周期的关系，这导致地方政府本级收入规模小、波动大、难以预期的问题。过多的支出责任以及规模小、不稳定性强的本级收入都导致了日本地方政府严重依赖于转移支付体制所拨付的资金金额。

再加上历史原因导致的日本中央政府集权化，中央政府成立了专门的部门直接参与到地方政府下一年的预算编制、税收管理、支出责任确定以及相应支出责任资金的保障工作中，这样的好处在于，可以保证地方支出责任的落实，同时也确定了地方政府不会过度透支财政收入。这样的政府关系建立的前提是，中央集中税收、地方财力薄弱以及政府本身对于地区间差异性偏好一定程度的忽视。这样的政府关系牺牲了地方政府的自治能力与可问责性。目前，日本面临地方政府工作效率低下，过度依赖上级政府拨款，而上级政府又面临巨大的财政赤字压力的"恶性循环"。究其根本，主要还是中央政府和地方政府事权划分不明确所导致的。

日本上级政府对下级政府支出的过度干预是北京转移支付改革所应该避免的教训。上级政府的意愿在转移支付体系中应该有所体现，但绝对不能通过缩减下级政府本级收入、集中税收权力、使地方政府过于依赖中央拨款的方式来达到这样的效果。日本转移支付制度设计本身的目的在于公共产品平等获取，但这一设计的缺陷在于，地区间公共服务需求的差异性、地方政府的自治能力未得到相应的保护。

从日本转移支付制度的可借鉴方面来看，日本现行的转移支付制度所采用的无条件转移支付手段，即地方交付税，确实在均等化人均财政资源方面取得了一定的成就。北京市在设计一般性转移支付甚至是分类转移支付的分配公式时，可以参考日本政府所使用的地方交付税公式设计。

（三）加拿大

1. 政府结构与财政制度

加拿大是由10个省和3个特别行政区组成的联邦制国家，联邦政府主要负责外交、国防等全国性事务，省政府主要负责本省行政、教育、卫生、公安等事务，市政府主要负责市政管理和治安方面等方面的事务。

联邦政府的主要收入包括商品服务税、特别消费税、进口关税、养老金收入以及失业保险，这些都是省政府不能涉足的。省级政府的主要收入包括通过市政府征收的不动产税和营业性财产税，还有省管辖地域内自然资源的税费。大部分收税权力集中在联邦层面，省级财政收入较为有限，联邦政府总体财政支出远小于其财政收入，而省级政府恰恰相反，这就造成了财政的纵向不平衡。并且加拿大各省、各地区之间由于人口数量、经济规模以及当地自然资源等的不同，各地的财政收入参差不齐并且差距很大，也导致了横向不平衡。

2. 转移支付制度

为了修正财政的横向、纵向不平衡，自从加拿大建立联邦制之后，从高层级政府向低层级政府进行转移支付就成了其联邦系统很重要的一部分。1867年，宪法对省份直接征税的权力进行了限制，建立了拨款和补贴体系对各省份进行补助，弥补省份因此减少的收入。除了现金支付外，还建立了封闭型人均拨款。除此之外，联邦政府也会承担起省份已有的债务，发放一些有针对性的特殊拨款。第二次世界大战之后，联邦政府发放给省份的转移支付的量级和种类都发生了很大的变化。在1996年之前，加拿大主要有三种转移支付形式。①均等化转移支付（Equalization Program），非条件性转移支付，使贫困省份能够向居民提供与其他各省合理可比的公共服务水平。该项目的资金来源于30种收入，主要的来源包括个人所得税、营业所得税、一般消费税、燃油税等。该项目的均等化效果使得贫穷省份能达到国家平均水平，也就是说只有低于国家平均水平的省份才会被此项目影响，那些税收能力高于国家平均水平的省份不会因此变低。②固定项目补助（Established Programs Financing，EPF），有条件的转移支付，主要用于健康和教育。③加拿大援助计划（Canadian Assistance Plan，CAP），匹配型转移支付，用于提供福利服务。联邦政府会承担起所有省份用于提供福利服务的50%的支出，前提是各省份的福利支出要满足联邦政府拨款的一些要求。在1996年，固定项目补助和援助计划被加拿大健康和社会转移支付（Canada Health and Social Transfer，CHST）所取代。一方面通过提高社会福利支出的边际课税价格，使得CHST能更好地激励地方政府控制相应支出的增长；另一方面合并提升转移支付中现金的比例，进一步保护联邦政府发布财政命令的权力。该项目为一系列社会福利支出提供资金，该项目不只是提供现金转移支付，还有税点的转移支付，比如降低个人和公司收入所得税税率。

目前，加拿大的转移支付体系主要由三部分组成。①加拿大健康转移支付（CHT）和社会转移支付（CST）。这两个项目是由加拿大健康和社会转移支付（CHST）分拆得到的，目的是增加项目运营的透明度。健康转移支付是加拿大联邦对省级的最大转移支付项目，其任务主要是遵照加拿大健康法的要求为医疗保健长期预算筹资，社会转移支付主要用来支持省级政府社会救助、社会服务和高等教育等公共项目开支。②一直没有改变过的均等化转移支付，这是联邦政府为缩小各省份之间收入能力增长差距而设计的无条件转移支付方式。③地区常规资金（TFF），这是联邦政府为3个特别行政区设立的无条件转移支付。因为地处遥远且人烟稀少，经济总量小，其政府财政支出在很大程度上依赖联邦政府转移支付。

综合上述加拿大的转移支付体系的演变可以看出，加拿大的转移支付制度一直遵循财政公平均等化原则，一直以人均收入为基础计算转移支付金额。加拿大的一般性转移支付主要由均等化项目和地区常规资金组成，均等化项目运用均等化公式进行核算，地区常规资金运用漏洞填充原则进行核算，二者均能够缩小各地之间的横向不平衡，实现横向区域的均等化效应。

3. 借鉴意义小结

加拿大是一个联邦制国家，总体来看中央与地方支出责任划分较为明确，但是由于大部分税收权力集中在联邦政府，加上地区间人口等差异明显，其政府财政的横向与纵向不平等问题都相当严重。虽然加拿大与中国国情相似度低，但是其转移支付制度的设计遵循了财政公平的均等化原则，因此仍然有值得借鉴的地方。

例如，加拿大的相关民生支出如健康与社会补助和救济，加拿大政府都是通过转移支付的方式完成的。加拿大联邦政府设计了健康转移支付和社会转移支付，其中健康转移支付的设计原则是人均健康支出平等，很好地体现了医疗健康这类民生项目所应具有的收入再分配的特点。社会转移支付主要用于社会补助、社会服务和高等教育等具有较强烈外部性的开支项目。这两类转移支付只能用于与医疗健康、社会福利相关项目的开支，但是地方政府在具体转移支付资金使用方向上拥有一定的自主权。

在未来的政策设计中，北京市也可以根据教育、医疗卫生等支出大类将现行的一般性转移支付拆分为几个分类转移支付，对资金的大致用途进行明确的规定，但是对具体资金的使用方向不进行明确规定。在设计分类转移支付因素法公式时，可以将衡量上一年该类服务提供水平的绩效指标加到公式中，为地方政府提供方向性的激励机制。另外，加拿大政府在设计转移支付公式时，非常重视各地方政府的主观能动性，使得各省在接受转移支付的同时不会减少政府自身的财政努力,这一点十分值得借鉴,北京市在转移支付制度设计中也需要考虑到各区政府的财政收入积极性。

(四)德国

1.政府结构与财政制度

德国是一个具有很强中央集权色彩的联邦制国家。它在政治上分权自立,有16个州并且在各州都有自己的地方政府。德国政府的结构主要分为三层,分别是联邦政府、州政府、地方政府。虽然各州的行政机构层次有细微区别,但是就财政体系而言,整个德国的财政体系只有联邦财政、州财政和地方财政三个层次。德国政府极强的中央集权色彩体现为它具有统一的立法体系、统一的税收体系、统一的资金分配体系。德国宪法对各级政府的税收分配比例进行了明确的规定,联邦法律只能在此基础上进行很小的调整,较大的调整只能通过修正案来进行。不仅是立法、税收和资金分配体系统一,而且德国各联邦之间具有很紧密的相互协调关系,与很多联邦制国家松散的联邦关系不同,德国宪法强调"公民在国家任何地区生活质量的一致性",因此各州之间也会对相对财力水平进行调节,各级政府工作的一致性很强。

德国各级政府的支出责任划分在宪法中就有了规定。宪法规定联邦政府负责国防、外交、移民政策、国际条约、货币政策、社会保障、联邦交通及邮电等事务,州政府主要负责其余如文化、教育、法律和秩序、环境、卫生、地区经济政策等。宪法同时也规定了一些由中央和地方共同负责的事权,比如污水处理、卫生、文体、学校建设、住宅、公路建设等。虽然支出责任的划分仍然有重叠的地方,但是德国在事权和支出责任划分方面的法制体系相对完善。

税收约占德国财政收入的3/4,是财政收入的主要来源,在此之外还有其他经常性收入和资本项目收入。德国对税收进行统一管理,宪法对不同税种、各级政府的税收分配具有明确的规定,并且较少发生变动。其中只有增值税的比例会进行调整,增值税由联邦政府和各州政府商议决定,同时德国政府实施了联邦合作计划(FCP),提高了州政府分配增值税的比例。税种主要分为专享税和共享税,具体情况如下。①专享税,联邦专享税主要由石油税和烟酒税（除啤酒以外）组成，其余还包括如咖啡税、遗产税、所得税和增值税的附加税；州政府的专享税包括汽车税、净财产税等；②共享税，共享税在德国主要包括个人所得税、公司所得税、工资税等。各种税种在政府间的分配比例固定，其中个人所得税和工资税在联邦、州、地方的分享比例为42.5%、42.5%、15%；公司所得税在联邦和州的分享比例为各占50%；增值税在联邦、州和地方的分享比例为49%、49%和2%，但比例可以由联邦政府和州政府协商进行调整。

2. 转移支付制度

德国宪法不仅规定"公民在国家任何地区生活质量的一致性"，而且还规定经济发展水平高的州必须对经济发展水平低的州提供财政补贴，以保持各州的适度财政和国内各州居民生活的相对一致。宪法的上述规定成为德国政府间转移支付制度建立的法律前提，因此德国转移支付的最终目的是各地公共服务均等化。德国转移支付的具体调整范畴和实施办法，则由《联邦财政平衡法》规定，转移支付政策相对稳定，同时也会根据联邦和各州的经济发展情况做局部的调整。

德国的转移支付制度体系较为完整，分配金额的计算公式相对明确，转移支付体系主要有三个层次，分别是联邦对州的转移支付、州与州之间的转移支付和联邦补充拨款。

（1）联邦对州的转移支付

税收分配的第一步是对共享税进行分配。在所有共享税当中，增值税较为复杂，不同于按比例简单分配的个人所得税、公司所得税等税种，它的分配还会分为三个部分，首先按照财政平衡法的规定，联邦与州的增值税分别按54.1%和45.9%的分享比例划分增值税。然后再将分给州的增值税经过两个步骤分发给各州。第一步为按州人口比例直接分配，将分配给州增值税的75%按照州的居民人口进行分配，即简单按照州人口占总人口的比例进行分配；第二步再对贫困州进行补充分配，将增值税剩余的25%进行一种非对称分配，主要是帮助那些财政能力弱的州，保证所有州都能达到平均财力的95%。

（2）州之间的转移支付

州与州之间的转移支付是德国转移支付体系中最具特色的部分，它对州与州之间均等化水平的提高有很显著的贡献。它的操作流程分别为：测算财力指数和平衡指数—进行平衡关系比较—由相对富有的州向相对贫困的州拨款，从而保证各个州之间的财力水平基本相近。财力指数和平衡指数的计算公式分别为：

财力指数＝增值税钱的税收能力＋增值税＋补贴税－港口税＋地方税

平衡指数1＝[（所有州的增值税前的税收能力之和＋增值税＋补贴税－港口税）÷所有州测定居民数总和]×各州测定居民数

平衡指数1＝[所有州的地方税之和÷所有州测定居民数总和]×各州测定居民数

德国政府首先基于上述公式测算出各个州的财力指数和平衡指数；然后通过比较各州的财力平衡指数，确定州之间转移支付的方向和比例；最后由相对富有的州将转移支付资金直接划拨给相对贫困的州，以保证各州财力水平都能达到均值的95%。从2000年的情况来看，德国两个比较富裕的州人均财政收入大概是全国平均水平的130%，不富裕的州收入大概为全国平均水平的80%，州之间主要由于税收税种税源的问题存在一定的收入差距，但是也应该注意到，与其他国家相比（如巴西、加拿大等国），德国各州的经济发展水平差距较小，各州的人均财力在横向转移支付之前就相对平衡。

(3) 联邦补充拨款

联邦补充拨款分为有条件拨款和无条件拨款。无条件拨款不规定资金的使用范围，主要用于补贴财力较差的州一些特殊的需求，无条件拨款对均等化的贡献效果比较好。

以上三个层次的转移支付资金分配方式归纳总结如表3所示。

表3 德国转移支付资金的分配方式

转移支付层次	分配对象	分配标准
联邦对州的转移支付	个人所得税（42.5%）	常住人口
	企业所得税（50%）	修正常住人口
	增值税	常住人口、人均收入
	当地企业税收	税收收入的地区分布特征
	州税收	税收收入的地区分布特征

续表

转移支付层次	分配对象	分配标准
州之间的转移支付	州与州之间的转移支付	人均收入高的州给低于均值95%的州转移
联邦补充拨款	联邦无条件补充拨款	政府拨款
	联邦有条件补充拨款	共享税和补助金额

资料来源：笔者根据相关文献整理。

以上三个层次的转移支付形成了德国完整、规范的转移支付体系。综合以上的分析，可以总结出德国转移支付制度具有如下特点：一是法制化水平高，德国宪法对于转移支付制度有明确清晰的规定，有了相关法律支撑，使得财政收入资金的分配有据可循；二是德国转移支付的目标明确并且统一，转移支付主要目标定位于各个州政府的财力和公共服务均等化；三是德国转移支付体系比较完整，转移支付体系的三个层次十分清晰，州之间的横向转移支付分配资金的算法透明，公式明确且具有实际可操作性，计算均等化拨款的主要因素是居民人口与实际税收。

3.借鉴意义小结

德国是具有很强的中央集权色彩的联邦制国家，一共有三级政府，在政治上分权自立。其中央集权色彩主要体现于，德国财政体系中的各级政府，遵守统一的立法体系、统一的税收体系和统一的资金分配体系。在德国宪法中对税收分配情况进行了明确的规定，包括对于地方及中央各自的税源税种、中央地方共享税的税收分配比例。从支出责任的角度来看，德国宪法对于各级政府的支出责任也有明确的规定。同时德国宪法中强调"公民在国家任何地区生活质量的一致性"，所以客观地要求了各地方政府的人均财力水平差距不大。综上所述，德国各级政府的工作一致性很强，政府强调公共服务的公平性，德国转移支付政策以将公共服务的绝对均等化作为最终目的。德国转移支付体系完善，法制化水平高，政策相对稳定，但也会根据联邦和各州经济发展情况做出有针对性的调整。

从北京市转移支付制度的借鉴角度来说，首先德国转移支付体系的法制化是可以借鉴的重点。北京市政府目前正在进行事权划分的梳理工作，在统一协调好各级政府职能、划分好支出责任之后，北京市政府可以设立合理的转移支付制度，并且将这一套制度写进法律，使其明确化、系统化、法律化，从而减小区县政府下一年转移支付的不确定性，提高区县政府财政预算编制的科学性和可行性。同时，法制化转移支付制度，也有助于我国推进法治建设、依法治国的指导思想，有助于提高政府工作人员的法律意识。

由于经济发展状况、国家政治背景、财政体制背景、法律背景和居民财政意识的不同，德国颇具特色的州与州之间横向转移支付比较难以直接借鉴。但是，北京市可以借鉴其转移支付设计的思想，考虑建立区县之间的配对互助机制，将相对富裕地区与相对贫困地区按照一定的原则进行配对，要求富裕地区对贫困地区的某些公共服务提供资金或资源上的扶助。这一配对互助机制在某些具有一定规模效应的公共服务项目上也可以起到降低人均公共服务成本的作用。为了激励富裕地区帮助贫困地区，可以将与其配对贫穷地区当年的公共服务绩效纳入富裕地区的绩效考核中去，并与之后的市级补助金额挂钩，这样可以让富裕地区自愿地为贫穷地区的公共服务提供帮扶。

三 发展中国家的转移支付制度

（一）巴西

1. 政府结构与财政制度

巴西是一个总统制的联邦共和国家，国家宪法规定了巴西的三级政府架构为中央政府、州政府和地方政府。巴西目前一共有5000多个地方政府，各地方辖区内的人口数量有很大的差异，每一个州政府管辖的地方政府数量差异也很大。与其他联邦制国家不同，巴西地方政府有自己独特的政治地位，它并不是一个州政府的组成部分，但是一个地方政府的产生、确立和解散都是需要通过州规定的法律。1988年通过的宪法中给予了地方政府与中央政府、州政府等同的地位，这也表现了巴西长期的区域自治的传统。近年来，巴西的地方政府占据着越来越重要的地位，这不仅是由于它们日渐增长的财政收入，更是因为它们在提供公共服务方面扮演着更加活跃的角色。

巴西是一个相对较分权的联邦制国家，每一级政府都有自己由选举产生的立法机关和法院，中央政府对于地方税收管理、预算编制、执行和监督、收入和投资政策的控制非常有限。在巴西，宪法对各级政府财政支出责任的划分进行规定，宪法中对何种公共服务应由什么级别的政府单独完成有清晰的规定。尽管宪法也提出某些支出责任应该由多级政府共同承担，但在实际操作中差距还是很大，主要归因于州政府和地方政府执行能力的差异以及中央政府协调的缺失。在实践中。很多公共服务之间会存在重叠，这些几乎都是州政府和地方政府的执行能力差异导致的，而不仅仅是经济和社会发展状况的差异导致的。在公共服务重复提供这一问题上，中央政府的协调职能也往往完成得并不尽如人意。值得注意的是，地方政府并不会完全局限于上级政府下达的任务，即使上级政府没有下发正式的相关文件，地方政府也会根据当地居民的需求拟定该项支出。

在巴西，每一级政府都享有指定本级税收税率和征收税收的权力。宪法中明确规定了每级政府的税收权力，在税收方面各级政府并不会出现重复征收的情况。每一级政府也拥有建立和征收其他公共服务收费的权力。地方政府在征收税款、收取其他形式的费用、采购支出、雇佣公务员和发行债券方面都享受着极大的自主性。虽然巴西地方政府拥有极大的税收权力，但其支出依然是收入的三倍多，故转移支付资金依旧是维持巴西地方政府正常运营的重要收入来源。

2. 转移支付制度

巴西领土面积宽广，各地区间差异性极大，面临极其严重的横向财政不平等和纵向财政不均衡的问题。巴西的转移支付制度本身是为了减少同一级地方政府之间收入差异产生的不平等的问题，较为富裕的地区会将一部分资金转移给经济发展较为落后的地区。为了增强各级政府本身的管理和经济自治性，宪法规定了一种在中央政府、州政府和地方政府之间相互的无条件转移支付体系。这套体系明确地规定了转移支付所应占收入的比例、转移支付资金的用途，也对资金拨付进行了详细规定。

巴西主要有两种形式的转移支付：一种是由宪法规定的或者法律强制的转移支付，一般在税收征收后会自动拨付；另一种是非宪法规定的转移支付，具有一定的任意性，往往取决于政府之间达成的协议，这类转移支付可以是直接的，也可以是间接的（如通过建立某种特殊基金进行转移支付）。由宪法或法律规定的强制性转移支付还包括两种类型——联邦均等化转移支付（FPM）和补偿或合作转移支付。

联邦均等化转移支付金额的测算公式如下：

$$FPM_{ct} = \frac{c(pop_c^e)}{\sum c_c^e} rev_t$$

根据各地区的人口估计情况，每一个地方政府都会被基于一个系数，其中 $c(pop_c^e)$ 表示的是一个具有"分段"特点的函数。对于居民数量在不同区间的城市，c 会取得不同的分段值。系数决定了一个地方政府可以分得的均等化转移支付的比重，然后可以计算得出第 c 个地方政府在第 t 年可以获得的转移支付资金。

补偿或合作性转移支付主要是中央针对地方提供的具有外部性等特点的公共服务进行的转移支付补助。本文以国民医疗健康体系中的转移支付为例进行介绍。1988年的宪法巩固了巴西的国民医疗健康体系，并且保证了全国人民都能够享受到政府提供的医疗服务。这个体系是由中央政府出资，地方政府具体执行的，因为中央政府会对提供医疗服务、建立医院和诊所的地方政府以转移支付的方式进行补偿。在国民医疗健康体系建立初期，健康体系中的转移支付仅基于提供的医疗服务成本而不是当地医疗服务需求，从而导致当时的国民健康医疗体系并没有能够保证各地区医疗支出均等化的目标。富裕地区的政府会提供最昂贵的医疗服务，同时也由于人口更加密集，相比于落后地区反而获得了更多转移支付补助。近年来，国民医疗健康体系进行了改革，对各种基础和防御性医疗卫生项目（包括产前保健、口腔卫生和免疫工作等）都出台了人均最低转移支付金额的规定，从而给相对贫穷的地区拨付了更大比重的转移支付资金，更好地完成了转移支付体系均等化的目标。

非宪法规定的转移支付（Discretionary transfers）由于没有宪法或者其他法律的规定，这一支付形式更多取决于当权者的政治意愿和政府间达成的共识。这种转移支付主要来源于中央政府的财政预算，往往是一次性的转移支付，主要针对地方的一些小规模的经济活动或者投资行为。在一些小的城市中，往往会有大笔用于投资活动的转移支付资金，但是这些资金的来源并不是较为稳定的。这些来自中央政府的转移支付与已经通过审核的地方预算并不相关，这类具有任意性的转移支付主要集中在教育和社会救济这两个部门。

3. 借鉴意义小结

巴西是一个总统制的联邦共和国家，政府的政治结构一共包括三级政府：中央政府、州政府、地方政府。值得注意的是，巴西政府间的关系与其他国家不同，并不是由中央政府的政治或经济权威机构建立或有权力修改的，巴西的州与地方政府的权力来源于巴西宪法。各级政府实际是平级关系。相比较而言，巴西的地方政府在收入、支出、债务方面被天然地赋予了更多的自治权力，巴西属于相对分权的联邦制国家。

从支出责任来看，巴西各级政府的支出责任在宪法中都有明确的规定，但实践与理论还是具有很大差别。由于其历史原因造成的长期区域自治的传统，导致了中央政府公共服务提供以及协调各级政府工作能力的缺失，这又进一步导致了多数下级政府，尤其是地方政府，并不会完全局限于上级政府下达的任务。从收入情况来看，巴西地方政府具有财权和自由发债的权力，然而地方总支出依旧远远超过本级税收收入，原因在于宪法对地方政府税种加以种种限制。转移支付资金依旧是维持地方政府正常公共服务提供的重要收入来源。

由于巴西领土面积大，加之还处于发展中状态，各个地区不论是从人口数量、人口密度，还是经济情况等方面来看都存在巨大差异。总体来看，巴西地方政府面临着严重的横向和纵向财政不平等的问题。巴西的转移支付制度主要用于纠正地区间公共资源不平等的问题。巴西的转移支付体系比较复杂，一种是法律强制的转移支付，其中包括联邦均等化转移支付、补偿或合作转移支付；另一种是非强制的转移支付，主要取决于当权者的政治意愿和政府间达成的共识，往往是一次性的，这笔财力来源不确定性大，并且容易伴随贪污腐败的问题。

从经验借鉴的角度来看，巴西与我国目前所处的发展阶段类似，具有一定的借鉴意义。在巴西法律强制的转移支付中，联邦均等化转移支付和补偿或合作转移支付，由于偏向人口稀少的地区，在一些人数较少的小城市，转移支付后人均财政收入竟然达到了一些人口密集大城市的三倍多，这直接导致大城市与中央政府难以建立合作关系。巴西的社会经济发展导致现代经济活动和人口更加迅速地向大中型城市聚集，而巴西地转移支付体系却将更多的财政资源分配给了具有经济驱动力较弱、人口稀疏等特点的偏远地区，这导致大量的财政资金被分散到了偏远地区的支出项目上，使得大城市的基本社会公共服务需求无法得到满足。由此可以借鉴的是，政府在设计北京市转移支付制度时应该吸取巴西的教训，在考虑转移支付金额时，不仅需要考虑地方已有财力和人口密度情况，还更应该结合目前功能区定位情况以及相应的公共服务投入力度进行综合考虑。巴西的过度分权所导致的公共服务过度供应、公共资源浪费等问题也是北京市在划分市和区事权和支出责任时所应该考虑到的。

（二）印度

1. 政府结构与财政制度

印度是一个资本主义联邦制共和国，全国划分为35个一级行政区，分为三类，即邦、联邦属地、联邦首都辖区，其中邦为主要形式共28个，另外有6个联邦属地和首都德里辖区。印度行政区划主体上为四个层次和五个层次并存的格局，大致为一级行政区、县、乡（市）、村（镇）四级制与邦（一级行政区）、专区、县、乡（市）、村（镇）五级制。实行四级制的有16个邦和国家首都辖区共计17个一级行政单位；另外，联邦属地绝大多数也属于四级模式。实行五级制的有11个邦。

印度有两个委员会，财政委员会负责向不同层级政府分配财力资源，是制定基于收入共享的转移支付的分配方法的机构。规划委员会产生于印度中央政府行政命令，负责制订中央和地方的五年计划。规划委员会对资金分配也起着很重要的作用，会根据公式计算来分配转移支付资金。印度将税基广阔的联邦消费税划为中央收入。邦政府的财政收入往往小于财政支出，财政自有收入还未能满足经常性财政支出的一半。印度超半数的一般政府支出都由州和地方政府共同承担，粗略而言，约一半由州政府自身税收承担，另一半由转移支付来承担。每年州地方政府收入由自有收入和转移支付收入两部分组成,地方政府自有收入略高于联邦政府转移支付收入。其中,地方自有收入约占地方政府(转移支付后)当年总收入的60%,地方税收收入约占自有收入的75%,约占政府总收入的40%;转移支付收入约占总收入的40%,同时,超过一半的转移支付为一般目的拨款,其余为用于发展计划的转移支付,包括基于公式的非条件性转移支付以及专项转移支付。

2. 转移支付制度

在资金分配方法上,印度第八届财政委员会采取的是"漏洞填充"法（Gap-filling）,即基于实际数字来评估收入和支出,然后用计划之外的赤字拨款来填补财政空缺。这个方法促使邦政府低报税收收入的预期增长率,增加委员会的非计划支出,以增加预算赤字,然后获取更多的拨款。此方法造成了效率和公平的损失。因此,印度第十届财政委员会提出了一个新的分配标准,即基于本邦人口（权重为20%）,本邦人均收入与最高人均收入的差值（权重为60%）,本邦公共设施（权重为5%）,邦自身独有的缺陷（权重为5%）和邦的税收能力（人均税收收入÷人均收入的平方,权重为10%）。新的标准去除了漏洞填充法,降低了人口的比重,提高了收入差距的比重,增加了公共设施因素,从而加强了财政委员会转移支付的再分配职能。

20世纪90年代以前,印度的主要转移支付形式主要有以下几种。①一般目的拨款。该转移支付用来援助比较落后的地区,资金来源于各州收入所得税和消费税的共享。此项目由财政委员会来执行。②由联邦政府拨给州政府用于发展计划的转移支付。此类转移支付包括基于公式的非条件性转移支付以及专项转移支付。该项转移支付包括30%的拨款和70%的贷款,一并打包起来分配给邦政府,邦政府不能只接受拨款而不接受贷款。分配标准基于本邦人口（权重为60%）、邦生产总值（权重为25%）、财政管理（权重为7.5%）、邦自身存在的问题（权重为7.5%）。此项目由规划委员会执行。1999年为了进行等级体系的控制,印度转移支付体系新添了一项有条件转移支付,提供给需要成本分摊的项目和中央赞助的计划（承担50%~80%的成本）,确保中央能通过影响邦的优先级项目来实现国家政策目标,如初级教育扩张、儿童营养、缓解贫困。这种转移支付能提高各邦使用中央资源来支付边际支出上的独立性。除了上述转移支付外，印度现行的转移支付体系又新设立了中央各部门的转移支付，即由各部根据自身需求，制定标准，确定项目和援助方式的转移支付。由于该类转移支付随意性较大，而且影响了中央政府对项目的优先考虑和安排，一般控制在转移支付援助计划的15%。

印度财政委员会负责的转移支付有着很强的再分配作用，这是因为分配金额与各州人均收入呈很强的负相关作用。但是由规划委员会负责的转移支付的再分配能力很弱，甚至在有些年份偏向于高收入州而非低收入州。也就是说，印度的转移支付模式对于解决财政失衡问题是有效的，但由于存在多个资金分配机构，其转移支付划拨的效率并不高。这说明印度多渠道拨款转移支付的运作效率并不高，因此应当建立一个统一的权威机构负责财政转移支付的相关事宜。

3. 借鉴意义小结

印度是一个资本主义联邦制共和国，成立了专门的财政委员会和规划委员会，分别对地区财政资源的分配和国家未来发展的规划工作进行负责。从收入来看，印度中央集权的税收制度导致了下级政府的税收收入占比小；从支出来看，下级政府所需要负责的支出项目庞杂，并且与其收入无法匹配，印度政府间存在严重的横向财政不平等和纵向财政失衡的问题。印度中央政府每年需要通过转移支付的方式承担地方政府至少一半的财政支出资金，转移支付制度主要用于进行地区间收入再分配和均等化财政资源分配，同时影响地方决策的优先次序。

从经验借鉴的角度来说，印度转移支付体系值得引起关注的主要有以下两点。①在印度转移支付手段中有一种叫发展计划的转移支付，由规划委员会负责，其中资金包括30%的中央拨款和70%的贷款，其具体金额基于标准化公式。北京市在转移支付制度设计时，针对某些地方大型基础建设项目可以借鉴这一思路，将部分转移支付资金通过贷款的方式提供给下级政府，其中贷款与拨款比例可以根据项目的具体财力需求以及地方政府本级财政能力协商来决定。②印度的转移支付制度的执行主体实际有两个——财政委员会和规划委员会，二者相互独立。其中，财政委员会所使用的转移支付手段有助于均等化地方财力，而规划委员会的转移支付不但不利于实现公共服务的均等化，甚至还有可能加剧地区间财政资源的分配。从北京市转移支付制度设计角度来看，一般性转移支付与专项转移支付的设计和实施绝对不能相互独立，而应该由同一或者相互合作的部门来完成，保证多种渠道的资金的共同合力依然有效，避免财政资源的过度聚集或分散所造成的资源分配不公或者资源浪费。

四 国际经验借鉴

通过对上述4个发达国家和2个发展中国家转移支付制度的归纳总结，笔者认为北京市转移支付体制改革可以从以下几个方面进行经验借鉴。

1. 转移支付制度的法制化与体系化

德国转移支付体系的法制化是北京市转移支付改革可以借鉴的重点。北京市政府目前正在进行事权划分的梳理工作，在统一协调好各级政府职能、划分好支出责任之后，可以科学测算各区县的税收来源，然后设立一套合理的转移支付制度，并且将这一套制度明确化、体系化、法律化，以减小区县政府对下一年转移支付可获得金额的不确定性，提高其政府财政预算编制的科学性和可行性。同时，促进转移支付制度的法制化，也有助于我国推进法治建设、依法治国的指导思想，有助于提高政府工作人员的法律意识。

发展中国家印度的规划委员会与财政委员会相互独立，前者决定的转移支付很有可能抵消掉后者进行转移支付的均等化效果。巴西也存在同样的问题，转移支付庞杂且没有形成体系，一些专项转移支付资金可能会抵消掉均等化转移支付的效果。这两个国家的实践表明，专项转移支付与一般性转移支付的设计和实施不能相互独立，而应该由同一或者相互合作的部门来完成，保证多种渠道的资金的共同合力依然有效，避免资源的多度聚集或分散造成的不公平或者浪费。

2. 一般性转移支付公式设计的科学化

发达国家中日本现行转移支付制度的地方交付税，确实在均等化人均财政资源方面取得了一定的成就。北京市政府在设计一般性转移支付分配金额的公式时，可以参考日本政府所使用的地方交付税公式设计，借鉴其对下级政府基本财力需求、基本财力状况的测算方法，以及通过在公式中引入不同矫正系数以考虑区县之间发展水平差异的设计。另外，巴西转移支付资金公式设计的不足表明，在考虑转移支付金额时，不仅需要考虑地方已有财力和人口密度情况，还更应该结合目前功能区定位情况以及相对应的公共服务投入力度进行综合考虑。

另外，在未来的政策设计中，北京市也可以根据教育、医疗卫生等支出大类将现行的一般性转移支付拆分为大类的分类转移支付，对资金的大致用途进行明确的规定，但是对具体支出方向不进行明确的规定。分类转移支付也需要基于一定的公式进行资金分配。北京市政府在设计分类转移支付因素法的公式时，不仅可以结合美国公式法专项转移支付或者日本地方交付税的公式，还可以将衡量上一年该类公共服务提供水平的测算指标加到公式中，为区县政府提供方向性的激励机制。

3. 专项转移支付资金分配方式的规范化

在发达国家中，美国项目专项转移支付所采用的项目竞标方式，对于我国具有较为深刻的借鉴意义。目前我国众多的地方公共服务，如城市配套设计、城市保洁工作等，从财务报表中似乎看得到是由几个公司竞标完成的，然而如果深入挖掘后会发现中标公司与地方政府存在着千丝万缕的联系，让市场参与到城市的公共服务提供中来依旧是任重道远。如果北京市在转移支付改革的过程中，将区县政府某项专项转移支付招标工作上提到市级政府负责，则既能够保证投标公司竞争的公平性，也能为上级政府节省宝贵的公共财政资源。

此外，印度发展计划转移支付所使用的部分资金通过贷款方式提供给下级政府的做法，北京市区县的基础设施建设项目可以借鉴参考使用。这种贷款资金会使获得资金的区县政府具有还贷压力，从而激励他们更加规范并且高效地使用该笔资金，保证基础设施建设项目的施工质量和运营效果。转移支付资金中贷款与拨款的比例可以根据项目的具体财力需求以及区县政府的本级财政能力来协商决定。

参考文献

[1] Bahl, R. and J. Linn, 1994, "Fiscal Decentralization and Intergovernmental Transfers in Less Developed Countries", *Pubilcs*, Vol. 24 (1).

[2] Baretti, C., B. Huber and K. Lichtblau, 2002, "A Tax on Tax Revenue: The Incentive Effects of Equalizing Transfers: Evidence from Germany", *International Tax and Public Finance*, Vol. 9 (6).

[3] Bentley, S. E., 1988, "Transfer Payments and Investment Income in the Nonmetro United States", Rural Development Research Report, Vol. 71.

[4] Boadway, R., P. Hobson and N. Mochida, 2000, "Fiscal Equalization in Japan: Assessment and Recommendations", CIRJE F-Series, Vol. 66.

[5] Freire, M. and R. Stren, 2001, "The Challenge of Urban Government", World Bank Institute.

[6] Jackson, K., 1984, "Fiscal Federalism and the Taxation of Natural Resources by Charles E. McLure", *The American Political Science Review*, Vol. 78 (1).

[7] Litschig, S., 2008, "Intergovernmental Transfers and Elementary Education: Quasi-Experimental Evidence from Brazil", available at SSRN: https://ssrn.com/abstract=1374854.

[8] Ma, J., 1997, "Intergovernmental Fiscal Transfer: A Comparison of Nine Countries (Cases of the United States, Canada, the United Kingdom, Australia, Germany, Japan, Korea, India, and Indonesia)", The World Bank.

[9] Mochida, N., 1998, "An Equalization Transfer System in Japan", *The Welfare State, Public Investment, and Growth*, Vol. 14.

[10] Mochida, N., 2001, "Taxes and Transfers in Japan's Local Public Finances", World Bank Institute.

[11] Muramatsu, M., 2001, "Intergovernmental Relations in Japan: Models and Perspectives", World Bank Institute.

[12] Ring, I., 2008, "Integrating Local Ecological Services into Intergovernmental Fiscal Transfers: The Case of The Ecological ICMS in Brazil", *Science Direct*, Vol. 25 (4).

[13] Shah, A., 2006, "Local Governance in Developing Countries", The World Bank.

[14] Slack, E., 1980, "Local Fiscal Response to Intergovernmental Transfers", *The Review of Economics and Statistics*, Vol. 62 (3).

支撑京津冀协同发展的财政合作机制研究

赵国钦 王 瑄*

摘 要　本文通过回顾京津冀协同发展历程中的财政活动协同情况，提出了针对以往区域协同的财政竞争和行政主导的问题，应采取财政合作的机制支撑和引导区域协同发展。区别于以往行政合作主导区域发展的模式，京津冀协同发展的顶层设计应引入财政合作的思维，作为区域财政活动和财政制度的协同机制，财政合作嵌入到京津冀协同发展的逻辑一方面来自对行政合作的权力关系和利益关系的拓展，另一方面也来自京津冀协同独特的尺度特征、路径特征和结构特征。吸收现有区域合作中财政合作的成熟经验，京津冀协同发展可以尝试通过建立财政收支协同机制、引入横向转移支付制度和完善公私部门伙伴关系以支撑府际协作，推动京津冀区域的快速均衡发展。

关键词　京津冀　区域协同　财政合作

---

* 赵国钦，副研究员，中央财经大学财经研究院、北京财经研究基地研究人员，研究方向为政府治理创新、财政理论与政策。王瑄，民生证券研究院宏观研究员。

一 引言

（一）研究背景和研究意义

京津冀协调发展的思路由来已久，但无论是1982年《北京城市建设总体规划方案》的双重"首都圈"设想，还是1996年《北京经济发展战略研究报告》的"首都经济圈"的方案似乎都未能弥合京津冀区域内发展的鸿沟：一方面，京津冀地区经济发展速度落后于长三角和珠三角地区，且区域整合性和联系度较低（戴宏伟、刘敏，2010；祝尔娟，2014）；另一方面，京津冀区域内公共服务发展严重失衡，公共服务资源错配现象突出（文魁，2014）。"大树底下不长草"形象地描述了这一现象：区域内教育、医疗、就业等资源过度集中于北京，而北京的行政边界又成为公共服务资源配置的"断崖"，某些领域（譬如基础教育）公共支出在北京过剩而在河北却严重不足。这个问题同样引起了中央的关注：2014年2月26日，中共中央总书记习近平同志在北京主持召开座谈会，对京津冀协同发展明确地提出了包括"强化顶层设计""加大协同力度"等在内的七点要求，推动京津冀协同发展达到了国家重大战略层面高度。

京津冀协同发展达到国家重大战略在侧面反映了京津冀区域发展过程中所面临的问题亟待解决。公共服务协同发展作为京津冀协同发展重要组成部分，其破题同样需要打破"一亩三分地"的思维，用财政合作引领公共服务发展协同。在这样的背景下，本文的理论意义在于在新的空间尺度审视和度量财政竞争和合作对于公共服务协同发展的影响，提出区域一体化发展中财政合作的必要性，并建构财政合作的概念框架和操作框架，对现有研究进行补充；实践意义更多地体现在积极响应习近平总书记在京津冀协同发展问题上提出的从财政政策等方面关注顶层设计的号召，尝试从财政合作机制引领作用的发挥为支点设计京津冀公共服务协同发展的可行性政策，从而推动和促进京津冀一体化发展。

（二）文献回顾

作为一个热点问题，京津冀区域协同一直广为学界重视，关于此问题的对策研究大致也可以分为两个方向。一个方向是从城市群或者都市圈的角度出发，引入新的治理机制，以破解行政区划和区域一体化的对立为着眼点改善公共服务交付水平。这其中涵盖了区域公共管理演进脉络中的各种新观点，比如"复合行政"（王健等，2004）、"区域公共管理"（陈瑞莲，2003）、"区域公共治理"（李荣娟，2007；张紧跟，2009）、"大都市圈区治理"（顾朝林，2008；洪世健，2009）、"协作管理"（崔晶，2013）、"整体性治理"（高建华，2010）、"协调发展"（张耀军，2014）等。另一个方向则是针对京津冀协同发展过程中公共服务供应的具体问题提出应对之道，比如高等教育合作问题（吴岩等，2010）、交通一体化（肖昭升，2005；陈洁、陆锋，2008）、医疗保障体系建设问题（王红漫，2016）等。这些研究均对现实问题进行了很好的回应，但是在所给出的"药方"中偏重于事务维度的机制设计，对财政维度顶层设计诉求回应并不充分。因此，结合京津冀公共服务的现状以及党的十八届三中全会报告提出的"财政是国家治理的基础和重要支柱"的论述，本文尝试探讨从财政维度关注京津冀协同发展。

西方学者从财政维度考察地方政府的理论源非常丰富，但也存在两种较为对立的观点。一方面，传统的 Tiebout 模型肯定地方政府竞争对于提高公共服务效率是有效的，随后也有诸多学者进一步完善了这一模型（Akai，2002）。财政联邦主义的传统观点认为，地方政府间的非合作竞争有助于提高公共物品投入效率，从而提升居民福利水平（Zodrow and Mieszkowski，1986），Bird M. Richard（1994）提出财政竞争有助于平衡政治系统，促进公众偏好的显露，进一步，公共产品的数量也能和税收价格有机结合（Jin，2005）。公共选择学派的"利维坦假说"也认为流动生产要素的竞争不断增加有利于利维坦问题的解决（Wildasin，1988）。另一方面，也有学者认为应当限制财政竞争（Oates，1985）或者引导财政竞争（Marchand，1997）。因为在"竞次"的过程中，财力的损失通常由减少公共服务供给来弥补，Elinor Ostrom（1990）则基于多中心治理理论视角对公共事务的财政合作的行动逻辑进行了卓有成效的贡献。

而在中国地方政府的财政竞争究竟是对公共服务供给有促进还是阻滞的作用？直观来看，"利维坦假说"在中国并未实现：一方面，政府公共服务支出总体不足；另一方面，地区间公共服务资源鸿沟日益裂胀。同时，财政竞争所引发的环境污染（Cumberland，1979）等负面效应也日益凸显。有学者的实证研究表明中国各省份的生产性支出竞争扭曲了财政支出结构，其本质是为了经济增长而竞争（傅勇、张晏，2007）。更进一步的，钟晓敏（2004）、郑晓玲（2007）等分别用财政负担率、支出结构相似性以及财政支出占GDP的比重来刻画财政竞争程度。有部分文献从财政分权的角度考察了地方政府经济增长和公共服务供给（如贾俊雪等，2010；吕炜、郑尚植，2012），也有部分文献考察了财政竞争对东中西部公共产品供给的影响。

（三）现有文献评述

总的来说，现有研究为本文提供了重要的研究基础，但对于"引领京津冀公共服务协同发展的财政合作机制"的研究，已有研究仍有可补充完善之处。

（1）财政维度的缺失。现有研究城市群公共物品协同供给往往专注于非财政部门的组织和机制的设计，而对于财政这一重要治理手段引领作用发挥的关注较为有限。

（2）少有关于区域一体化的财政竞争。现有对财政竞争进行实证研究的文献当中，样本选取较少涉及区域一体化的发展背景。实际上，在区域范围内，财政支出具有较强的外溢性，在公共服务领域的支出亦是如此，因此有必要加入区域一体化的约束条件。同时，城市群作为再地域化过程中崛起的新空间，对于这一尺度的关注非常必要。

（3）财政竞争对于公共服务供给影响估计不足。现有研究对于财政竞争的研究大多关注地方经济增长方向，而关于其对公共物品生产影响估计的文献并不丰富。究其原因，中国财政竞争的动力更多的是来自地方发展诉求。但是，诚如诸多文献推导，财政竞争对于地方公共服务供给同样有直接的影响。而能进一步刻画和度量这一影响程度的文献更是凤毛麟角。

（4）关于财政合作的研究不足。现有一部分文献提出了"财政合作"

（段铸、王雪祺，2014）的说法。但是对于其概念范围、框架建构等均语焉不详。也有一些文章将财政合作直接嵌套地方政府合作框架内，将财政合作等同于地方政府合作，忽视合作的异质性。这些都需要的后续研究进行补充和完善。

二 财政合作：动因梳理、逻辑回溯和体系建构

在论证京津冀协调发展中进行财政合作机制构建的必要性基础上，亟须梳理财政合作的内涵、框架和操作模式等具体内容，本部分将围绕此问题进行论述。

（一）财政合作机制的构建动因

未来京津冀区域将崛起为一个世界级城市群。在此进程中，由于以下三个原因，开发财政协调机制变得日益重要和紧迫。首先，三区共享的集体物品将在协同发展中越来越占据关键的一席之地。与市场协同私人物品相比，集体物品涉及更为复杂和困难的协同问题，其程度因集体物品的不同而异。这些集体物品涵盖政府职能（教育、医疗、环境等）的各个领域，大致分为硬件（如道路等基础设施）和软件（如信息和最低服务标准）两大类别。同类集体物品下的协同难度也很不相同，比如交通和治安的协同要求远高于公共图书馆和消防。

其次，三区集体物品协同的确立方向已成为发展城市群的关键一环。两个基本的方向问题亟须明确：①当事人是谁（谁与谁协同）；②如何确定集体物品的最优水平（基本标准）——特别是在外溢环境下。经验显示，发达国家的政府用于应对外部性的开支比重已经大为提升。研发和教育都是集体物品大规模外溢的典型例子。

最后，随着集体物品与外部性在城市群发展中的相对重要性显著提高，需要政府采取财政行动来解决的问题日益增多，而 GDP 测量的生活水准越来越不尽如人意。可以预料，三区作为世界级城市群的发展，其重心不在于 GDP 的提升，而在于提升整体的生活质量和创新能力，并辐射到广阔的范围。整体的生活质量和创新能力只有在充分和持续的集体物品下才能实

现，而集体物品的充分性和可持续性依赖于发展良好的财政协同机制。

（二）合作目标：以财政协同消弭碎片化

目前三区的地方政府不仅在数量（组织架构）上表达为大量碎片——部门林立，政出多门，钱出多门，而且在地域和功能上存在高度的交叉重叠。随着政府职能划分（不清）和管辖权边界的扩张，碎片化不断加剧，导致集体物品的公共规划缺乏基本协同。长此以往，一个城市的繁荣将以其他城市的衰败为代价。财政协同机制就是为此而量身定制的方案。

财政协同机制首先回应谁与谁协同这一关键问题。协同需要在最高和最低层次上展开。三区在省级政府层次上的协同，可以弥补数量众多的基层政府在公共服务范围和功能上的不足；基层政府则在满足差异性和多样性服务需求以及发展公民参与方面具有优势。

（三）京津冀协同中财政合作的理论逻辑

在已有文献当中，对于当前中国区域协同的困境有"行政区经济"等诸多碎片化的表达。对行政主导的区域合作推进模式来说，地方政府作为区域协同主导者和参与者的地位不容小觑，甚至地方政府间的合作和竞争关系的演进在某种程度上形塑了区域合作进程。地方政府间的关系可从两组相互交织的联系中解构，即利益关系和权力关系。对于区域合作进展缓慢的问题，前者侧重解释表象原因，即对区域内政府自利冲动的约束机制不足；区域政府间利益共享的阻滞以及区域间政府利益补偿机制的缺失。后者侧重发掘了纵向和横向权力配置体系对于区域合作激励的扭曲。当前研究多是从行政的竞合角力引导区域间政府合作格局为逻辑起点，对利益的关注也围绕行政架构中以GDP为核心的经济增长考核所诱发的委托代理困境展开。然而，对于利益关系和权力的关注可以有更广阔的视角。

1. 利益关系的延展：从"财政竞争"到"财政合作"

区域间政府的利益竞争存在于多个领域，其中包括对于政策侧重性安排的竞争、资源配置方向的竞争以及市场规模的竞争等。这些竞争经常被直接解读为以经济绩效竞争为表象的地方政府间的政治竞争，但其间以财政收支为核心的财政竞争的过渡机制不容忽视：如争夺政策和规划的利好可被认为对可支配财力的扩张，资源配置方向和市场规模的竞争可被认为对财政收入基础的巩固。从财政竞争的功能性取向出发可以更好解释地方政府的对内保护和对外掠夺的行为，正是其中的不良竞争行为在经济领域扭曲了市场配置资源的功能，塑造了"蜂窝状"的区域经济结构；在社会领域阻碍了公共产品和公共服务供给跨域交付，并在根本上降低了区域间合作的信任度，摧毁了区域间合作秩序的平衡。

如果改变区域地方政府间政治竞争的外部激励条件，财政竞争的合理性基础就会受到强烈的冲击：区域协同发展要求要素在区域内自由流动，以合作的形式最大化地谋求"一加一大于二"的区域合作收益。这既是对从具体问题式点状合作向区域协同式面状合作跃迁诉求的回应，也是对区域政府间利益关系的延展。在区域协同发展的前提下，从"财政竞争"到"财政合作"的模式转换，财政从两个层面对利益关系进行拓展：一方面通过资源配置功能引导要素的合理流动，提升区域合作收益水平；另一方面通过再分配功能实现合作的利益共享，并完成区域内的利益补偿。

2. 权力关系的延展：以"财政合作"助"行政合作"

以"行政区经济"为特征的区域发展模式为区域协同注入行政主导的制度惯性，使得区域协同形成"行政合作"的路径依赖。在当前，单纯"行政合作"的局限性十分明显。首先，在工具选择层面，目前严密等级制和权力体系的刚性迫使区域治理工具选择范围有限：在调整行政区划和设立拥有充分财政和行政自主权的特区政府等形式都因较高的制度成本淡出决策者视野的情况下，区域行政协议成为首选治理工具。但是，当前行政协议的规范性和可操作性都亟待完善，尤其在地方政府契约精神匮乏的情景下，其脆弱性不言自明。其次，在能动性层面，"行政合作"偏向于以交通、环保等具体事项为核心的区域协作，这种合作方式虽能提供完整的问题解决过程，但可能因资源调配路径的模糊——即使各方都明晰合作的收益，但就成本分担仍容易出现推诿扯皮，从而降低效率。同时，"一事一议"的合作方式也可能会压抑各方能动性，拖缓合作推进速度。最后，在推进方式层面，"行政合作"亦主要以刚性的命令和规制的输入为主，可能会因扭曲市场决策而损害合作效率。例如，一刀切的"迁出令"未必比通过以财税优惠等柔性的财政政策对企业区位决策的影响更有效。

针对"行政合作"的局限性,倡导从"行政权力竞合博弈"到"行政权力和财政权力匹配"的"财政合作"至少在以下两个方面发挥作用:针对区域合作中的市场失灵问题,财政合作通过扭正区域内基础设施和公共服务等领域资源错配的情况,为区域协同提供稳固基础;针对政府失灵的问题,财政合作通过发挥对财政绩效的考核和管理作用,引导财政资金的使用,避免区域合作中投入多而效果差的现象。

三 京津冀地方政府财政合作机制现状分析

(一)财政收支总量比较分析

从人均财政收入的角度来看,京津冀三地财政收入存在巨大的不平衡,除北京市、天津市和河北省少数地区表现较好外,其他多数区域人均财政收入都处于较低水平,形成巨大不平衡。

三十多年来,京津冀财政支出规模总体呈现不断增长的态势。1987年,北京市、天津市和河北省一般预算支出分别为49.67亿元、31.16亿元、53.33亿元。截止到2015年,北京市、天津市和河北省财政支出规模分别达到5737.70亿元、3232.35亿元、5632.19亿元,分别增长115.52倍、103.73倍和105.61倍。1987~2015年京津冀公共财政支出情况比较如图1所示。

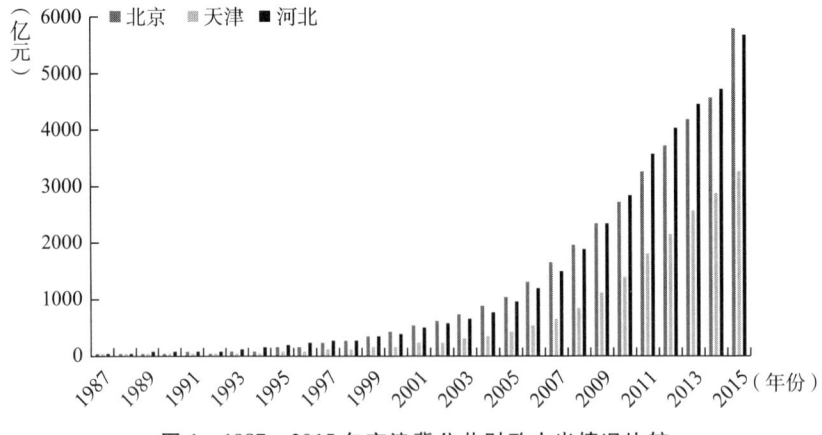

图1 1987~2015年京津冀公共财政支出情况比较

虽然纵向上看，京津冀财政支出连年增长，但通过横向比较可发现，京津冀三地财政支出极不协调，差距悬殊。就京津冀三地占该城市群财政支出总量的比重而言，北京、天津与河北的财政支出总规模比例大致为2∶1∶2，并且该比例一直比较稳定。以1987年和2015年京津冀城市群财政支出比重为例（见图2），同1987年相比，2015年北京财政支出占比增长2个百分点，而天津与河北却均下降1个百分点。2015年北京一般预算支出额度超过河北，且远高于天津。由此可见，在京津冀协同发展30多年的进程中，

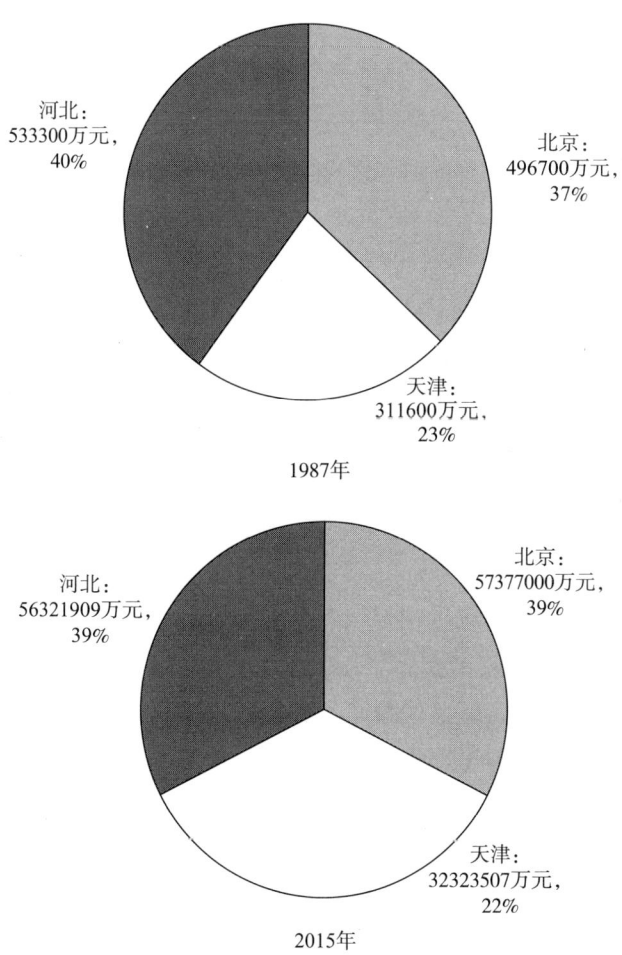

图2　1987年和2015年京津冀公共财政支出比重

京津冀三地财政支出总量始终缺失协调，财政资源空间配置失衡问题未能有效解决。

通过人均公共财政支出额度的比较，可以更清晰地反映出京津冀三地之间财政能力差距。图3是京津冀人均公共财政支出比较。由图3可知，人均公共财政支出额度由高到低分别是北京、天津、河北。尤其从1994年起，随着财政支出总规模的增加，京津冀三地之间的人均公共财政支出差距越来越悬殊。2015年，北京市人均公共财政支出额度约为河北省人均公共财政支出的3.5倍，天津市人均公共财政支出约为河北省的2.75倍。京津冀三地人均公共财政支出两极分化问题十分突出。

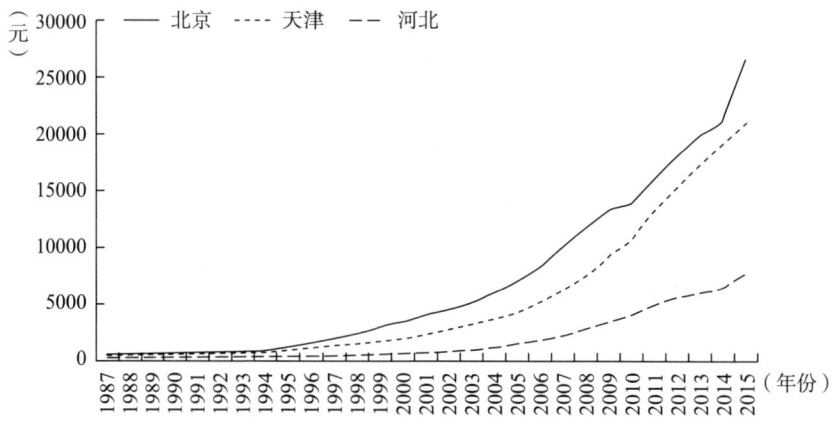

图3 京津冀人均财政支出比较

总体上，京津冀GDP与财政支出变化趋势大致相同。北京、天津两市人均GDP较为相近，相比之下，虽然河北省GDP总量最高，但其人均GDP最低，且与人均财政支出情况相同，只相当于北京和天津的一半左右（见图4）。由此推断，京津冀财政支出情况可能影响GDP的增长。换言之，京津冀财政支出总量是否协调影响京津冀协同发展战略实施进程。

从空间结构来看，京津冀三地人均财政支出变化亦存在大量变化，从人均财政支出的空间结构来看，除了北京市和天津市的核心区人均支出水平相对较高以外，河北省的大部分地区、北京市、天津市郊区的人均财政支出水平均不高，出现极度不平衡的情况。

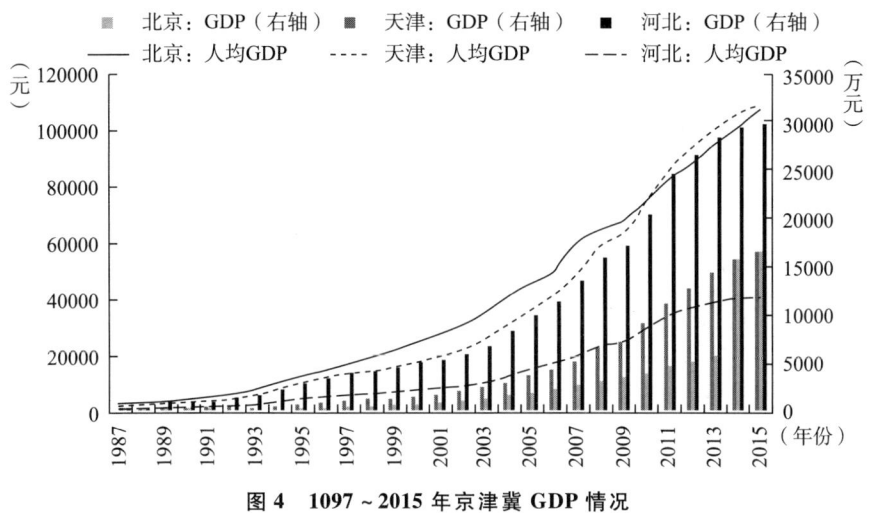

图 4　1097~2015 年京津冀 GDP 情况

（二）财政支出结构比较分析

以 2013~2015 年北京、天津与河北的财政支出结构为例（见表 1、表 2、表 3），分析京津冀财政支出结构协调与京津冀经济发展之间的关系。通过比较这三年京津冀财政支出结构数据，不难发现具有两个特点：一是纵向上，三地财政支出结构随时间变化不大，各项支出占财政总支出比重相对稳定，尤其是居于前几位的财政支出项目几乎不变；二是横向上，同一年份京津冀之间财政支出结构侧重点略有差异。

表 1　2013~2015 年北京市前三位财政支出情况

单位：万元，%

年份	地方财政教育支出		地方财政城乡社区事务支出		地方财政社会保障和就业支出	
	金额	占比	金额	占比	金额	占比
2013	6811775	16.32%	5106691	12.24%	4691317	11.24%
2014	7420541	16.40%	5673982	12.54%	5090079	11.25%
2015	8556700	14.91%	9953900	17.35%	7004800	12.21%

资料来源：wind 数据库。

表2　2013～2015年天津市前三位财政支出情况

单位：万元，%

年份	地方财政城乡社区事务支出		地方财政教育支出		地方财政社会保障和就业支出	
	金额	占比	金额	占比	金额	占比
2013	7230344	28.36%	4613571	18.10%	2292803	8.99%
2014	8237000	28.55%	5170100	17.92%	2595600	9.00%
2015	9221562	28.53%	5074397	15.70%	3147697	9.74%

资料来源：wind数据库。

表3　2013～2015年河北省前三位财政支出情况

单位：万元，%

年份	地方财政教育支出		地方财政社会保障和就业支出		地方财政农林水事务支出	
	金额	占比	金额	占比	金额	占比
2013	8376230	19.00%	5286169	11.99%	5111085	11.59%
2014	8688700	18.58%	5856200	12.52%	5835200	12.48%
2015	10411571	18.49%	7636758	13.56%	7124913	12.65%

资料来源：wind数据库。

具体而言，2013～2015年，北京市财政支出相对较多的前三项是地方财政教育支出、地方财政城乡社区事务支出与地方财政社会保障和就业支出。而天津市财政支出前三名依次是地方财政城乡社区事务支出、地方财政教育支出与地方财政社会保障和就业支出，与北京市大致相近，但区别在于天津市地方财政城乡社区事务支出所占比重更大。而较之于北京和天津，河北省财政支出结构略有差异。财政支出最多的是地方财政教育支出，其次是地方财政社会保障和就业支出，第三位是地方财政农林水事务支出，支出规模略低于第二位。就其他支出项目而言，北京市对科学技术和文化体育与传媒等方面支出比例要远远高于天津和河北。而河北省财政支出更侧重于经济性基础设施建设。由此可见，近年来，京津冀财政支出结构确实存在差异。

根据罗斯托的经济成长阶段论，在不同的经济发展阶段，地方财政支出结构的变化受地方政府政策目标的影响，即地方财政支出结构是地方政府施政意图与经济发展水平的反映。一方面，京津冀三地经济发展能力的差异导致京津冀财政支出结构的不协调；另一方面，财政支出结构又可反作用于经济增长。财政支出结构可通过影响区域资源要素的流动，间接地作用于经济增长。所以，京津冀财政支出的不协调又强化了京津冀三地经济发展差距。因此，财政合作是有效推进京津冀协同发展的前提。京津冀财政支出结构是否协调左右着京津冀协同发展的进程。

四　区域财政合作的现实选择和框架设计

（一）京津冀协同发展中财政合作机制的现实逻辑

"财政合作"的理念不仅拥有坚实的理论逻辑，而且蕴含着和京津冀协同发展现实特征相一致的现实逻辑。

1. 尺度特征：次国家空间的区域协同

从管制体制所依赖的地理尺度来看，全球化所带来的强烈去地域化和再地域化使得资本积累的尺度重组在地方政治中日益重要，京津冀就处于地域解构所生成的次国家尺度。在这一空间尺度，传统单一行政手段和次国家空间所要求的柔性边界格格不入，这就使行政主导固定尺度内的案例——如珠三角一体化、乌昌一体化等——失去尺度比鉴意义。同时，次国家空间的扁平化特征使得国家机构和社会主体间复杂的网络关系逐渐取代原有简单的多层级体系，这也局限了行政合作的作用空间，即政府只是驱动网络发展的节点，而非位于权力金字塔顶端的指挥者。这就要求更能体现资源交换和运转互动的财政手段和输入式行政手段的交织配合以避免网络发展的失衡。

2. 路径特征：自上而下的区域协同

从协同发展的路径来看，和国内的其他区域合作类似，京津冀的协同同样呈现自上而下的政治动员式的特征。这种在短期内统一官员思想，通过人力、物力、财力和政策资源的调动实现区域一体化的措施在当前政治体制内具有合理性，但是这样的"人工的一体化"和欧美国家尤其是欧盟通过市场推动及社会选择实现的渐进的"天然的一体化"相比，难免有隐忧和后患：自上而下的区域协同可能扭曲市场对资源配置的激励，政治动员式的推进方式难以保证政策的持续性。在此背景下，财政合作策略的融入一方面通过引导要素流动实现资源配置的最优化，另一方面也通过财政收支协同确立利益分配的长效框架，从而能够保障合作具有持久性。

3. 结构特征：非均衡的区域协同

从京津冀的结构特征来看，京津冀强调区域内错位发展形成以北京中心的非均衡发展格局。从要素流动来看，在这种非均衡的区域协同中，需要协调要素从发达地区向落后地区的扩散性效应和要素从落后地区向发达地区的集聚的回流效应的平衡。在此过程中，政府应制定相应的刺激措施以防控区域差距的扩大。从非均衡的区域合作结构特征入手，财政合作机制通过协同的财政收入弥合区域收支差距的鸿沟，构筑区域宏观利益平衡的基础。在微观上，财政合作机制通过差别化的财税政策引导产业的合理布局，并以横向转移支付制度的建构实现成本—收益在政府间的对接。可以说，京津冀非均衡的区域协同结构为财政合作提供了巨大的操作空间。

(二) 财政合作机制的构建

财政协调机制不仅在区域一体化进程中可以通过延展区域内政府的利益关系和权力关系而开拓区域合作的空间，而且和京津冀城市群协同发展的现有基础及发展愿景相契合。在京津冀城市群财政协调机制的框架设计中，应侧重于回答三个问题，即"协调什么"、"由谁协调"以及"怎样协调"。

1. 合作模块

根据财政收支管理划分，财政协调的内容包含收入管理和支出管理两个基本模块。在收入管理模块下，一个广为接受的案例即税基共享。但是，相比于对收入管理的协调，城市群的支出管理更为重要。从一个更长远的视角来看，京津冀城市群支出管理的协同涵盖三个关键目标：可持续与可承受、资源配置和运营绩效。三者需要在城市群框架下得以整体考虑。其中，可持续与可承受层次的协同可考虑：建立统一的共同财政基金与预警监测系统。前者在欧盟的实践证明了其实有效调和区域发展矛盾与缩小区域发展差距的有效政策举措，后者进一步要求建构指标体系——区分可持续（确保不丧失偿债能力和服务能力）和可承受（确保可应对内部与外部冲击）。资源配置要求在统一城市群框架下统筹考虑优先性。运营绩效层面协同的关键在于建立各类基本公共服务的统一标准。

财政收支协调仍不足以完整地保障区域利益有效平衡，因此还需引入横向转移支付机制以在非均衡区域发展条件下进行利益补偿。长期以来，京津两地对于河北强烈的"虹吸效应"实质上造成了河北对京津的变相财政补贴和财政输入。因此，在未来京津冀协同发展的过程中，以横向转移支付制度纠正区域资源错配势在必行。横向转移支付可在两个层面发挥作用。第一个层面是弥补特定领域内的财政支出外溢，如在生态治理领域，根据收益和成本主体的一致性，讨论补偿标准，确定补偿机制，必要时引入环境税以缓解财政压力。在产业转移领域也可以横向转移支付引导产业的合理布局。第二个层面是公共服务均等化出发的横向一般性转移支付体系构建，这需要强有力的区域合作框架和明确税收划定基础。当然，针对当前京津冀城市群横向转移支付不普遍、规范性较差的特点，需要将现有对口扶贫、应急拨款等旨在消弭财政失衡的、零星的碎片化做法制度化、体系化，以缓解经济落后地区财政资源匮乏的窘境。

2. 合作组织

在协调的组织层面也应区分两个维度的问题：创设新的组织形式以及完善现有组织架构。在行政主导推进的区域协同进程中，财政协调所依托的组织架构必不可少。因此建议在现有京津冀协同发展领导小组下设区域财政委员会，以通过推动财政收入活动协调、建构横向转移支付制度等形式的财政协调，实现区域内财政资源的优化配置。

因此，在现有组织架构中，也应着手以财政协调为核心从纵向和横向两个维度进行完善。具体来说，在纵向完善现有统一的政府间职能划分框架。按照党的十八届三中全会决定的指导思想，在建立事权和支出责任相适应的财政体制多级政府体系下，明确事权划分，清晰界定各级政府支出责任，再辅之以政府间收入划分和转移支付等制度安排，共同形塑政府间财政关系的基本框架。事权的行使必然伴随支出责任，且各级政府的支出责任要与其事权相适应。在此框架下，京津冀城市群内各级政府进行财政协调的基石应当是在事权和支出责任相匹配的前提下明确政府间的职能划分，避免在未来协调合作中出现推诿扯皮的现象。

在错综复杂的政府组织体系中，横向政府部门间的关系是最容易被忽视的,亦是最难被捕捉到的。在这样的背景下,在诸多文稿当中,"发挥财政作用"几乎等同于"增加财政投入"。同时,包括京津冀城市群在内的各级政府公共资金的控制和决策多是通过非预算程序或机制实施,这就违背了预算规制的至上性原则。因此,在未来京津冀城市群开展财政协调的过程中,必须以预算制度改革为核心进行统一的横向(人大—政府—财政—部门间)职能划分框架,在部门管事(制定政策、标准与监督)不管钱、财政管钱又管事为改革的大方向之下,对现行框架下各部门的角色、职责和权力划分进行高度整合,进一步突出人大和财政部门的关键作用。

3. 合作层级

在京津冀财政协调的推进中,公共物品供给的协同不应是一哄而上的,而是应当根据公共物品的性质进行分级别的协同。以省级政府间协同为核心的一级协调和以地方政府间的协同为核心的二级协调在目的和范围上都具有诸多不同,具体来说:三区在省级政府层次上的协同,可以弥补数量众多的基层政府在公共服务范围和功能上的不足;基层政府则在满足差异性和多样性服务需求以及发展公民参与方面具有优势。具体来说,一级协同在公共服务均等化的前提下开展,针对当前公共产品供给的区域鸿沟,以教育、医疗等类别公共物品的供给差异的弥合为出发点,进行财政协调以满足城市群内公众需求。二级协同则是从满足公共需求的异质性和复杂性着手,通过财政协调的介入,实现公共物品的多样化供给。

在具体的操作设计中,省级集体物品与地方(基层)集体物品有着各自的财政协调机制和行动网络,并在最高层次和最低层次上分别展开。同时,一级协同以公共服务均等化指标为绩效评价导向的同时,重点关注跨行政边界的合作项目;二级协同以公众对公共服务交付的满意度为绩效导向,二者相互配合,共同推进京津冀城市群的协同发展。

五 区域财政合作的经验比鉴

对于区域协同中财政合作机制的研究也非纯粹的理念架构,只是被遮蔽于行政思维主导的研究区域合作之中。选取和剖析不同空间尺度的案例,则在财政活动和财政政策的协同机制对区域协同的重要性就会逐渐凸显。

(一)税收共享机制

税收共享的一个典型方式是税基共享,作为众多区域研究学者和实践者的推崇的模式,它被认为是解决城市地区内部税基不均和弱化地方单位之间发展经济的竞争的有效途径。其操作理念在于:以某一区域财政收入(如财产税或销售税)为来源,进而通过反映区域需要的客观标准将该税分拨给具有成员资源的地方政府,此做法对经济发展和增长具有更为有效、平等的影响。在城市地区的地方政府服务和决策的分割对发展与增长政策的财富及收益分配的理性方式产生阻碍时,税基分享被认为是缓解负面效应的重要备择方案。目前,税基共享的最典型案例为明尼苏达州的双子城,在其联席会所制定的税收分享方案中:任何规划地区内新增建设形成的新增税收,都会被抽取一部分后集中于一个共用池塘中,作为未来解决区域内相关问题的公共资金。

相对于多个地方单位同意共同购买商品或提供服务而言,税基分享的区域合作方式要求更大的结构变化,因此在实践中它并不常见。在税收共享的其他类型实践中,包括蒙特利尔、里昂等地通过区域联合政府进行税收协同,或美国路易斯维尔市包含地方收入税共享的跨地方协议的形式就更为常见。

(二)共同财政基金

如果说税收共享更多体现的是财政收入协同,那么共同财政基金的实践则证明了区域财政支出协同的重要性。共同财政基金的运作形式为区域中地方政府共同出资,用以处理区域性公共事务和协调区域均衡发展。其中最有代表性的就是欧洲凝聚和区域发展基金,作为欧盟区域政策的重要财政保障,欧盟凝聚于区域发展基金的种类很多,涉及产业、区域及就业等多项内容,并包含结构基金和凝聚基金两种类型。其中结构基金是协调欧盟区域发展的主要手段,其资金来源于成员国按一定比例缴纳,纳入欧盟预算管理,份额为欧盟总预算的1/3左右,从就业、农业、中小企业等多个方向支持和鼓励区域间合作。凝聚基金则侧重用于欧洲相对贫困区域,通过促进增长、就业和可持续发展来稳定这些区域的经济。作为目前世界上最典型也是最为成功的区域政策实践,共同财政基金在欧洲区域发展演进的各个时期均发挥了重要的作用。

值得指出的是,共同财政基金的方式在我国长三角地区也有应用:2012年,上海、浙江、江苏和安徽四省份各出资1000万元成立区域发展促进基金,作为国务院批准实施《长江三角洲地区区域规划》的"重大改革实验"之一,该基金主要用于跨省份基础设施建设、生态建设、环境治理以及产业升级等领域。

(三)横向转移支付

在诸多协调和平衡区域财政能力以使"同样的人享受同样的待遇"的政策措施中,横向转移支付在现有文献中被提及的频率最高,其中以德国各州之间通过横向转移支付实现财政均衡的案例最有代表性。作为德国财政制度的核心,德国横向的财政转移支付包含两个层次:州级之间的财政平衡以及州内各市镇之间的财政平衡。增值税作为联邦和州的共享税,调节同级政府的收入均衡。在州一级,财政平衡通过均等化基金来实现,具体做法是由交付于州的均等化基金贡献财政收入,财力较弱的州从中获得拨款,而拨款额度程序是建立在科学合理的测算基础上,通过公式化分配完成的。州内各市镇之间的财政平衡主要通过工资税和所得税在市镇之间分配实现,以使各区域根据自身情况实现个性化发展。

如果说系统性的横向转移支付情况较为特殊,那么某些具体领域中的横向转移支付也有较强比鉴意义。譬如,美国纽约市与上游卡次其尔流域之间的清洁供水交易案例中,水务局通过协商确定流域上下游水资源和水环境保护的责任及补偿标准,通过对水用户征收附加税等形式补贴上游地区的环境保护主体,以激励其环境友好型的生产方式。在瑞士生物多形性保护补偿的农业环境政策中,依托于生态税的横向转移也发挥了重要的作用。除了环境领域外,如日本北海道开发期间包括补贴和税收减免等旨在促进区域平衡的税式支出也可以被认为是一种隐性的横向转移支付。

(四)公私伙伴关系

在难以分割和协调区域利益时,公私伙伴关系的价值就会凸显。这种由来自私人、非营利组织和公共部门的关键利益集团之间的集权、制度化和合作关系组成的合作关系被认为是纾解区域内政府间利益困局的重要手段。公私伙伴关系包含两个不同的层次：较高层次的公私伙伴关系如美国匹兹堡，通过政府部门和私人部门关系网络的建构，在极度碎片化的政府结构体系中通过分权使政府作为行动网络的驱动者推动区域发展；较低层次的公私伙伴关系被认为是一种融资机制，即公共部门和私营部门为提供服务而建立起来的长期合作关系，在此关系框架中，公私双方发挥各自优势，紧密合作、风险共担、利益共享，得到最优的投资回报和社会公共效应。其中，作为融资机制的公私伙伴关系被引入区域合作领域中，在提高公共财政资金使用效率的前提下也隐含着缩减区域合作成本的推论，其中成本一方面直接体现为由私人资本引入减轻的财政成本压力，另一方面也体现为区域间财政支出协调成本的降低，即包括使用者付费等在内市场化运作理念使得之前的协调议题——如跨域高速公路成本和收益错配等——不复存在。

国外诸多的高速公路、流域治理等实践证明，伙伴关系是持久而弹性的，它主要通过谈判和妥协来运作，伙伴关系通过组织间的合作来指导和执行发展规划，信赖社会网络、家长式的承诺以及理性规划和管理工具。国内的区域合作如《泛珠三角区域合作框架协议》也指出：要按照"市场运作，政府推动"的方式推进区域合作，其背后寓意亦是对公私合作伙伴关系的引入。

六　京津冀公共服务协同发展的路径建构

（一）融合刚性制度框架和柔性协商机制

首先，财政对于区域均衡发展保障作用的基础在于依法治理，其潜在诉求以包含改革和完善现行的财政分权、行政协调等政府间关系为法律设定，并在尊重政府横向和纵向权责分工的基础上，谋求多元法治协调。其内容既应当包括统一现有地方性法规和政府规章（如对税收协调规范），也涵盖创设区域协同的法律法规，以明确协同的主体、内容、形式以及纠纷处理机制等。其次，在行政主导推进的区域协同进程中，财政合作所依托的组织架构必不可少。因此建议在现有京津冀协同发展领导小组下设区域财政委员会,以通过推动财政收入活动协调、建构横向转移支付制度等形式的财政合作,实现区域内财政资源的优化配置。最后,相较于刚性的制度和组织框架,柔性的协商机制同样必不可少。如在德国地方合作模式所占比例当中,包括目的事业公法人、工作团队、司法机构等区域性组织的合作形式占到所有地方合作形式的60%以上,成为区域治理的中坚力量。以此为镜鉴,京津冀财政合作在刚性的制度和组织框架下,也应致力于推动利益相关者合作网络的发展,以协商治理为内核,共谋区域利益的最大化。

(二)协同财政收入体系和财政支出策略

京津冀协同发展作为国家战略,离不开财政资金的支撑和保障,而决定财政资金配置模式的预算制度就成为影响财政合作成败的关键。因此,有必要探索建立区域预算协同机制,此协同包含三个层面的内容:一是预算和规划之间的协同,即依据政策目标和战略的优先方向,完善预算资源配置,支撑战略规划的落实;二是横向政府间的协同,为区域内政府集中力量解决困扰区域发展的症结性问题提供财力基础;三是财政绩效和政策绩效的协同,即区域发展的财政资金应锁定绩效导向,避免合作走形。因此,建议各地在中期支出框架的改革探索中将区域合作绩效和预算资金安排相匹配,促进合作效率的提升。

除预算的框架性协同外,具体的财政收支活动合作亦必不可少。其中,财政收入协同的诉求一方面体现在税收政策的协同。根据党的十八届三中全会《中共中央关于全面深化改革若干重大问题的决定》"按照统一税制、公平税负、促进公平竞争的原则"的精神,京津冀协同发展不仅不能寄希望于"税收洼地",而且更应该探索清理区域税制待遇的统一,仅根据产业布局优化设置政策落差。同时,通过税收信息一体化推进税收征管和服务环境的一体化。另一方面,税收的协同还需要对税收共享机制进行探索。建议在和各地主体税种相挂钩的基础上,尝试抽取各地所得税收的固定百分比建立京津冀协同发展基金,用以弥合区域性公共需求和财政资源间的鸿沟,并进一步探索基金在处理区域性突发事件、应对区域经济波动或危机和稳定区域经济发展等领域作用的发挥。

财政支出的协同可体现在两个方面。一方面是区域性公共事务支出的协同，除设立京津冀协同发展基金外，还应积极探索区域性公共事务支出政策的协同机制，譬如在政府采购领域，探讨相互开放采购市场、协同共同的供应商管理机制等。另一方面是从公共服务均等化的角度出发设计支出基数和人均成本相结合的财政支出规模策略。如在预算"脱钩"改革的过渡时期，进行区域联动的财政支出安排，探索教育、农业等探索区域内预算编制联动，以减少公共服务的区域落差。

（三）平衡横向资源配置和成本收益关系

协同的财政活动仍不足以完整地保障区域利益有效平衡，因此还需引入横向转移支付机制以在非均衡区域发展中条件下进行利益补偿。长期以来，京津两地对于河北强烈的"虹吸效应"实质上造成了河北对京津的变相财政补贴和财政输入。因此，在未来京津冀协同发展的过程中，以横向转移支付制度纠正区域资源错配势在必行。横向转移支付可在两个层面发挥作用。第一个层面是弥补特定领域内的财政支出外溢，如在生态治理领域，根据收益和成本主体的一致性，讨论补偿标准，确定补偿机制，必要时引入环境税以缓解财政压力。在产业转移领域也可以横向转移支付引导产业的合理布局。第二个层面是公共服务均等化出发的横向一般性转移支付体系构建，这需要强有力的区域合作框架和明确税收划定基础。当然，针对当前京津冀区域横向转移支付不普遍、规范性较差的特点，需要将现有对口扶贫、应急拨款等旨在消弭财政失衡的、零星的碎片化做法制度化、体系化，以缓解经济落后地区财政资源匮乏的窘境。

（四）理顺政府市场关系和财政投融资机制

除财政活动的内部合作关系外，以财政为链接的外部合作关系也应引起决策者的充分重视，其中公私伙伴关系最为重要。"区域治理是一种公私部门之间伙伴关系的协作过程，尽管公私伙伴关系并不一定构成一个完整的区域治理，但正式的或非正式的公私伙伴关系是区域治理的必要组成部分。"京津冀区域协同中的公私伙伴关系的主要作用在于可以承担大量区域公共物品的生产责任，改变政府在公共产品生产和供应中的单一格局，从而减少区域政府就产品供应责任的摩擦,同时理顺政府和市场的关系,并形成规模经济效应。因此,在浅层次的公私合作中应以创新财政投融资机制为突破口,调动社会资本以在满足区域发展资金需求的同时协调区域利益关系;在深层次公私伙伴关系中,应以为区域内各类别主体的协商提供平台为起点,谋求构建跨行政边界、跨职能边界和跨层级边界的全面协同关系。

参考文献

[1] 戴宏伟、刘敏:《京津冀与长三角区域竞争力的比较分析》,《财贸经济》2010年第1期。

[2] 祝尔娟:《推进京津冀区域协同发展的思路与重点》,《经济与管理》2014年第5期。

[3] 文魁:《京津冀大棋局——京津冀协同发展的战略思考》,《经济与管理》2014年第11期。

[4] 王健、鲍静、刘小康、王佃利:《"复合行政"的提出——解决当代中国区域经济一体化与行政区划冲突的新思路》,《中国行政管理》2004年第3期。

[5] 陈瑞莲:《论区域公共管理研究的缘起与发展》,《政治学研究》2003年第12期。

[6] 李荣娟:《行政区与经济区的冲突与张力整合——区域公共治理的视角》,《国际行政学院学报》2007年第5期。

[7] 张紧跟:《从区域行政到区域治理:当代中国区域经济一体化的发展路径》,《学术研究》2009年第9期。

[8] 顾朝林:《长江三角洲城市化未来可能出现的问题》,《城市问题》2008年第1期。

[9] 洪世键:《美国大都市区管治的演变历程及其启示》,《国际城市规划》2009年第6期。

[10] 崔晶:《生态治理中的地方政府协作:自京津冀都市圈观察》,《改革》2013年第9期。

[11] 高建华:《区域公共管理视域下的整体性治理:跨界治理的一个分析框架》,《中国行政管理》2010年第11期。

[12] 张耀军:《论京津冀一体化协调发展的路径选择》,《当代经济管理》2014年

第 10 期。

[13] 吴岩、王晓燕、王新凤、王俊、杨振军:《探索京津冀区域高等教育发展新模式——学习〈国家中长期教育改革和发展规划纲要（2010－2020）〉的思考》,《中国高教研究》2010 年第 8 期。

[14] 肖昭升:《推进京津冀都市圈交通一体化发展思路》,《宏观经济研究》2005 年第 8 期。

[15] 陈洁、陆锋:《京津冀都市圈城市区位与交通可达性评价》,《地理与地理信息科学》2008 年第 3 期。

[16] 王红漫:《京津冀医保如何协同发展》,《中国卫生》2016 年第 4 期。

[17] 傅勇、张晏:《中国是分权与财政支出结构偏向：为增长而竞争的代价》,《管理世界》2007 年第 3 期。

[18] 钟晓敏:《市场化改革中的地方政府竞争》,《财经研究》2004 年第 1 期。

[19] 郑晓玲:《财政竞争中地方政府行为及其规范》,《地方财政研究》2007 年第 6 期。

[20] 贾俊雪、郭庆旺、高立:《中央财政转移支付、利益效应与地区间财政支出竞争》,《管理世界》2010 年第 11 期。

[21] 吕炜、郑尚植:《财政竞争扭曲了地方政府支出结构吗？——基于中国省级面板数据的实证检验》,《财政研究》2012 年第 5 期。

[22] 段铸、王雪祺:《京津冀经济圈财政合作的逻辑与路径研究》,《财经论丛》2014 年第 6 期。

[23] Aksi, Sakata, 2002, "Fiscal Decentralization Contributes to Economic Growth: Evidence from State-Level Cross-Section Data for the United States," *Journal of Urban Economic.*

[24] Zodrow, G., and P. Mieszkowski. Pigeou, Tiebout, 1986, "Property Taxation and the Under provision of Local Public Goods, Journal of Urban Economics," Vol. 19 (3), pp. 356 – 370.

[25] Bird, Richard M., 1994, "Decentralizing Infrastructure: For Good or For Ill?" in Antonio Estache, ed., *Decentralizing Infrastructure*, Washington: World Bank.

[26] Jin, H., Qian Y., Weingast B. R., 2005, "Regional Decentralization and Fiscal Incentives: Federalism Chinese Style," *Journal of Public Economics*, Vol, .89

[27] Wildasin D E., 1988, "Nash Equilibrium in Models of Fiscal Competition," *Journal of Public Economics*, Vol. 35, pp. 229 – 240.

[28] Oates, Wallace E. , 1985, "Searching for Leviathan: An Empirical Study," *American Economic Review*, Vol. 75.

[29] Marchand. M. , 1997, "Fiscal Competition and the Pattern of Public Spending," *Journal of Public Economics*, Vol, 66.

[30] Enstrom Elinor, 1990, *Governing the Commons: The Evolution of Institutions for Collective Action* (Cambridge University Press).

[31] Cumberland, J. H. , 1979, "Interregional Pollution Spillovers and Consistency of Environmental Policy," in Siebert, H. , Walter, I. Y Zimmerman, *Regional Environmental: The Economic Issues, Policy* (New York University Press).

异质性劳动力视角下京津冀制造业转移研究

赵浚竹 韩天实[*]

摘要 本文基于微观主体异质性在新经济地理和新新经济地理中的探索，从异质性劳动力视角出发，通过细分制造业和长时间序列分析，采用统计描述和长面板回归对京津冀地区异质性劳动力结构与制造业集聚变化之间的关系进行分析，探讨劳动力质量和就业结构对区域制造业转移的影响和作用机理。实证结果表明，异质性劳动力的供给结构显著促进了京津冀不同要素密集型制造业的空间变化，具体体现为低技能劳动力供给促进劳动密集型制造业和资源密集型制造业转移，高技能劳动力供给有利于资本和技术密集型制造业的转移。在此基础上，北京市和天津市应当利用现有的高技能劳动力储备着力发展资本与技术密集型制造业等高端产业，河北省在现有异质性劳动力结构基础上，可以吸引、转移并消化更多劳动力密集型制造业，但在发展资源密集型制造业方面应有所控制。据此提出应当进一步畅通京津冀区域内各要素流动渠道，加快建设交通和信息一体化，关注市场微观主体的区位选择，为产业转移、人才转移、资源转移和共建共享提供扎实有效的基础条件和硬件支持。

关键词 异质性劳动力 京津冀 制造业 产业转移

---

[*] 赵浚竹，助理研究员，中央财经大学财经研究院、北京财经研究基地，研究方向为区域经济学、经济地理学。韩天实，中央财经大学财政税务学院。

一　引言

京津冀协同发展战略作为我国"十三五"时期三大区域发展战略之一，已成为我国建设参与全球竞争和国际分工世界级城市群的重大国家战略。值得期待的是，京津冀城市群将成为中国最具活力的核心增长极和新型城镇化的示范区。然而，相较于长三角城市群和珠三角城市群，京津冀城市群经济一体化程度还处于中等水平，地区间、城乡间差距较大，并在近年来呈现扩大态势（武义青、李泽升，2015）。区域差距所引发的矛盾集中体现为北京非首都核心功能较多，造成京津大城市存在人口过多、交通拥堵、房价居高不下，以及雾霾频发、地下水超采、河水断流、地面下沉等突出的生态环境问题。基于此，2015年，中共中央政治局审议通过的《京津冀协同发展规划纲要》明确提出"京津冀协同发展要在京津冀交通一体化、生态环境保护、产业升级转移三方面率先取得突破"。其中，产业空间转移不仅是促进京津冀区域空间格局优化、分工合理有序、产业增效升级、区域联动发展的关键和实质所在，也是区域协同发展进程中的重要突破口。

作为京津冀一体化进程中合作试行的重点内容，早在20世纪80年代初，北京市就在"退二进三"产业结构调整的背景下开始了向周边地区的产业梯度空间转移。进入21世纪以来，以北京首钢、北京焦化厂等为代表的大型制造企业纷纷将总部或部分生产环节陆续迁移至环京津和河北等地区，成为区域产业转移与合作的典范。2014年以来，随着京津冀协同发展的深入，北京对天津和河北的产业投资呈现井喷状态（祝尔娟等，2015），区域内产业转移和一体化发展正迈向新阶段。产业的转移发展离不开当地劳动力资源储备的支撑，作为重要的生产要素，劳动力对地区的产业和经济发展具有重要影响。根据世界银行测算，劳动力质量和数量对经济增长的贡献率高达17%。目前，京津冀劳动力市场分割较为严重，一体化程度显著滞后于资本和消费品市场的整合程度，经济发展水平、产业结构，以及户籍和社会保障等制度的差异阻碍着劳动力要素的充分流动（成新轩、武晨静，2017）。在现有劳动力流动不充分，市场化不完全的情况下，异质性劳动力的数量和结构差异成为决定产业转移的重要推动力。因此，从异质性劳动力的空间分布形态来研究京津冀制造业的空间转移，有助于理解和判断区域内产业转移的动因和发展趋势。

二 文献综述

已有研究表明，区域内部的产业转移有利于推动区域一体化发展（翟仁祥，2016），区域一体化对产业尤其是制造业的空间转移和集聚（或地理分布）也具有显著影响（佘时飞，2013；于斌斌、金刚，2013）。产业转移和集聚是经济活动空间分布的典型特征，也是区域经济学、（新）经济地理学、空间经济学、产业经济学、集聚经济学等学科研究的核心议题。特别是新经济地理学的兴起，对于解释20世纪发达国家和当前发展中国家产业集聚的现实具有较强的适用性。21世纪以来，国内学者基于新经济地理学框架对中国产业转移与集聚开展了大量实证研究（陈建军，2003；文玫，2004；罗勇、曹丽莉，2005；金煜等，2006；路江涌、陶志刚，2006；刘红光等，2011；胡安俊、孙久文，2014），并针对一些典型行业或不同尺度的空间转移进行了分析（范剑勇，2004；李燕、贺灿飞，2013；赵浚竹等，2014；张杰斐等，2016），其中尤以中国制造业转移居多，影响制造业转移和集聚的特色因素也成为关注的焦点（金煜等，2006；贺灿飞、潘峰华，2011）。

新经济地理学的发展日渐走向成熟，对产业组织特别是微观地理集聚的关注成为新经济地理学研究的内在要求（Rosenthal and Strange，2003），微观主体的异质性特别是异质性企业在产业集聚和转移中的作用机理研究也是新新经济地理（"New" New Economic Geography）或新新贸易理论（New-New Trade Theory）的核心内容。最早关于微观异质性对产业空间转移的研究多从劳动力异质性（heterogeneity of the labor force）角度出发。Tabuchi和Thisse（2002）将离散选择理论运用到经济地理模型中，研究了劳动力异质性对于经济活动空间分布的影响，认为异质性行为对于核心 - 边缘结构（Core-periphery Situation）具有一种强烈的分散效应，指出产业空间分布和贸易成本之间的关系呈钟形（bell-shaped）分布，并通过市场检验予以证明。Forslid 和 Ottaviano（2003）结合核心－边缘模型（CP）和自由资本模型（FC），引入技能劳动力和非技能劳动力创立了自由企业家模型（FE），解析出人力资本的实际收入差异导致人力资本和物质资本区际迁移的结果。Mori 和 Turrini（2005）修订核心－边缘模型后发现高技术劳动力被吸引到有高技术需求和高收入的地区，而低技术劳动力则选择留在其他地区。

异质性劳动力是企业迁移的重要推动力，如 Dumais 等（1998）以美国制造业为例检验了 Marshall 关于产业集聚的三个来源，指出劳动力对产业集聚的影响比其他解释变量的影响更大，具有相似劳动力结构的企业能够从集聚中获得更大的收益，表明劳动力结构对产业集聚具有重要影响。Amiti 和 Pissarides（2005）指出劳动技能的异质性使得企业能够在较大的劳动力池市场中找到满足其需求的劳动力，从而提高企业与工人的匹配度，是经济活动在空间集聚的驱动力。Combes 等（2003）则通过微观数据证实了劳动力异质性对集聚经济的作用。Davis 和 Schluter（2005）对食品加工行业的研究表明劳动力异质性程度较高的区位优势更加明显，劳动力异质性通过带动投资引致相关产业的发展和集聚。Naghavi 和 Ottaviano（2009）从劳工标准保护差异方面证明了劳动力异质性对企业集聚的影响。

由于劳动力集聚具有极强的外部性，其伴随的知识溢出效应（knowledge spillovers）会吸引产业转移和集聚，反之，产业的集中集聚会进一步促进信息和知识的共享。Mariotti 等（2010）以欧洲跨国公司为例，发现产业地理位置选择主要受到信息外部性和潜在知识溢出效应两个方面影响，而知识溢出效应的影响在与其他跨国企业的集聚中更加突出，然而此研究并未考虑企业的异质性问题。Lychagin（2016）以美国软件行业为例证实了知识溢出效应在解释企业地理位置分布上的重要性。

国内对异质性劳动力与产业空间分布的研究相对较晚。赵伟和李芬（2007）讨论了异质性劳动力流动对经济空间集聚以及人均地区收入差距的影响。贺灿飞和朱晟君（2007）采用 2004 年经济普查的详细数据，以区县为空间单元研究了北京市劳动力素质结构和空间结构对于制造业地理集中的影响，得出了北京市高素质劳动力促进产业集聚而低素质劳动力不利于产业集聚的结论。孙晓芳（2013）也得出异质性劳动力作为空间经济集聚的分散力而存在的结论，并且随着运输成本的降低，经济社会发展和进步的结果使得异质性劳动力的作用不断凸显。高云虹和符迪贤（2015）将克鲁格曼的中心-外围模型进行数值模拟，讨论了在不同交易成本下，高、低技能劳动力对产业空间分布的影响，同时采用2002～2012年中国省级面板数据对东、中、西部三大地区异质劳动力与产业集聚之间的关系构建模型，分析认为高技能劳动力和低技能劳动力均未对工业集聚产生显著影响。

前述文献表明异质性劳动力不论是作为产业空间集聚的驱动力还是分散力，的确是产业转移的重要因素和动力之一，因此，从异质性劳动力视角来研究产业转移是非常有意义的。由于不同产业（以制造业为主）的要素密集度是不尽相同的，其与劳动力之间必然因为结构的不同而发生搜寻、分类和匹配的过程，在异质性劳动力空间结构和地区不同产业空间结构所构成的网络中，不同性质劳动力与不同要素密集度制造业相互交织产生联系，从而形成制造业在地理空间上的转移和聚集。在这一认知背景下，本文以京津冀地区为例，探讨异质性劳动力是如何驱动京津冀地区的制造业迁移从而构成现有格局的。

三 异质性劳动力与地区制造业结构

劳动力异质性是指劳动能力在体力和智力差异方面所体现出的差异性，这些差异既有来自先天的决定，也有来自后天的不断习得和积累。因此，异质性劳动力主要是指劳动者劳动能力的差异（孙晓芳，2013），具体表现为劳动者在知识、技术、信息累积方面，以及社会资源的占有、维护和转化能力上的差别（孙晓芳，2014）。在研究异质性劳动力的文献中，一般对劳动力异质性的划分基于两类，一类是分为技能和非技能劳动力（或称为熟练和非熟练劳动力），另一类是按照各学历层次进行划分。

本文对异质性劳动力的区分主要通过劳动力的质量结构和行业结构的不同来进行，需要说明的是，在我国目前所处的市场经济阶段下，"唯文凭""唯学历"的倾向较为严重，大专及以上学历的劳动者初次就业比大专以下学历更容易（赵伟、李芬，2007），受教育程度的高低与劳动者的收入密切相关，所以，以受教育程度来划分劳动力质量的异质性显得较为可行。鉴于大专文凭在区分高等教育和中等教育上的重要意义，本文对于异质性劳动力采用的划分标准是：将大专及以上学历的劳动力视为高技能劳动力，将高中及以下学历的劳动力视为低技能劳动力。对于制造业行业的选取和分类，参考贺灿飞和潘峰华（2011）的研究，以国家统计局2002年公布的国民行业分类体系（GB/T4754-2002）为标准，选取19个两位数制造行业并将其按照行业要素密集属性进行分类研究（见表1），其中行业代码13和14统指食品加工制造业，行业代码35和36也统一划归到机械工业中。在下文中，皆据此分类标准对所从事这些制造行业的从业人员进行对应区分。

表1 按要素密集类型划分的制造业分类

分类类型	行业名称	行业代码
劳动密集型	食品加工制造业	13和14
	饮料制造业	15
	纺织业	17
	服装及其他纤维制品制造业	18
	造纸及纸制品业	22
	非金属矿物制品业	31
资源密集型	烟草加工业	16
	石油加工及炼焦业	25
	化学工业	26
	黑色金属冶炼及压延加工业	32
	有色金属冶炼及压延加工业	33
资本和技术密集型	医药工业	27
	化学纤维制造业	28
	金属制品业	34
	机械工业	35和36
	交通运输设备制造业	37
	电气机械及器材制造业	39
	电子及通信设备制造业	40
	仪器仪表及文化办公用机械制造业	41

（一）异质性劳动力结构

通过对比2001~2014年京津冀三省市（为简便起见，下文简称为"三地"）异质性劳动力比例（见图1），可以看出，北京市的高技能劳动力比例始终高于天津市和河北省，是三省市中当之无愧的人才高地。高技能劳动力所占比例由2001年的20.5%上涨到2014年的38.1%，增加近18个百分点，低技能劳动力比例由79.5%下降到61.9%。与北京市形成鲜明对比的是，河北省的低技能劳动力比例不仅居于三省市之冠，且在统计期内一直高于92%以上，而高技能劳动力比例虽然呈上涨的态势，但一直在8%以下，且增加幅度非常不显著。天津市在高、低技能劳动力比例上均处于中等水平，2014年与2001年相比，高技能劳动力比例增加了14个百分点，达到22.8%，与之对应的是低技能劳动力比例也得到14个百分点的降低。综合来看，在京津冀区域内，北京市吸引高水平技能劳动力的优势最为明显，在高、低技能劳动力之间比例的变化幅度也最大，天津市次之。在这一显著的虹吸效应作用下，河北省的高、低技能劳动力比例变化相对比较平缓，形成三地高、低技能劳动力比例日趋收敛的趋势。

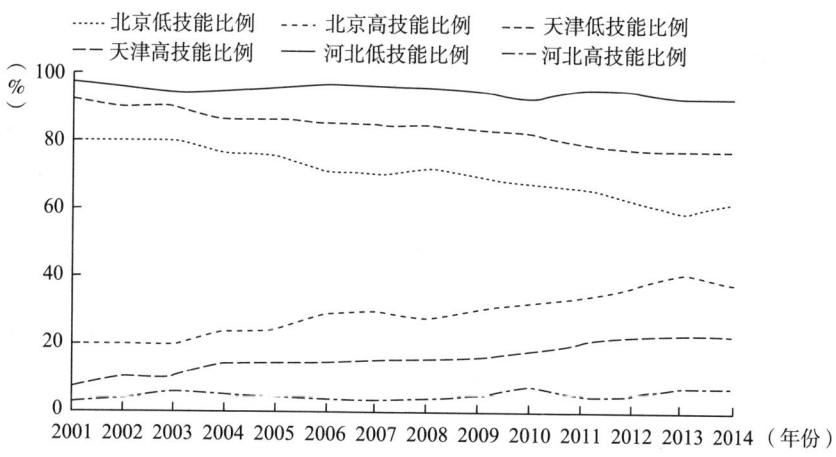

图1 京津冀三省市异质性劳动力比例

资料来源：2002~2006年《中国人口统计年鉴》和2007~2015年《中国人口与就业统计年鉴》，人口统计数据均来源于抽样调查。

图 2 显示了高技能劳动力和低技能劳动力数量比值的变化，是对图 1 的进一步补充。北京市高技能劳动力与低技能劳动力数量的比值不断攀升，2011 年以后达 50% 以上，2013 年甚至突破 70%，天津市从 2001 年的 9% 上升至 2014 年的近 30%，在此阶段，河北省高、低技能劳动力数量比值基本维持在 10% 以下。

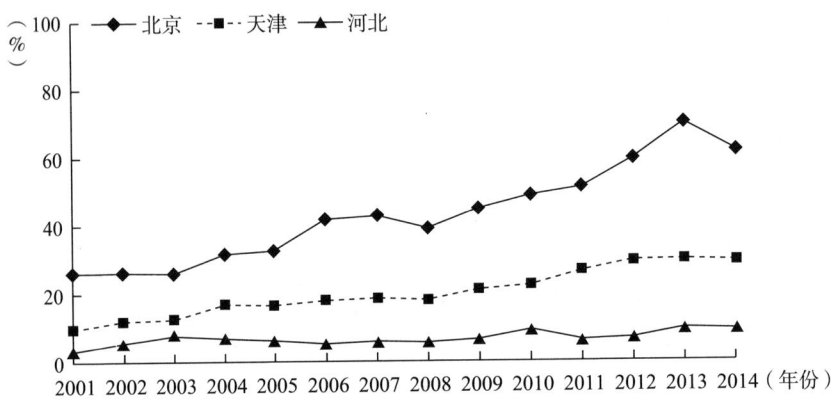

图 2　京津冀三省市高低技能劳动力数量比值

资料来源：2002~2006 年《中国人口统计年鉴》和 2007~2015 年《中国人口与就业统计年鉴》，人口统计数据均来源于抽样调查。

（二）地区制造业结构

为说明京津冀地区的劳动力质量结构与制造业结构之间的相互关系，通过对比三地 2001~2014 年三类要素密集型制造业的工业总产值①结构（见图 3~图 5），笔者发现，北京市资本和技术密集型制造业具有绝对优势，而劳动密集型制造业和资源密集型制造业的产值基本相当，且维持在较低水平；天津市资本和技术密集型制造业产值水平近年来增长幅度最大，产值也属京津冀地区之首，其在资源密集型制造业和劳动密集型制造业方面，产值水平也在不断上升，但上涨幅度始终低于资本和技术密集型制造业；作为华北地区钢铁、水泥、煤炭资源的生产大省，河北省最突出的特点就是，资源密集型制造业工业总产值非常大，2013 年该类制造业产值一

---

① 工业总产值数值均按照 1978 年可比价调整后计。

度接近4000亿元。其中，以钢铁为代表的黑色金属冶炼及压延加工业产值占河北省制造业产值比例从2003年开始一直保持在30%以上，从2004年起接近40%，至2008年冲上历史高点，达到43.5%。在节能环保、去产能、去库存等压力以及国内外经济和市场形势的变化下，这一高速发展得以遏制，截止到2014年，该类制造业比例下降到30%左右。作为中国钢铁第一大省，河北省的钢铁产量举世闻名，有在钢铁业内部流传"世界钢铁看中国，中国钢铁看河北"的说法。在此期间，尽管河北省其他两种类型制造业产值也在逐年提高，但相较于资源密集型产业，就显得微不足道了。

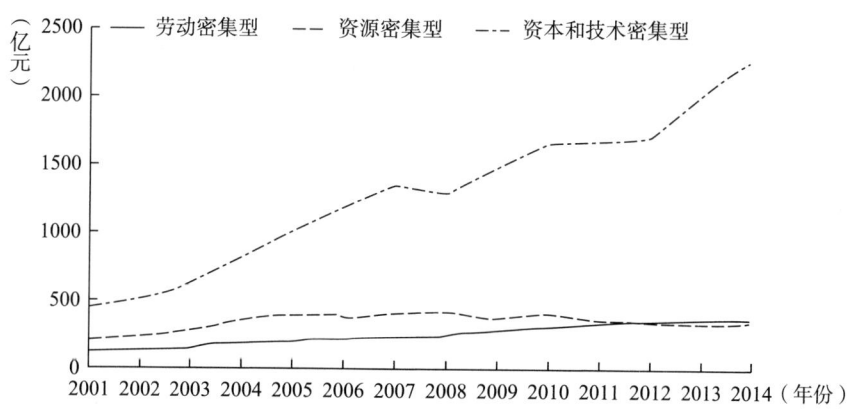

图3　北京市不同要素密集型制造业工业总产值

资料来源：历年《中国工业统计年鉴》。

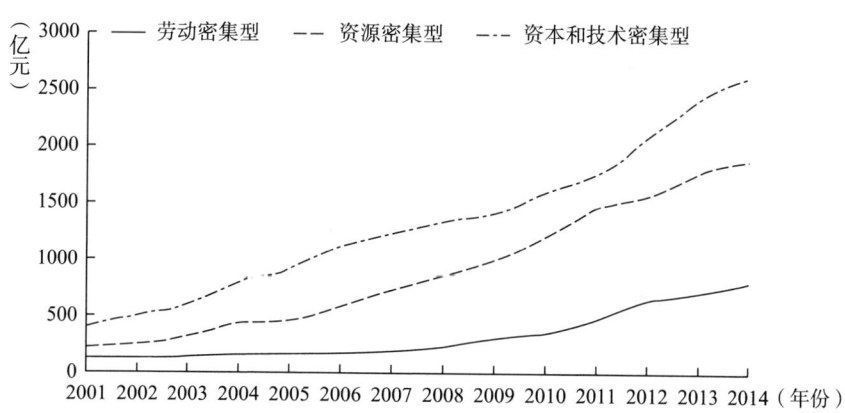

图4　天津市不同要素密集型制造业工业总产值

资料来源：历年《中国工业统计年鉴》。

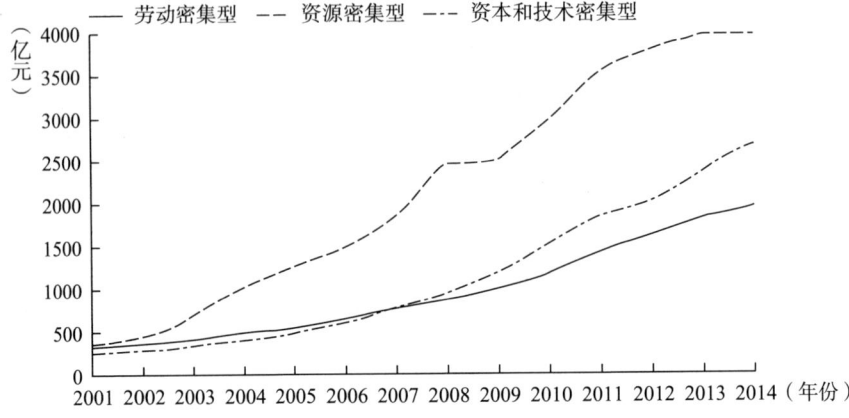

图 5　河北省不同要素密集型制造业工业总产值

资料来源：历年《中国工业统计年鉴》。

上述对比表明京津冀三地制造业结构特点较为鲜明，北京市处于制造业结构较为高级的阶段，天津市则以现代制造业（资本和技术密集型）和传统制造业（资源密集型）并重，河北省的制造业现代化程度较低，对资源和劳动力依赖程度还很高，现代化制造业在经济中发挥的作用还非常有限。

四　数据来源与模型设定

（一）数据来源

考虑到改革开放初期经济社会转型的过渡，本文对京津冀地区制造业空间集聚与转移的研究时期以1984~2014年为主。为考察异质性劳动力与区域内制造业转移之间的互动关系，鉴于数据的可获得性和延续性，以及21世纪以来京津冀区域一体化发展所取得的显著变化，本文着重以2001~2014年京津冀地区异质性劳动力与制造业空间集聚及转移的关系为对象进行研究。全文的资料来源包括《中国工业统计年鉴》、《中国人口与就业统计年鉴》、《北京统计年鉴》、《天津统计年鉴》、《河北经济年鉴》、工业普查资料、经济普查资料以及中国工业企业数据库等。需要说明的是，数据库中工业总产值数据均以当年价格统计，考虑到价格变动因素，凡涉及工业总产值方面的数值均以1978年为基准，采用国家统计局年度数据中的工业生产者出厂价格指数对不同年份数据进行了调整。

（二）测度方法

1. **制造业结构差异**

对于产业结构差异的研究，较为经典且普遍的做法是，利用地区相对专业化指数和地区间专业化指数来衡量。该测度方法的优点是，可以较为直观地描绘和体现所研究区域空间内各自所具备的行业优势。为此，本文采用范建勇（2004）的测度方法来研究京津冀地区制造业的结构差异。

（1）地区相对专业化指数

$$K_i = \sum_k | s_i^k - s_j^{\bar{k}} | \tag{1}$$

其中，$s_i^k = E_i^k / \sum_k E_i^k$，$s_j^{\bar{k}} = \sum_k \sum_{j \neq i} E_i^k$。

式（1）中，i、j代表行业，k代表地区，E代表工业总产值，该指标衡量京津冀地区内部某地区与其余地区平均水平的差异程度，其数值越大，制造业结构差异程度也越大。

（2）地区间专业化指数

$$K_{ij} = \sum_k | s_i^k - s_j^k | \tag{2}$$

式（2）中，i、j代表行业，k代表地区，s代表工业总产值，数值越大，表明地区间差异程度也越大。通过这一指数，能够衡量京津冀地区内部某两个地区制造业结构的差异程度。

2. **制造业空间集聚**

产业的集聚与转移影响着区域、国家甚至世界经济版图的变化，因此引起全球经济研究和政策制定者的高度关注。作为该研究领域中一个非常重要的方面，对产业集聚测度的研究一直受到追捧，也应运而生出许多测度和识别产业集聚的方法，如区位商、赫芬达尔指数、区位基尼系数（也称空间基尼系数）、EG指数、M-S指数、K函数、D-O指数、M函数以及Moran's I指数等。其中，区位基尼系数因对数据要求不高，计算原理可接受度高，成为采用率和应用最广泛的方法。鉴于京津冀地区制造业相关数据的可获得性，本文采用区位基尼系数来分析京津冀地区制造业的空间集聚与转移状况。与普通的基尼系数类似，区位基尼系数同样被定义为洛伦兹曲线与对角线之间区域的面积。区位基尼系数越大，说明某个产业在区域内的分布越不均匀，即说明这一产业的集聚程度越高。在一段时间内，区域内相同行业集聚指数的变动表明产业空间结构的变化，如某一制造业集聚程度升高，意味着产业发生了该地区指向的转移。区位基尼系数的取值范围为[0,1]，区位基尼系数为1时表明产业完全集聚，反之表明产业空间分布非常均衡。

根据蒲业潇（2011）对基尼系数局限性以及基准分布选择方法的分析，按照基准分布的不同，区位基尼系数可分为绝对基尼系数、相对基尼系数、地形基尼系数和完全空间集聚基尼系数四种形式。综合对比上述测度方式的适用性与现有数据后，为更加精准地测定京津冀地区制造业的集聚程度和水平，本文选取消除地理规模和产业规模影响的相对区位基尼系数来进行计算，该指数定义如下：

$$Gini^s = \frac{1}{2N(N-1)\mu} \sum_{i=1}^{N} \sum_{j=1}^{N} \left| \frac{\lambda_i^s}{\lambda_i} - \frac{\lambda_j^s}{\lambda_j} \right| \tag{3}$$

其中，$\lambda_i = \frac{\sum_s x_i^s}{\sum_{r=1}^{N} \sum_{s=1}^{S} x_r^s}$，表示地区$i$的总产业规模占区域的比重，

$\mu = \frac{\sum_{r=1}^{N} \frac{\lambda_r^s}{\lambda_r}}{N}$，表示各地区$\frac{\lambda_i^s}{\lambda_i}$的均值。

式（3）中，N代表空间单元总数，S代表研究的行业单元总数，r、i、j代表某一空间单元，s代表某一行业单元，x代表工业总产值或者从业人员数量。

（三）变量选择与模型

1. 核心变量

对于本文研究的核心变量，依据前文所计算的相对区位基尼系数来判

断京津冀制造业在空间上的集聚变化。在异质性劳动力度量方面，笔者根据前述统计年鉴中的各地区分性别和受教育程度人口数据进行统计，如前所述，将学历在大专及以上的劳动力视作高技能劳动力（$hedu$），学历在高中及以下的劳动力视作低技能劳动力（$ledu$），并区分京津冀三地不同技能劳动力，如 $hedu\_bj$ 代表北京市高技能劳动力占总劳动力人口的比重，$ledu\_bj$ 表示北京市低技能劳动力占总劳动力人口的比重等（见表2）。由于一个地区高技能劳动力和低技能劳动力的比重之和为1，同时在一个方程中会出现完全共线性问题，因此本文分别构建高技能劳动力和低技能劳动力模型进行分析。考虑到不同要素密集型的产业集聚特征差异显著，因此在对不同制造业劳动力结构的度量方面，主要以不同要素密集型行业为界定，如北京市某制造行业从业人员占京津冀地区比重以 $work\_bj$ 代表，以此类推。

2. 控制变量

影响区域内产业空间集聚和转移的因素很多，在新经济地理学框架下，结合大量文献研究，笔者主要选取了运输成本、规模经济、产品差异和垄断竞争、经济全球化、政策环境等几方面作为控制因素加以分析（见表2）。

表2　解释变量选择及含义

分类	名称	含义
核心变量	异质性劳动力结构	北京市高技能劳动力比重对数值（$lnhedu\_bj$）
		天津市高技能劳动力比重对数值（$lnhedu\_tj$）
		河北省高技能劳动力比重对数值（$lnhedu\_hb$）
		北京市低技能劳动力比重对数值（$lnledu\_bj$）
		天津市低技能劳动力比重对数值（$lnledu\_tj$）
		河北省低技能劳动力比重对数值（$lnledu\_hb$）
	各地区某行业劳动力结构	北京市某行业从业人员占京津冀地区比重对数值（$lnwork\_bj$）
		天津市某行业从业人员占京津冀地区比重对数值（$lnwork\_tj$）
		河北省某行业从业人员占京津冀地区比重对数值（$lnwork\_hb$）
控制变量	运输成本	地区*公路里程对数值（$lnroad$）
		地区邮电业务量占GDP比重对数值（$lncom$）
	规模经济	地区企业平均从业人数对数值（$lnsize$）

续表

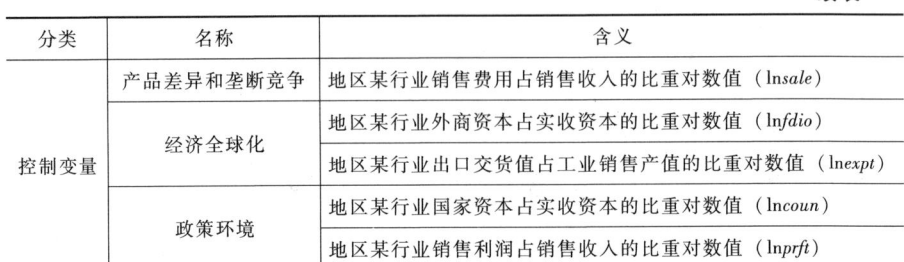

注：地区*是指京津冀地区，下同。

(1) 运输成本：公路里程（road）、信息化程度（com）

采用这两个指标的逻辑原理是：公路里程越长、信息化程度越高，使得运输成本越低。一方面，运输成本降低为产业集聚程度提高创造了条件；但另一方面，由于京津冀地区的区域范围相对较小，运输成本降低时，会弱化企业进行重新选址布局的动机，有可能会成为产业空间分散的主要原因（金煜等，2006），因此预计公路里程（road）和信息化程度（com）的预期符号是不确定的。

(2) 规模经济：企业平均从业人数（size）

规模经济的提高能够降低企业的生产运营成本，因此规模经济越显著，产业的集聚程度越高（Kim，1995）。本文用企业平均从业人数作为规模经济的衡量指标，即某一行业的京津冀地区从业人员数量除以该行业京津冀地区的企业单位数，企业平均就业人数越多，说明企业的平均规模越大，规模效应越明显。

(3) 产品差异和垄断竞争：销售费用占销售收入比重（sale）

在新经济地理模型中，最显著的假设便是产品差异和不完全竞争框架，而该框架对产业空间集聚的影响表现在：产品可替代弹性越高，产业的地理分布可能越集中，竞争性较强的产业通过集聚来降低成本。这里参考贺灿飞和谢秀珍（2006）采用产品销售费用占总销售收入比重（sale）来表示产品差异程度和竞争程度。该比值越大，产品的差异程度和垄断竞争程度越大，产业集聚程度越高，预期符号为正。

(4) 经济全球化：外资利用水平（fdio），出口（expt）

利用外资情况和出口情况能够衡量经济的全球化程度（贺灿飞、朱晟君,2007;金煜等,2006)。外商资本占实收资本的比重代表利用外资情况,出口情况的衡量指标为出口交货值占工业销售产值比重。这两个指标的数值越大,说明经济全球化的程度越高,企业的集聚趋势越强(邱斌、周荣军,2011),因此对于该指标的预期符号为正。

(5) 政策环境:国家资本占实收资本比重($coun$)、销售利润占销售收入比重($prft$)

本文使用国家资本占实收资本比重和销售利润占销售收入比重两个指标衡量政策环境(贺灿飞、朱晟君,2007),两个指标数值越高,说明行业的政策干预程度越高,但是政策具有不确定性,因此这两个变量的符号也不确定。

为克服可能存在的异方差问题和解释因变量与自变量之间的弹性关系,对上述变量进行对数处理后,所构建的计量模型如下:

$$\ln Gini_{it} = f(\ln hedu_{bj_t}, \ln hedu_{tj_t}, \ln hedu_{hb_t}, \ln ldeu_{bj_t}, \ln ledu_{tj_t}, \ln ledu_{hb_t}, \ln work\_bj_{it},$$
$$\ln work\_tj_{it}, \ln work\_hb_{it}, \ln road, \ln com, \ln size, \ln sale, \ln fdio, \ln expt, \ln coun, \ln prft)$$

其中,i 表示制造业行业,t 表示年份,bj 表示北京市,tj 表示天津市,hb 表示河北省。

五 实证分析

(一)专业化水平与分工状况

1. 地区专业化水平

利用式(1),计算得出京津冀三省市 1984~2014 年的地区相对专业化指数(见表 3 和图 6)。结果发现:京津冀三省市的地区相对专业化指数总体呈上升趋势,三地的分工程度有所提高,与理论预期一致。30 年来,北京市地区相对专业化指数持续上升,而天津市和河北省的地区相对专业化指数则在 2005 年左右达到峰值,之后呈现明显的下降趋势,具有明显的阶段性特征。这一特点说明京津冀地区的制造业集聚出现扩散效应,正在由中级阶段向高级阶段发展,地区间的梯度分工开始形成。结合 2014 年三地的产值份额情况来看，北京市产值份额较高的仪器仪表及文化办公用机械制造业（64%）、电子及通信设备制造业（41%）、交通运输设备制造业（42%）等行业均为资本和技术密集型行业，而河北省的劳动密集型和资源密集型行业产值份额普遍较高，这与理论预期十分吻合。

表3 京津冀地区相对专业化指数（1984～2014年）

地区	1984年	1990年	1995年	2000年	2005年	2010年	2014年
北京	0.3695	0.3538	0.3846	0.6014	0.6769	0.7876	0.8826
天津	0.2649	0.2094	0.3460	0.3997	0.4750	0.3209	0.2909
河北	0.3814	0.3984	0.5690	0.7437	0.8941	0.6986	0.6566

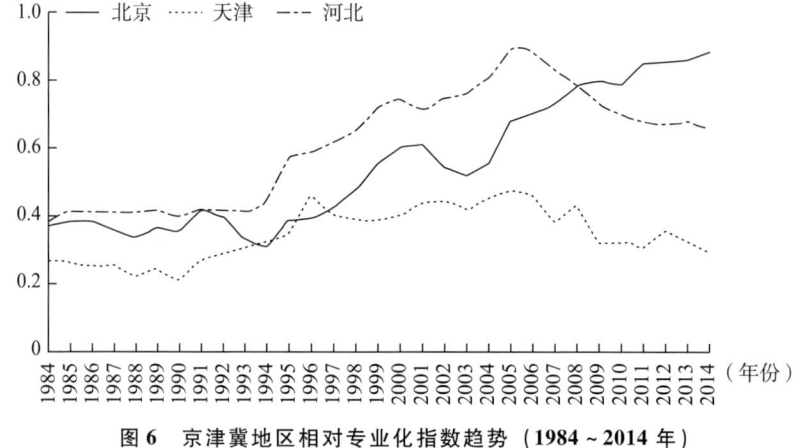

图6 京津冀地区相对专业化指数趋势（1984～2014年）

除个别年份外，天津市的地区相对专业化指数一直低于北京与河北，说明天津市的专业化水平较低。结合2014年三地的产值份额来看，天津市产值占比较高的行业既有电子及通信设备制造业（51%）等资本和技术密集型行业，又有有色金属冶炼及压延加工业（58%）等资源密集型行业。结合地区发展情况来看，在资本和技术密集型制造业等高端的产业中，由于北京市的特殊地位与突出优势，天津市的竞争力并不十分强劲；此外，天津市的发展水平明显高于河北省，但在劳动力和自然资源方面的优势不及河北省，因而在产业转移的对接方面能力有限，这导致了天津市的专业化水平较低，分工不明确。

2. 地区间制造业分工

地区间专业化指数代表每两个地区间的制造业结构差异，利用式（2）计算可见北京市与河北省的地区间专业化指数几乎一直是三者中的最大值（见表4和图7），这说明北京市和河北省的制造业结构差异最大，具体体现为北京市资本和技术密集型制造业比重的不断提高、资源密集型制造业比重的不断下降以及河北省资源密集型制造业比重的提升、资本和技术密集型制造业比重的下降。2010年之前北京市与天津市的地区间专业化指数最小，2010年之后天津市与河北省的地区间专业化指数最小，这说明2010年以后北京市与天津市的制造业结构差异在逐渐扩大，而天津市与河北省的制造业结构差异在逐渐缩小，具体体现在天津市2006年之后资本和技术密集型制造业比重的下降、资源密集型制造业比重的提升，河北省2008年之后资本和技术密集型制造业比重的提升、资源密集型制造业比重的下降（见图8~图10）。

表4　京津冀各省市地区间专业化指数（1984~2014年）

地区	1984年	1990年	1995年	2000年	2005年	2010年	2014年
北京与天津	0.3686	0.3001	0.2842	0.3849	0.2859	0.5299	0.7036
北京与河北	0.4739	0.4581	0.5889	0.8302	0.9847	0.9574	1.0321
天津与河北	0.3232	0.3612	0.5527	0.6832	0.8157	0.5502	0.4875

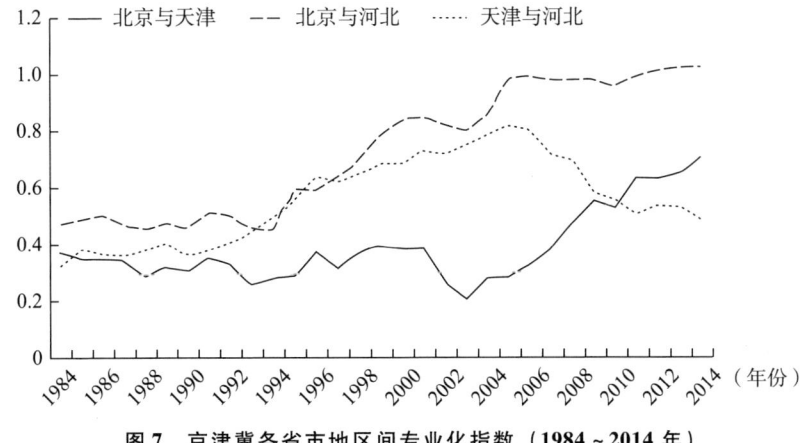

图7　京津冀各省市地区间专业化指数（1984~2014年）

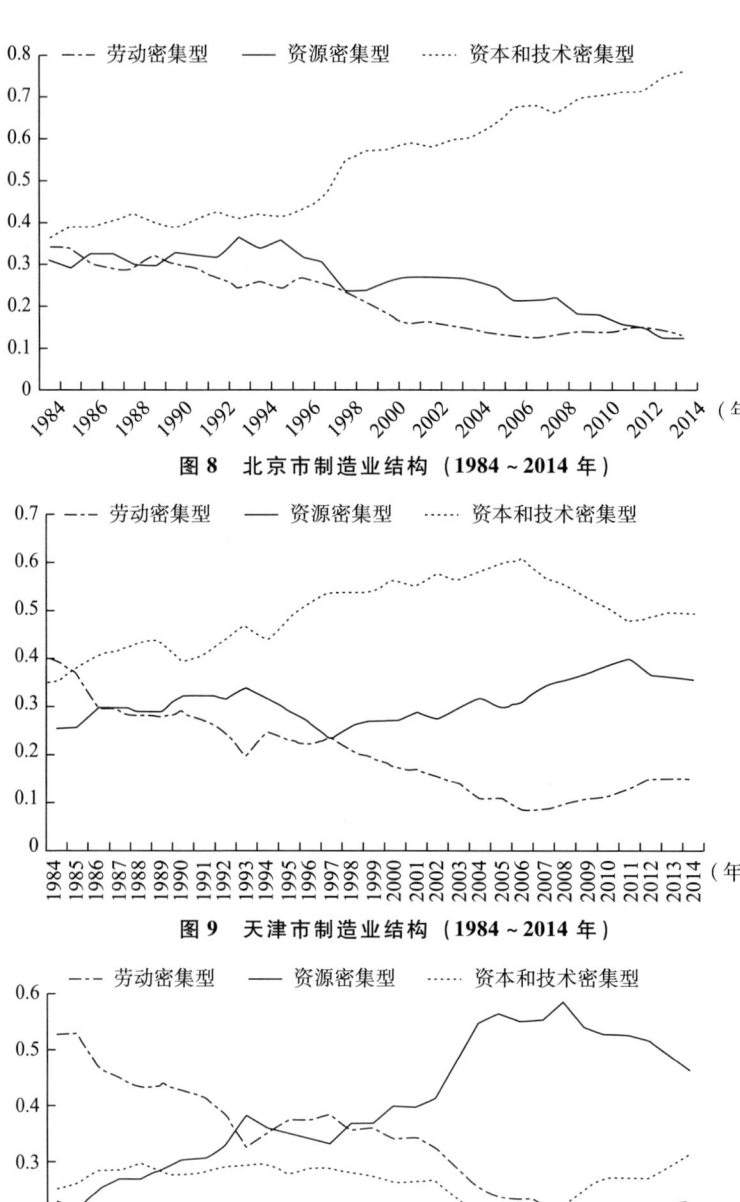

图8 北京市制造业结构（1984~2014年）

图9 天津市制造业结构（1984~2014年）

图10 河北省制造业结构（1984~2014年）

从变化趋势来看，1994年之前，三个地区间专业化指数都较小而且变动不大，1994年之后开始出现了较大的波动。这说明在改革开放探索期，计划经济的色彩较为浓重（贺灿飞、潘峰华，2011），三地分工不明确，发展较为均衡。随着改革开放的进行，中央政府权力下放（Han and Wong, 1994），市场发挥更大作用，三地的制造业差异出现了较为明显的变化，体现了分权化和市场对于产业集聚的影响。北京市与河北省的地区间专业化指数持续增大，体现出两地区间制造业结构差异持续扩大，区域差距逐渐扩大。

北京市与天津市的地区间专业化指数和天津市与河北省的地区间专业化指数均出现了明显的拐点，分别在2003年和2005年出现。这一变化主要是因为北京市作为首都，具有区别于津冀两地的显著优势，天津市的经济地位有所下降，开始出现与河北省制造业同构化的倾向。

（二）制造业的空间集聚与转移

由1984年以来京津冀地区制造业相对区位基尼系数加权平均（见图11）可以看出，京津冀地区制造业的空间集聚程度较高且逐渐增强，几个显著的分界点依次出现在1994年、2007年以及2010年。1994年之前，社会主义市场经济地位还没有完全确立，各类生产要素的流动性不强，所计算的相对区位基尼系数加权平均变动很小，制造业的空间集聚尚未凸显，产业区位较为稳定。以1992年党的十四大确立我国经济体制改革的目标是建立社会主义市场经济体制为标志，明确了市场在国家宏观调控下对资源配置的基础性作用，市场经济活力得到极大激发，加之1994年分税制改革的推波助澜，使得地方政府发展制造业扩大税基增加税收的积极性不断增强，京津冀地区制造业的空间集中与集聚趋势显著，2007年全球金融危机的爆发对京津冀制造业特别是外向型行业造成不小冲击，后危机时代地区制造业的集聚与转移态势有所缓和，相对区位基尼系数下降明显，但在2010年之后表现为再次快速升高。结合这一时期京津冀经济一体化的特点可确定，京津冀地区已进入生产要素自由流动的要素一体化阶段后期，正在向政策一体化阶段迈进（孙久文、丁鸿君，2012）。

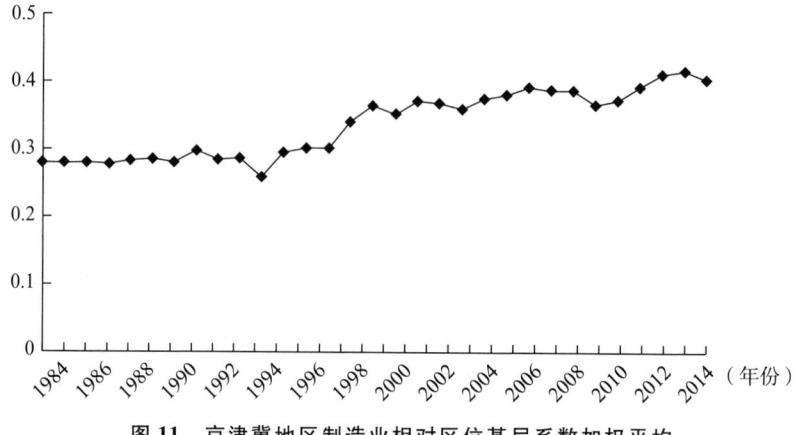

图 11　京津冀地区制造业相对区位基尼系数加权平均

与1984年相比，绝大部分制造业行业在2014年更加集聚，纺织业相对区位基尼系数从0.275上升至0.873（见表5），成为从低集聚程度的行业发展为高集聚程度的行业。此外，基尼系数上升较大的还有黑色金属冶炼及压延加工业、非金属矿物制品业、食品加工制造业，均为劳动密集型和资源密集型产业。基尼系数下降的行业主要有烟草加工业、石油加工及炼焦业、医药工业、交通运输设备制造业、电气机械及器材制造业。究其下降的原因，主要来自政府行为，烟草加工业、石油加工及炼焦业属于典型的政府垄断行业，在政府的控制下，要素流动性较弱，微观主体决策的作用被大大削弱。而对于电气、医药、机械等行业来说，根据国务院发展研究中心的一项调查（国务院发展研究中心"中国统一市场建设"课题组，2004），由于财政分权的影响，地方政府都争相发展这些利税率、增加值率较高的制造业，因而会出现产业空间布局分散化的倾向。

表 5　不同行业相对区位基尼系数及其变化

行业名称	1984年	1990年	2000年	2010年	2014年	1984~2014年变化
食品加工制造	0.147	0.209	0.177	0.274	0.384	0.237
饮料制造业	0.134	0.123	0.109	0.051	0.205	0.071
烟草加工业	0.408	0.248	0.288	0.277	0.333	-0.074
纺织业	0.275	0.249	0.320	0.691	0.873	0.598

续表

行业名称	1984年	1990年	2000年	2010年	2014年	1984~2014年变化
服装及其他纤维制品制造业	0.229	0.281	0.463	0.319	0.344	0.116
造纸及纸制品业	0.303	0.230	0.300	0.344	0.412	0.109
石油加工及炼焦业	0.414	0.313	0.259	0.186	0.188	-0.227
化学工业	0.306	0.282	0.353	0.371	0.388	0.082
医药工业	0.120	0.197	0.263	0.108	0.060	-0.060
化学纤维制造业	0.617	0.514	0.362	0.696	0.679	0.063
非金属矿物制品业	0.081	0.132	0.201	0.300	0.396	0.315
黑色金属冶炼及压延加工业	0.179	0.205	0.221	0.535	0.570	0.391
有色金属冶炼及压延加工业	0.517	0.470	0.527	0.607	0.672	0.155
金属制品业	0.379	0.406	0.468	0.396	0.422	0.043
机械工业	0.259	0.256	0.216	0.196	0.302	0.044
交通运输设备制造业	0.348	0.403	0.486	0.337	0.226	-0.122
电气机械及器材制造业	0.421	0.412	0.428	0.123	0.215	-0.205
电子及通信设备制造业	0.431	0.456	0.547	0.483	0.543	0.112
仪器仪表及文化办公用机械制造业	0.377	0.353	0.472	0.353	0.486	0.109

借鉴贺灿飞和潘峰华（2011）的分析方法，分别对京津冀地区19个两位数制造行业的相对区位基尼系数1984~2014年的趋势进行回归分析，观察其系数和显著性（见表6）。结果表明，大部分制造业行业对时间回归的系数为正且显著，说明京津冀地区大部分制造业行业的空间集聚程度随着时间推移有所提高。其中，纺织业、黑色金属冶炼及压延加工业、非金属矿物制品业的系数最大，其集聚程度提高最快，产业的转移幅度较大。此外，回归系数为负且显著的行业主要是烟草加工业、石油加工和炼焦业等地方垄断程度较高的行业，说明地方保护从一定程度上阻碍了产业的空间集聚与转移。资本和技术密集型制造业等高端产业向北京市集聚的趋势较为明显，劳动密集型和资源密集型制造业等低端产业向河北省集聚的趋势较为明显，而天津市则处于二者之间。

表6　京津冀地区制造业区位基尼系数的趋势回归

行业名称	回归系数	行业名称	回归系数
食品加工制造	0.00612***	黑色金属冶炼及压延加工业	0.01478***
饮料制造业	-0.00251	有色金属冶炼及压延加工业	0.00412**
烟草加工业	-0.00369**	金属制品业	0.00083
纺织业	0.02024***	机械工业	-0.00027
造纸及纸制品业	0.00517***	交通运输设备制造业	-0.00234
石油加工及炼焦业	-0.00861***	电气机械及器材制造业	-0.00528**
化学工业	0.00285**	电子及通信设备制造业	0.00366***
医药工业	-0.00146	仪器仪表及文化办公用机械制造业	0.00367***
化学纤维制造业	0.00531*	服装及其他纤维制品制造业	0.00155
非金属矿物制品业	0.00851***		

注：*、**、***分别表示在10%、5%、1%统计水平上显著。

通过分要素密集型制造业加权相对区位基尼系数（见图12）可以发现，1994年之前，由于要素流动性较弱，基尼系数的变动幅度普遍较小；1994年之后不同要素密集型制造业的集聚程度开始出现明显的差异。劳动密集型制造业和资源密集型制造业的集聚程度总体上升，且在2004年以后增长幅度明显增大。资本和技术密集型制造业集聚水平在2007年以前一直处于三类行业中的顶端，但自2004年起开始下降，特别是在2008年和2009年

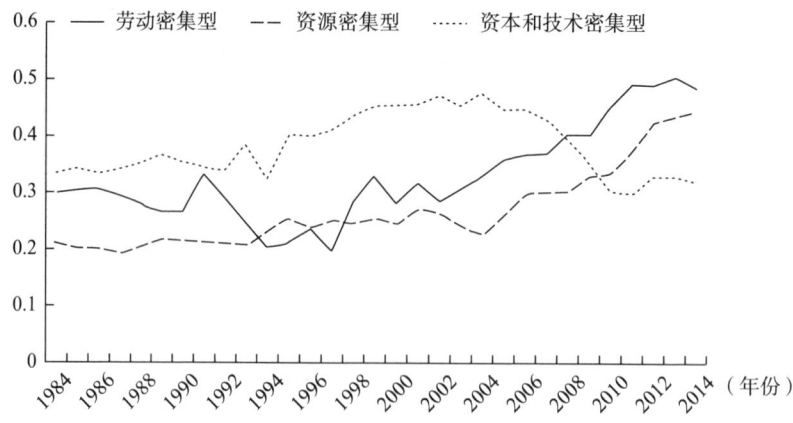

图12　分要素密集型制造业加权相对区位基尼系数（1984~2014年）

全球金融危机爆发后，先后击穿劳动密集型制造业和资源密集型制造业的系数水平，成为空间集聚程度最低的一类行业。

从不同要素密集型制造业内部来看（见图13～图15），分行业的劳动密集型制造业基尼系数也呈现相似的特点，且纺织业作为集聚程度上升最快的行业，对于劳动密集型制造业整体集聚程度的影响很大。资源密集型制造业的集聚程度虽然具有一定的波动性，但是整体提高趋势明显。资源密集型制造业分行业内部的基尼系数差异则较大，有色金属冶炼及压延加工业、黑色金属冶炼及压延加工业集聚程度提高速度很快，对于整体的资

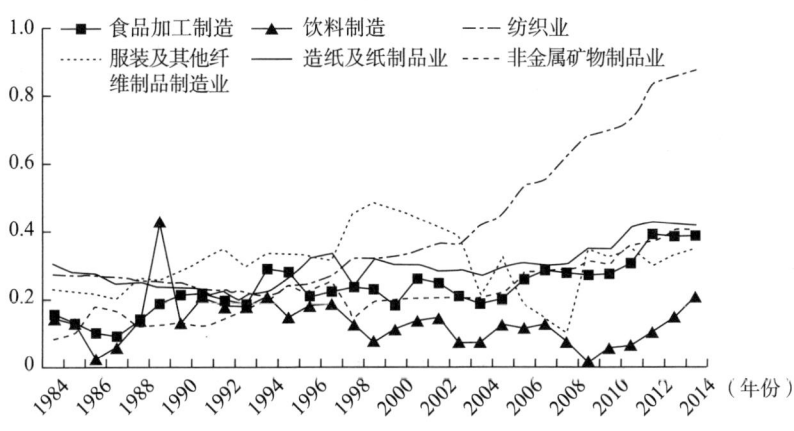

图13 劳动密集型制造业集聚趋势（1984～2014年）

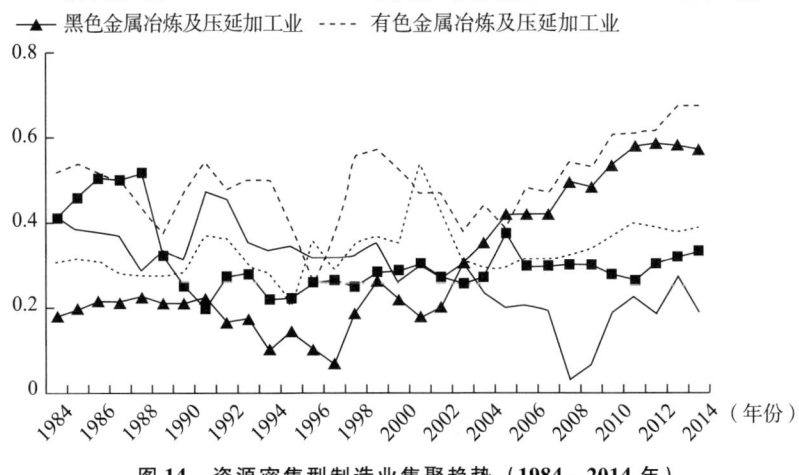

图14 资源密集型制造业集聚趋势（1984～2014年）

源密集型制造业集聚程度的影响显著，而烟草加工业、石油加工及炼焦业却呈现分散趋势。资本和技术密集型制造业方面，分行业的资本和技术密集型制造业基尼系数也呈现相似的特征，2004年之前集聚程度不断提高，2004年之后加权相对区位基尼系数则持续下降，呈现分散化的趋势。

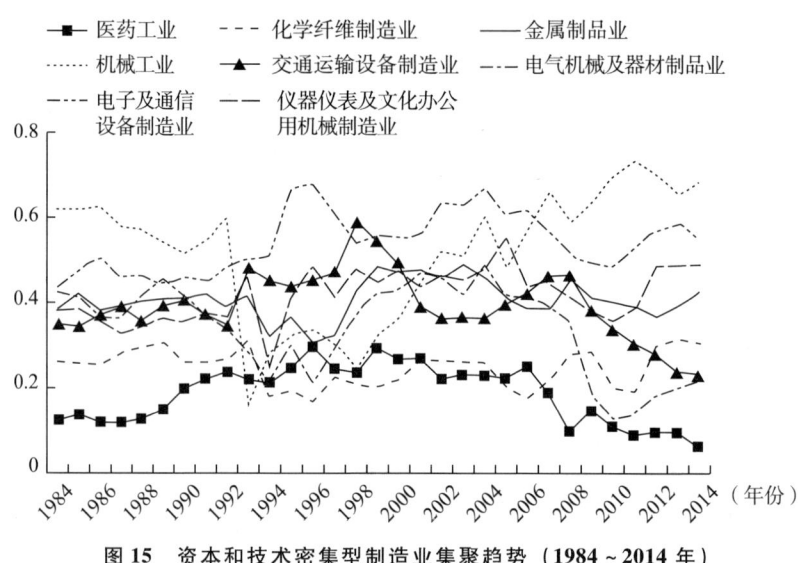

图15 资本和技术密集型制造业集聚趋势（1984～2014年）

总体看来，京津冀地区的劳动密集型和资源密集型制造业集聚程度逐渐提高，而资本和技术密集型制造业集聚程度先上升后下降。结合中国当前正处于经济转型的背景来看，一方面，改革开放以来，在经济全球化与市场化的推动下，要素流动性增强，微观主体的决策作用增强，促进制造业空间集聚趋势增强；另一方面，由于地方分权和政府竞争存在，一些地方争相吸引和发展资本和技术密集型制造业，加剧了行业的地理分散，限制了相应制造业的集聚和规模经济，从而抑制了整个区域的行业竞争优势。

（三）异质性劳动力对制造业集聚的影响

在利用2001～2014年相关数据和前述模型分别对不同要素密集型制造业进行计量分析之前，通过对三种要素密集型制造业所适用模型进行判断后，笔者认为三种要素密集型制造业均适用于长面板模型。在处理长面板模型中可能存在的组间异方差、组内自相关以及组间同期相关等问题时，一般会采取两种方式：一种是使用 OLS 进行估计，并使用面板校正标准误进行校正，即 PCSE 方法；另一种是对自相关或异方差的具体形式进行假设，然后使用可行广义最小二乘 FGLS 方法进行估计。本文运用上述两种方法比较后发现，PCSE 方法最稳健，全面 FGLS 方法最有效率，需要在二者之间做出权衡，参考 Stock 和 Watson（2011）的说明，笔者认为在对扰动项方差估计不准的具体情况下，PCSE 方法显得更加可取。最终，决定选用 PCSE 方法进行计量模型的分析。参照本文第四部分中变量选择与模型的解释，分别讨论在两类情形下，高技能劳动力和低技能劳动力对劳动密集型制造业、资源密集型制造业、资本和技术密集型制造业集聚的影响。

1. 劳动密集型制造业

劳动密集型制造业估计结果表明（见表7），从劳动力的质量结构来看，找不到任何高技能劳动力支持劳动密集型制造业发展的证据，这与理论和现实预期十分吻合。然而，低技能劳动力供给结构方面，北京市现有低技能劳动力非常不利于该地区劳动密集型制造业的集中集聚，说明北京的低技能劳动力储备与本地劳动密集型制造业发展不相匹配。而对河北省却具有比较显著的积极影响，说明河北的低技能劳动力储备是该地区发展劳动密集型制造业的巨大优势，在保持其他变量不变的情况下，河北省低技能劳动力每增加 1%，河北省的劳动密集型制造业的集聚程度就会增加 6.33%。在 Model-Ⅲ 中，可以看出外资的利用、产品差异化和垄断竞争并不利于劳动密集型制造业的地理集中，这主要源于该行业的特性。但由 Model-Ⅳ 可知，在不考虑运输成本的情况下，外资利用却能够促进该类制造业的集聚，可以理解为京津冀地区内的交通和信息通信运输成本从某种程度上制约了外资的引进和利用，同时较高的运输成本也不利于河北省低技能劳动力向劳动密集型制造业的转移。

表7 劳动密集型制造业估计结果

变量	Model-Ⅰ	Model-Ⅱ	Model-Ⅲ	Model-Ⅳ
$lnhedu\_bj$	1.3580	1.1741		
$lnhedu\_tj$	-0.3838	-0.7602		
$lnhedu\_hb$	-0.3324	0.0412		

续表

变量	Model-Ⅰ	Model-Ⅱ	Model-Ⅲ	Model-Ⅳ
ln*ledu_bj*			-3.7087*	-4.1630**
ln*ledu_tj*			3.2983	-1.1663
ln*ledu_hb*			6.3292*	-0.5944
ln*road*	-0.4565		-0.4444	
ln*com*	-0.8735		-0.7753	
ln*size*	-0.04255		-0.0471	-0.1758
ln*sale*	-0.4932**	-0.7951***	-0.4995*	-0.7494***
ln*fdio*	-0.4222*	-0.3201***	-0.4179*	0.3806**
ln*expt*	0.2645		0.2588	
ln*coun*	0.2645		0.0297	
ln*prft*	0.27187		0.2490	
Obs.	84	84	84	84

注：*、**、***分别代表在10%、5%、1%统计水平上显著。

2. 资源密集型制造业

通过观察资源密集型制造业的估计结果发现（见表8），北京市低技能劳动力供给对资源密集型制造业的影响为负且较显著，说明北京市不适宜发展资源密集型制造业，且该行业从业人员对产业集聚的负向影响也很显著。对于天津市而言，高技能劳动力的供给抑制了资源密集型制造业的集聚。当行业从业人员被包含进入模型时，产业的规模经济对于集聚的促进作用比较突出。无论高技能劳动力还是低技能劳动力，都较大促进了该类制造业在三地的空间分散分布。然而，经济的全球化尤其是出口方面使得该类制造业集聚趋势增强，说明京津冀地区的资源密集型制造企业多是外向型企业。

表8 资源密集型制造业估计结果

变量	Model-Ⅰ	Model-Ⅱ	Model-Ⅲ	Model-Ⅳ
ln*hedu_bj*	0.9963	0.6473		
ln*hedu_tj*	-0.6428**	-0.7023*		
ln*hedu_hb*	0.1271	0.1507		

续表

变量	Model-Ⅰ	Model-Ⅱ	Model-Ⅲ	Model-Ⅳ
$lnledu\_bj$			-2.1147	-3.1929*
$lnledu\_tj$			3.0077	-1.2562
$lnledu\_hb$			-1.2922	-4.5289
$lnwork\_bj$	-0.3027***		-0.3039***	
$lnwork\_tj$	-0.1790		-0.1856	
$lnwork\_hb$	-0.2133		-0.1997	
$lnroad$	-0.4114	-0.1279	-0.3480	
$lncom$	0.3224	-0.8214	0.2261	
$lnsize$	0.5039**	0.0995	0.5210**	
$lnsale$	-0.5587***	-0.4960***	-0.5609***	-0.3034***
$lnfdio$	0.1601*	0.1240	0.1526*	
$lnexpt$	0.1036*	0.1521**	0.1034*	0.3730***
$lncoun$	-0.0041	-0.0847	-0.0150	
$lnprft$	-0.1085	-0.0825	-0.1023	
$Obs.$	55	55	55	55

注：*、**、*** 分别代表在10%、5%、1%统计水平上显著。

3. 资本和技术密集型制造业

由表9可知，在京津冀三地高技能劳动力对资本和技术密集型制造业的估计中，较突出的是天津市现有的高技能劳动力储备对于该市发展资本与技术密集型制造业具有积极效应；反之，河北省的高技能劳动力供给对该行业在该地的集聚起负面影响。出乎意料的是，北京市的结果不是很理想，不仅效果正负不能确定，且均不显著。在Model-Ⅲ和Model-Ⅳ中，天津市的低技能劳动力非常不利于资本和技术密集型制造业的空间集聚，而河北省的结果恰恰相反。但天津市现有该类行业的从业人员规模对产业的集聚发挥了正面作用，北京反之。从表9中所有模型来看，最显著的共性是：企业平均从业人数所代表的规模经济越大越不利于该类制造业的集聚，并且这种效应非常明显。以国家资本占实收资本比重代表的行业政策干预程度结果表明，京津冀地区的资本与技术密集型制造企业之所以形成现有空间集聚程度，与地方政府对产业政策的干预有很直接的关系。

表9 资本和技术密集型制造业估计结果

变量	Model-Ⅰ	Model-Ⅱ	Model-Ⅲ	Model-Ⅳ
ln$hedu\_bj$	0.4075	-0.2335		
ln$hedu\_tj$	0.3446	0.5468***		
ln$hedu\_hb$	-0.2057***	-0.1630**		
ln$ledu\_bj$			-1.2855*	0.2499
ln$ledu\_tj$			-2.0113	-3.7284***
ln$ledu\_hb$			3.4827***	2.0509*
ln$work\_bj$	-0.8143***		-0.8158***	
ln$work\_tj$	0.3028***		0.3066***	
ln$work\_hb$	0.0760		0.0809	
ln$road$	-0.1805	-0.0542	-0.2084	-0.0771
lncom	0.4964	-0.1496	0.8206	0.1832
ln$size$	-0.3072*	-0.3443***	-0.3405*	-0.3625***
ln$sale$	0.3570**	0.1087	0.3481**	0.1043
ln$fdio$	0.0653	0.0484**	0.0663	0.0478**
ln$expt$	-0.0872	-0.0882	-0.8183	-0.0864
ln$coun$	0.1005***	0.1725***	0.0965**	0.1752***
ln$prft$	-0.0065	-0.1008	0.0007	-0.1002
Obs.	112	112	112	112

注：*、**、***分别代表在10%、5%、1%统计水平上显著。

上述结果基本符合笔者的理论预期，尤其是天津市的高技能劳动力供给与资本和技术密集型制造业向该地区的转移趋势最为理想，这可能与天津市人才结构有很大关系，说明天津市具备转移集聚资本和技术密集型行业的潜力及优势。河北省较大的低技能劳动力群体，能够从一些层面弥补其发展资本和技术密集型制造业的不足，从而吸引劳动密集型制造业在河北省的转移和集聚。

六 结论与建议

本文基于微观异质性在新经济地理和新新经济地理中的探索，从劳动力异质性视角出发，通过细分行业和长时间序列分析，采用统计描述和计量方法对京津冀地区的劳动力供给与产业空间格局变化之间的关系进行分析，探讨劳动力质量结构对区域制造业转移的影响和作用机理，得出以下结论。

一是在市场经济条件下，微观主体及其运行机制的作用增强，促进了京津冀地区的制造业集聚水平的显著提升，为三地形成梯度转移、有序合理的专业化分工局面打下基础，但也在一些利税率、增值高的行业中体现出较强的地方保护主义色彩，使得这些行业的空间格局较为分散，不利于规模经济和竞争力的发挥。

二是各地不同要素密集度制造业专业化水平的不同，形成了现有京津冀三地之间的分工结构。具体表现在北京市与河北省的制造业结构差异较大，但天津市与河北省具有较强的同构性。此外，京津冀三地不同要素密集度制造业的规模差异比较显著，北京市资本和技术密集型制造业具有绝对优势；天津市资本和技术密集型制造业、资源密集型制造业都具有一定的比较优势，劳动密集型制造业不然；河北省资源密集型制造业专业化水平过高。综合来看，北京市已进入制造业结构高级阶段，天津市现代制造业和传统制造业并行发展，河北省对资源和劳动力要素依赖程度较高，现代化程度较低。

三是京津冀三地异质性劳动力的结构显著促进了不同类型制造业的空间集聚和转移。由于北京市的高技能劳动力比重始终高于天津市和河北省，河北省低技能劳动力比重始终高于北京市和天津市，因而有利于资源密集型制造业向河北省集聚，北京市和天津市继续发展壮大与高技能劳动力供给相匹配的资本和技术密集型制造业。

四是从劳动力质量的异质性对京津冀制造业空间转移的影响来看，找不到任何高技能劳动力支持劳动密集型制造业发展的证据，这与理论和现实预期十分吻合。具体到京津冀三地而言，北京市现有低技能劳动力非常不利于该地区劳动密集型制造业的集聚，而在河北省却具有非常显著的集聚效应。在不考虑运输成本的情况下，外资利用能够促进京津冀劳动密集型制造业的集聚，而三地之间较高的交通和通信运输成本非常不利于劳动密集型制造业的转移。

五是北京市低技能劳动力和现有从业人员非常不适宜其继续发展资源

密集型制造业，对于天津市而言，低技能和高技能劳动力的供给都没有为资源密集型制造业带来正向的集聚效应。京津冀地区资源型制造业的产品差异与垄断竞争特点也没有为该类行业的集聚带来积极作用，但经济的全球化尤其是出口方面使得该类制造业集聚趋势增强，说明京津冀地区的资源密集型制造企业多是外向型。

六是天津市所拥有的高技能劳动力对于该地发展资本与技术密集型制造业非常有利，河北省由于高技能劳动力的匮乏而阻碍了该类制造业的集聚和转移，但这两地低技能劳动力供给对此行业的集聚作用正好相反。北京市在此方面的结果很不理想，效果不确定且不显著。从地区行业规模来看，天津市现有该类行业的从业人员规模却对产业的集聚发挥了正面作用，而北京市反之。以国家资本占实收资本比重代表的行业政策干预程度结果表明，京津冀地区的资本与技术密集型制造企业之所以形成现有空间集聚程度，与地方政府对产业政策的干预有很直接的关系。

基于以上结论，本文提出如下建议。

第一，京津冀三地的政府应当尽快建立和完善区域联动机制，提高合作与协调能力，打破行政区划的限制，提升政策和制度一体化水平，释放要素的流动性，对京津冀的发展作出统筹规划，加快京津冀地区协同建设步伐。

第二，进一步加快建设交通和信息一体化，降低三地之间的交通运输和通信成本，为产业转移、人才流动、资源共享提供扎实有效的基础保障和硬件支持。特别注意要积极引导较低技能的劳动力向河北省迁移，为河北省发展劳动密集型制造业输入充分的人力资源。

第三，不断疏解北京市的非首都核心功能，根据京津冀三地各自的产业、人才等特点和优势，引导三地之间进行有序的产业转移，形成梯度合理的专业化分工和产业空间集聚格局，积极发挥地方化经济和城市化经济的作用。

第四，关注市场微观主体的区位决策动机，充分考虑三地的异质性劳动力供给状况，在微观主体的共同选择与累积循环机制共同作用下达到京津冀协同发展的目的。重点畅通三地要素流动渠道，为创造流动自由、储备丰富的劳动力要素市场提供体制机制保障。

参考文献

[1] 陈建军：《中国现阶段产业区域转移的实证研究》，《管理世界》2003年第6期。

[2] 成新轩、武晨静：《京津冀劳动力市场一体化发展面临的障碍及对策》，《河北大学学报》（哲学社会科学版）2017年第1期。

[3] 范剑勇：《长三角一体化、地区专业化与制造业空间转移》，《管理世界》2004年第11期。

[4] 高云虹、符迪贤：《异质劳动力与工业空间集聚——基于中心—外围模型的扩展分析》，《财经科学》2015年第11期。

[5] 国务院发展研究中心"中国统一市场建设"课题组：《中国国内地方保护的调查报告——非企业抽样调查结果的初步分析》，《经济研究参考》2004年第18期。

[6] 贺灿飞、潘峰华：《中国制造业地理集聚的成因与趋势》，《南方经济》2011年第6期。

[7] 贺灿飞、谢秀珍：《中国制造业地理集中与省区专业化》，《地理学报》2006年第2期。

[8] 贺灿飞、朱晟君：《北京市劳动力结构和空间结构对其制造业地理集聚的影响》，《中国软科学》2007年第11期。

[9] 胡安俊、孙久文：《中国制造业转移的机制、次序与空间模式》，《经济学》（季刊）2014年第4期。

[10] 金煜、陈钊、陆铭：《中国的地区工业集聚年年：经济地理、新经济地理与经济政策》，《经济研究》2006年第4期。

[11] 李燕、贺灿飞：《1998—2009年珠江三角洲制造业空间转移特征及其机制》，《地理科学进展》2013年第5期。

[12] 刘红光、刘卫东、刘志高：《区域间产业转移定量测度研究——基于区域间投入产出表分析》，《中国工业经济》2011年第6期。

[13] 路江涌、陶志刚：《中国制造业区域聚集及国际比较》，《经济研究》2006年第3期。

[14] 罗勇、曹丽莉：《中国制造业集聚程度变动趋势实证研究》，《经济研究》2005年第8期。

[15] 蒲业潇:《理解区位基尼系数:局限性与基准分布的选择》,《统计研究》2011年第9期。

[16] 邱斌、周荣军:《集聚与企业的出口决定——基于中国制造业企业层面数据的实证分析》,《东南大学学报》(哲学社会科学版)2011年第6期。

[17] 佘时飞:《本地市场效应、经济一体化与产业空间转移》,《首都经济贸易大学学报》2013年第4期。

[18] 孙久文、丁鸿君:《京津冀区域经济一体化进程研究》,《经济与管理研究》2012年第7期。

[19] 孙晓芳:《异质性劳动力与我国劳动力流动问题研究》,经济科学出版社,2014。

[20] 孙晓芳:《异质性劳动力与中国劳动力流动——基于新经济地理学的分析》,《中国人口科学》2013年第3期。

[21] 文玫:《中国工业在区域上的重新定位和聚集》,《经济研究》2004年第2期。

[22] 武义青、李泽升:《京津冀城市群经济密度的时空分异研究——兼与长三角、珠三角城市群的比较》,《经济与管理》2015年第3期。

[23] 于斌斌、金刚:《区域一体化对制造业产业分工及空间格局的影响——基于杭州都市经济圈的实证分析》,《技术经济》2013年第12期。

[24] 翟仁祥:《长三角区域经济一体化和经济收敛:基于空间杜宾面板模型》,《数学的实践与认识》2016年第8期。

[25] 张杰斐、席强敏、孙铁山、李国平:《京津冀区域制造业分工与转移》,《人文地理》2016年第4期。

[26] 赵浚竹、孙铁山、李国平:《中国汽车制造业集聚与企业区位选择》,《地理学报》2014年第6期。

[27] 赵伟、李芬:《异质性劳动力流动与区域收入差距:新经济地理学模型的扩展分析》,《中国人口科学》2007年第1期。

[28] 祝尔娟、叶堂林、王成刚:《京津冀协同发展的最新进展——基于全国海量企业的大数据分析》,《人民论坛》2015年第9期。

[29] Amiti, M., and C. A. Pissarides, 2005, "Trade and Industrial Location with Heterogeneous Labor", *Journal of International Economics*, Vol. 67 (2).

[30] Combes, P. P., and H. G. Overman, 2003, "The Spatial Distribution of Economic Activities in the European Union", *Handbook of Regional and Urban Economics*, Vol. (4).

[31] Davis, D. E., and G. E. Schluter, 2005, "Labor-Force Heterogeneity as a Source of Agglomeration Economies in an Empirical Analysis of County-Level Determinants of Food Plant Entry", *Journal of Agricultural and Resource Economics*, Vol. 30 (3).

[32] Dumais, G., G. Ellison, and E. L. Glaeser, 1998, "Geographic Concentration as a Dynamic Process", *Review of Economics and Statistics*, Vol. 84 (2).

[33] Forslid, R., and G. I. P. Ottaviano, 2003, "An Analytically Solvable Core-periphery Model", *Journal of Economic Geography*, Vol. 3 (7).

[34] Han, S. S., and S. T. Wong, 1994, "The Influence of Chinese Reform and Pre-reform Policies on Urban Growth in the 1980s", *Urban Geography*, Vol. 15 (6).

[35] Kim S., 1995, "Expansion of Markets and the Geographic Distribution of Economic Activities: the Trends in U. S. Regional Manufacturing Structure", *Quarterly Journal of Economics*, Vol. 110 (4).

[36] Lychagin, S., 2016, "Spillovers, Absorptive Capacity and Agglomeration", *Journal of Urban Economics*, 96 (11).

[37] Mariotti, S., L. Piscitello, and S. Elia., 2010, "Spatial Agglomeration of Multinational Enterprises: the Role of Information Externalities and Knowledge Spillovers", *Journal of Economic Geography*, Vol. 10 (5).

[38] Mori, T., and A. Turrini, 2005, "Skills, Agglomeration and Segmentation", *European Economic Review*, 49, 201–225.

[39] Naghavi, A., G. I. P. Ottaviano, 2009, "Firm Heterogeneity, Contract Enforcement and the Industry Dynamics of Off-shoring", *Scandinavian Journal of Economics*, Vol. 111 (4).

[40] Rosenthal, S. S., and W. C. Strange, 2003, "Geography, Industrial Organization, and Agglomeration", *The Review of Economics and Statistics*, Vol. 85 (2).

[41] Stock, J., and M. Watson, 2011, *Introduction to Econometrics*, (Boston: Addison-Wesley).

[42] Tabuchi, T., and J. F. Thisse, 2002, "Taste Heterogeneity, Labor Mobility and Economic Geography", *Journal of Development Economics*, Vol. 69 (1).

京津冀协同下的现代化新型首都圈建设

李姗姗　姚　鹏[*]

摘　要　一直以来，北京城市单中心发展、城市空间无序蔓延、城市功能不断集中带来了北京严重的"大城市病"。京津冀三地各自为政的历史发展状况，使北京非首都功能无处疏解，天津聚焦于自身发展，河北服务北京的定位严重阻碍其经济社会环境发展。解决京津冀协同发展中面临的问题和挑战，遵循城市发展的都市圈化趋势，可以从现代化新型首都圈的建设中得到有益探索。在要素集聚规律下，以及京津冀协同发展的行政推动下，人口、产业已经出现向北京周边地区分散，尤其是北三县纳入北京城市总体规划，南部首都二机场和通州城市副中心的建设，给保定和廊坊带来了巨大的发展机遇，天津先进制造业、金融创新和国际航运发展迅猛。因此，应以北京－天津－廊坊－保定沿线区域为空间载体，建设现代化新型首都圈。

关键词　首都圈　非首都功能　区域协同

2015年，中央政治局审议通过《京津冀协同发展规划纲要》（以下简称《纲要》），其中对京津冀整体定位是"以首都为核心的世界级城市群、区域整体协同发展改革引领区、全国创新驱动经济增长新引擎、生态修复环境

---

[*] 李姗姗，中央财经大学财经研究院，研究方向为城市与区域经济。姚鹏，中国社会科学院工业经济研究所，研究方向为空间计量与产业经济。

改善示范区"。但是，京津冀三地的现状是：经济总量及经济密度与世界级城市群有一定差距，京津冀三地之间产业关联不紧密、产业结构偏重工业，京津冀之间的区域发展差距体现在北京各种资源集聚导致"大城市病"，同时在河北地区存在环首都贫困带。2017年出台的《北京城市总体规划（2016年—2035年）》（以下简称《总规》），坚持抓住疏解非首都功能这个"牛鼻子"，紧密对接京津冀协同发展战略，《总规》提出："推进京津双城功能一体、服务联动，引导京津走廊地带新城和重点功能区协同发展；以节点城市为支撑，形成若干职住平衡的高端功能中心、区域服务中心、专业化中心；支持建设若干定位明确、特色鲜明、规模适度、专业化发展的微中心，建设现代化新型首都圈。"因此，建设现代化新型首都圈有三个层次的作用：一是促进北京与周边地区融合发展，二是推动京津冀中部核心功能区联动一体发展，三是打造以首都圈为核心的京津冀城市群体系。

一　首都圈的内涵与历史演进

首都圈是一种特殊的都市圈，是以首都为中心，为全国提供政治功能服务的特殊的都市圈。首都圈一词在中国历史上由来已久，"京畿"便是历史上的首都圈。1995年，贾庆林提出"首都经济"的概念，将首都经济的本质定义为知识经济、高新技术产业，北京由此开始了产业结构调整的步伐，重点发展"总部经济"，并逐渐展开关于"首都圈"的发展规划。

（一）首都圈的概念与内涵

都市圈的思想起源于美国，日本则是首先使用都市圈这个提法的国家。

1. 都市圈的概念

首都圈是一种特殊的都市圈，要明确首都圈的内涵、特性及影响因素，首先需要理解都市圈。都市圈是一种呈"点状"形态的城市空间组织形式，都市圈内的城市在行政上相互独立，但是在城市土地利用和公共基础设施建设方面则统一规划、共建共享，是超越了城市行政级别的地域空间组织形式。都市圈的思想起源于美国，为了科学地界定现代大都市地域范围和人口规模，早在1910年美国就提出了都市区的概念，1949年定义了标准都市区（Standard Metropolitan Area，SMA）的概念，1959年又定义了标准都市统计区（Standard Metropolitian Statistical Area，SMSA）的概念和具体的统计标准，1980年至今使用都市统计区（Metropolitian Statistical Area，MSA）的概念和统计标准（袁家冬，2006）。都市圈的形成依赖于中心城市的空间集聚与扩散，以及都市圈内部便捷的交通通道，都市圈的本质在于淡化行政区划，从区域协同的角度强化城市之间的经济联系，打破市场分割，形成经济一体化发展态势。

日本是首先使用都市圈这一提法的国家。20世纪50年代，日本行政管理厅将都市圈定义为：以一日为周期，可以接受城市（人口规模必须在10万人以上）某一方面功能服务的地域范围（谭成文，2000）。随着都市圈的发展，又进一步提出大都市圈的概念，指中心城市人口须在百万以上或是中央指定市，圈内到中心城市的通勤率不小于本身人口的15%。

2. 首都圈的概念与内涵

首都圈则是以首都为中心，为全国提供政治功能服务的特殊的都市圈。首都圈具有两个明显区别于其他都市圈的特征：一是以首都为中心城市，具有强大的政治服务功能；二是在首都圈内首都邻近地区密布着许多国家机关和政治机构。在国外首都发展中，有很多国际性城市都是以首都为依托，促进其国际化进程，如日本的东京圈、英国的伦敦圈等。

日本以东京为中心的首都圈最具代表性。日本构建首都圈的目的，是要通过首都圈的运作实现中心城市东京的功能疏导与重新组合，扩大城市功能调整的空间幅度，减轻首都由于高密度发展带来的压力，同时促进周边地区的发展。日本首都圈迄今已完成了七次规划，首都圈规划的核心问题是不断完善区域空间结构的演变，日本首都圈的空间结构从第一次规划的环状三圈层演变为第三次规划的"多核型区域城市复合体"；在第四次规划中改变首都"一极独大"的状况，形成多核多圈层的空间结构；第五次规划突破性地放弃了以往的圈层结构，形成"分散型都市圈网络结构"；第六次规划以引领世界经济社会发展为目标，构建"蛛网结构"的首都圈；第七次规划致力于通过交流构建活力社会、精致首都圈，实现都市圈紧凑型、网络化发展。东京都市圈历次总体规划见表1。

表1 东京都市圈历次总体规划

项目	第一次	第二次	第三次	第四次	第五次	第六次	第七次
规划背景	战后经济复苏,首都中心人口快速增长,城市建设无序蔓延	经济高速发展,人口增长超过预期,以"绿带"限制发展的思路受阻	石油危机爆发,经济增速放缓,东京人口和职能过度集中,区域发展失衡	人口增长放缓,进入经济全球化、信息化和老龄化时代	泡沫经济破灭,首都中心出现空心化,首都圈发展逐渐向成熟期过度	全球化、老龄化、少子化、安全问题、气候变化、生活方式多样化	少子化与劳动力不足、高龄化、巨灾、国际竞争、多样化旅游、能源与环境问题、ICT
编制时间	1958年7月	1968年10月	1976年11月	1986年6月	1999年3月	2009年8月	2016年3月
规划年限	1975年	1975年	1985年	2000年	2015年	2019年	2025年
人口	2660万人	3310万人	3800万人	4090万人	4180万人	4200万人	4400万人
规划目标	抑制大城市无序蔓延	缩小地区差异、实现均衡发展	控制大城市、振兴地方城市	形成多极分散型空间格局	区域竞争力和可持续发展	引领世界经济社会发展的首都圈	通过交流构建活力社会、精致首都圈
发展重点	设置"绿带"控制蔓延;开发卫星城	设定"近郊整备地",协调建成区和绿地	充实周边地域的社会文化功能	发展商业型都市,提高地域自立性	形成据点型城市,加强地域间合作交流	国际化、中枢功能和宜居城市	多重交流
空间结构	中心、绿带和远郊的环状三圈层结构	中心、近郊整备带和卫星城的环状三圈层结构	多核心区域城市复合体区域空间结构	多核多圈层区域空间结构	分散型网络空间结构	蛛网结构	紧凑城市+网络

资料来源:翟国方《日本首都圈规划经验对我国城市群发展的启示》。

(二)首都圈的历史演进

首都圈一词在中国历史上由来已久,"京畿"便是历史上的首都圈。京畿意为"位于国之中央的都城",出现于唐朝时期,唐长安城周边地区分为京县和畿县,京城所管辖的县为京县,京城的旁邑为畿县,统称京畿。到清朝时期,京冀地区以形成以北京为中心的,半径为300~400千米的城市群,包括保定、天津、唐山、秦皇岛、张家口等重要城市。

1. 首都圈形成的历史文化基础

在明清时期，北京与周边地区的经济联系日益密切，北京、保定和天津成为京冀地区的三大中心城市，北京是政治中心；天津是北京的重要港口，粮食等其他重要物资通过天津港运到北京；保定是北京的腹地，为北京提供劳动力、经济作物和生活服务。明清时期形成的城市体系持续性非常强，至今为止，中心大都市在城市体系中的整合作用依然十分重要。如2001年由吴良镛院士提出的"京津冀北地区城乡空间发展规划"（简称"大北京规划"），其区划基础实际上就是元、明、清历史上的京畿腹地，就是明清时期顺天府下的24个州县，以及元代中期以后逐渐析出的河间、保定、永平等路（府）。

城市体系得以持续的基础在于京畿文化的传承。京畿文化的独特之处在于，在京畿地区，融合了皇室与宫廷贵族、官僚士大夫和广大农业、工商业、服务业人口，人口职业的多样性形成了明显的社会分层，不同阶层的人口在不同地域的活动与融合，在空间上形成了京城文化圈－京郊文化圈－京畿文化圈。京城文化圈以城墙为界限，京郊文化圈的范围包括现在的北京郊县地区，京畿文化圈则涵盖了以天津、保定为中心城市的地区。

京城文化圈的核心是宫廷文化和士大夫文化，空间范围主要包括今天的北京城六区。在元明清时期，虽然内外城有城墙相隔，但无法阻隔内外城的社会、经济和文化联系。皇帝出游、宗亲来往、宫廷活动等将宫廷文化由内城传播到外城；清朝汉官在外城居住地形成的士大夫文化和一般京城居民形成的民俗文化在京城文化圈交融。虽然京城文化圈中各种文化共存互动，但以宫廷文化和士大夫文化为主体则是京城文化圈有别于其他文化的特色之处。

京郊文化圈的文化内涵丰富，空间范围是今北京六近郊区。京郊文化圈之所以内涵丰富，在于其受到宫廷文化和士大夫文化的影响，同时和当地的民俗文化相结合。并且今通州区所在地，曾是大运河的终点，也是北京连接外省份的门户，形成了独特的运河文化。

京畿文化圈则包含了北京、天津和河北的保定、唐山、秦皇岛、张家口等地。天津兴起于元朝的漕运，清朝巡盐御史等衙门由北京改驻天津，使天津成为北京的经济要地。保定在清朝成为京畿重地,为直隶首府,是北京的政治咽喉。

从京畿文化的发展脉络可以看出,一方面,首都圈的形成与发展有着深刻的历史文化渊源,京畿文化是以北京为中心的都市圈体系稳定、持续的根植性因素。另一个方面,首都圈的现代化建设,也可以从历史文化中寻找到突破口。要解决北京大城市发展中出现的问题,必须通过区域途径,在区域一体下寻找公平和效率的统一。

2. 首都圈相关重大事件与规划

1979年,北京工业产值仅次于上海,成为全国最大的工业城市之一,污染、耗能和大量的外来人口,成为北京"工业基地"发展模式的代价。1982年的《北京城市总体规划》(修订稿)去除北京"工业基地"的城市功能,1995年,贾庆林提出"首都经济"的概念,将首都经济的本质定义为知识经济、高新技术产业,北京由此开始了产业结构调整的步伐,并逐渐演变为重点发展"总部经济"。

2001年,吴良镛提出"大北京"概念,"大北京"包括北京、天津和冀北地区(京津唐、京津保两个三角形地区),其编制的"京津冀北城乡地区空间发展规划研究"通过建设部审定。提出了大北京发展的三大战略:一是寻求解决城市问题的区域途径,二是增强区域城市发展的竞争力,三是通过空间的"疏解"与"集中"完善城镇网络、解决城市问题。

2006年,国家发展和改革委员会提出"京津冀都市圈(2+7)",包括北京市、天津市、保定市、廊坊市、沧州市、唐山市、秦皇岛市、张家口市和承德市。

2008年,农工民主党北京市参政议政委员会提出创建"大首都特区"的设想。"大首都特区"设想的根本目的在于通过华北地区的资源重组和产业结构调整,推动以"大首都特区"为中心的华北城市群开发。

2010年,河北省提出打造"环首都绿色经济圈",通过建设京东、京南、京北三座新城承接北京人口。同时,北京提出"首都经济圈",重点是在北京郊县建设卫星城以分散中心城区人口。从提法的不同可以看出"环首都绿色经济圈"的发展重点是河北省环首都的14个区县,"首都经济圈"的核心则是北京。

在2011年全国两会上，国务院总理温家宝的政府工作报告中，"京津冀都市圈"的概念被"首都经济圈"的概念取而代之。在国家的"十二五"规划中，与此相关的表述是："推进京津冀区域经济一体化发展，打造首都经济圈，推进河北沿海地区发展。"此后，建设"首都经济圈"、河北省"沿海发展战略"、"太行山、燕山集中连片贫困区开发战略"同时纳入国家"十二五"规划。

2016年，在京津冀协同发展背景下出台的《北京城市城市总体规划（2016年—2035年）》提出"建设现代化新型首都圈"，推动京津冀中部核心功能区联动一体发展。

从首都圈发展的历程可以看出，首都圈迄今为止都没有官方的规划，虽然在最新出台的北京城市总体规划中提出建设现代化新型首都圈，但是对于首都圈的范围、发展路径等具体问题都未涉及。究其原因在于京津冀三地利益诉求难以平衡，行政区划的藩篱难以打破，无法构建协同发展的长效机制。首都圈范围的确定，涵盖北京、天津和河北三省市，因此必须在首都圈范围内打破行政区划带来的经济利益、管理责任等方面的分割状态，形成在行政上相互独立，但在土地利用、基础设施建设、生态环境保护等方面责任共担、利益共享的共同体。

二 首都城市发展现存问题与原因分析

北京城市单中心发展和"摊大饼"式的无序蔓延，以及首都属性与北京城市功能属性的混淆，使北京城市功能过度集聚，人口和产业空间布局失衡，职住平衡被严重打破，同时郊区发展相对缓慢，南北区域差距不断扩大，北京"大城市病"凸显。

（一）首都城市发展现状与问题

作为我国的首都，北京市近年来发展快速推进，但是，城市功能冗余造成了北京市出现环境、交通、住房、资源等诸多问题，北京市迫切需要提升首都功能，疏解非首都功能，更好地发挥城市潜力，融入国家首都、京津冀都市圈的战略定位。

1. 城市功能集聚，人口和产业空间布局失衡

人口和产业向中心城区集中布局。人口和经济总量是城市空间布局的两个重要维度。二者协调配合意味着城市的产业和劳动力的合理配置并且在空间上有序分布；反之，则反映了产业和人口在空间布局上的失调，意味着城市的不均衡发展和区际差距的存在，这是不利于城市经济长久发展的。通过对北京市16区的人口密度指标进行分析可以看出，北京市的人口呈现明显的单中心的杜能环式结构。各区中，西城区、东城区的人口密度最高，作为杜能环的核心；往外一环是海淀区、丰台区、朝阳区和石景山区四个区，是人口密度次高的区；之后再向外人口密度进一步降低。

同样，在GDP指标方面，北京市的空间结构也出现由中心向外围依次递减的单中心杜能环式布局。对北京市16区单位面积GDP指标与人口密度指标进行对比分析可以看出，北京市经济密度的空间结构与人口密度分布基本一致，东城区和西城区是峰值区，然后是海淀区、朝阳区、丰台区和石景山区等几个外围区的GDP密度次高，顺义区、昌平区、门头沟区、房山区、大兴区和通州区等外围地区的GDP密度随之再递减。

从人口和GDP两个指标我们得出对北京市功能空间布局问题的一个基本判断，就是尽管提出了"分散布局""组团式发展"等分散导向的布局理念，但当前北京市还是一个单中心特征明显、人口和产业总体而言集中分布的空间格局。

另外，结合北京市人口密度和单位面积GDP的密度可以看出，北京市经济南重于北的空间格局。更具体地说，北京市的人口和经济在空间上是东南重于西北。这种局面的形成与西北作为生态屏障而东南大力发展有直接关联。北京的西北是城市上风上水的地区，是北京重要的生态屏障地带，如果进行大规模开发建设势必造成生态环境的极大损害，对北京总体的发展而言得不偿失；而向东南方向的发展不但条件更好，而且有利于京津城市圈的发展从而远景广阔。

2. 郊区发展相对缓慢，区域差异不断扩大

就在各种城市功能持续向心集聚发展的同时，在北京地区的边缘，广大远郊地区却因为缺乏足够的发展动力而增长缓慢，城镇规模增长不足、功能发育不全，难以承担相应的城市职能。于是，城市发展在区域中心的过度集聚与在区域边缘的过度滞缓形成恶性循环，最终导致北京区域空间发展的地域差异不断扩大，费用不断提高，区域的环境与资源可持续发展亦受到严重威胁，直接或间接地影响了北京的城市竞争力。

城市空间是城市功能的地域载体，为了抓住全球化所提供的机遇，把北京建设成为世界城市，必须为北京城市的国际功能建设提供充足的发展空间。北京从一个相对封闭的计划经济国家首都向全面开放的市场经济国家首都转变，从具有全国政治中心、文化中心功能的城市向进一步拓展国际功能转变，城市功能发生了深刻变化。应该指出，建设国际城市是北京城市功能的重大转型，目前的城市功能空间布局在许多方面尚远不能适应这种转型。因此，对北京的城市功能空间布局进行相应的调整，是北京国际城市建设工作中一项重要和紧迫的任务。

3. "大城市病"凸显，城市效率增长与空间扩张效率不匹配

虽然从2004年北京城市总体规划开始，北京城市的发展重心逐步向东南部移动，但在路径依赖的影响下，北京的经济增长重心和人口集聚地依然在中心城区。城市郊区土地利用效率较低，城市蔓延严重，城市经济增长效率的空间分布与人口集聚和土地扩张呈现空间上的不匹配。

（1）交通问题。北京正面临着巨大的交通压力，城市交通拥堵问题已成为制约其发展的主要瓶颈之一。交通拥堵反映出经济发展到一定阶段整个城市规划、布局、功能与之不相适应的问题。长期以来，北京"摊大饼"式的城市扩张方式造成人流的"潮汐式"流动，交通堵塞问题十分严重。交通问题主要表现在以下几个方面。①道路交通拥挤，出行效率下降。市区道路交通堵塞路段增多、堵塞区域扩大，"路上车挤车、车上人挤人"状况没有改变，交通出行时间增加，出行效率下降；支路系统不健全，交通量过于集中在干线道路而引起主要节点出现堵塞；道路网应变能力差，遇事故极易引起大范围交通瘫痪。②公共交通总体水平不高，主要表现为公共交通运力不均、车内拥挤、舒适度差、运营速度低等。③换乘问题突出，地面公交之间、地面公交与轨道交通之间、城市交通与对外交通之间换乘距离过长，换乘不便。④停车问题突出。基本停车位存在较大缺口，停车秩序混乱，占路停车现象严重，特别是占用人行道现象极其普遍。⑤交通公害问题日益严重。机动车辆对环境的污染正逐渐成为北京市区的主要污

染源，并且呈日益严重的趋势。机动车尾气对整个大气污染的贡献率在逐年上升，特别是对人体健康危害较大的可吸入颗粒物 PM10 和 PM2.5 主要是由机动车尾气所致，汽车尾气也是臭名昭著的"雾霾天气"的主要诱因。

（2）住房问题。多年以来，房价高企、住房紧张和绝大多数外来人口居住在"城中村"（也有些学者称之为"贫民窟"）并存一直是北京的重大民生问题之一。"城中村"是一个特殊的、城乡并存的二元结构集合体，是我国现时土地制度与城市化政策的产物。它容纳了大量外来人口，用较少的城市土地面积承担了较多人口的居住问题，初步解决了大量外来低收入人口的住房供给。但是，这只是城市化进程中的过渡性现象，更不能因此就断定这是导致住房紧张的显著因素。住房问题掩盖下的各种深层次的体制性问题，亟待解决。

（3）水资源短缺问题。水资源开发利用，是水资源使用价值得以实现的前提，也是水资源价值增值过程。水资源的开发利用，应该在可承受的范围之内，否则就会出现各种问题；如水资源供需矛盾加剧。目前，北京已成为世界上最缺水的特大城市之一，人均年可利用水资源量已降到 100 立方米左右，远低于人均年 1000 立方米的国际水紧缺警戒线，人口总量却以每年 50 多万的数量在膨胀。地下水严重超采。由于种种原因，补给水并不能全部作为可利用水量。当开采量大于可开采量时，会引起一系列的水文地质环境问题。北京市地下水严重超采引起的主要问题有以下几种。①地面沉降。主要分布在城区的东部和东北部，八里庄－大郊亭一带沉降幅度最大。②水井供水衰减或报废。③水质污染严重。在监测的 80 条河段中，受污染的河段 51 条，长度 1100 千米，占监测河流长度的 50.8%，其中重度污染 11 段，占监测长度的 10.1%，严重污染 21 条段，占监测总长度的 16.6%。水质污染主要集中于城市郊区。

（二）北京城市发展问题产生的原因分析

1. 单中心发展，城市空间无序蔓延

新中国成立以来，北京市行政区域多次调整扩大，城市建成区面积也逐步扩展，呈现所谓"摊大饼"式的发展。政治、文化、经济、交通、旅游、体育等多种功能不断向以旧城为中心的市中心区过度集聚，北京逐渐形成以旧城为中心、环形加放射式的城市空间布局模式，引发城市空间"摊大饼"式的无序蔓延。市中心区因城市功能过于密集而背负了沉重的交通、住房、基础设施与环境负担，城市发展规模过大，难以发挥应有的综合效益。随着各种城市功能持续向心集聚，北京旧城作为市中心区核心，承受了巨大的开发压力，北京旧城的历史风貌因此遭到了破坏。在城乡接合部，出现了混乱、无序发展的现象。村镇建设各自为政，盲目的"积极开发"造成城市建设分散，其中很多甚至是违章建筑，随着城市空间规模不断发展、扩大，这些建筑逐渐沦为城市发展的障碍。

2. 首都属性与北京城市功能属性混淆

北京的特殊性在于，它不仅具有首都属性，同时也具有作为一般城市的功能。在北京的发展中，首都属性和城市功能属性混淆，是造成北京混乱、无序发展的重要原因。

北京的城市发展，既需要满足其政治中心和国际交流的首都功能，又要具备实现经济增长、宜居宜业的城市功能。单纯地追求首都属性，而没有城市功能的发展作为载体，首都功能难以得到持续的发展，如日本东京在最初规划时的定位是单一行政功能的首都，但由于首都城市的集聚力，人口、产业大量集聚在东京，后采用首都圈的方式得以持续发展。然而，过度追求城市功能的发展，则会偏离北京的首都属性，并造成城市承载过多的职能。因此，北京的城市发展需要在首都属性和城市功能属性中相权衡。

北京城市总体规划对北京市的定位是"政治中心"、"国际交流中心"、"文化中心"和"科技创新中心"，其中，"政治中心"、"国际交流中心"和"文化中心"是首都属性，"科技创新中心"是城市功能属性。在城市总体规划中提出的非首都功能就是城市除"政治中心"、"国际交流中心"和"文化中心"之外，与北京的城市属性相矛盾冲突的那些功能定位，即北京的首都属性对北京城市属性所产生的负面影响，或者现有北京城市功能中与首都功能存在矛盾并妨碍首都功能发挥的那些功能（张可云等，2016）。在北京过去的发展历程中，由于缺乏北京首都属性和城市功能属性的区分，使北京融入了过多非首都功能，如钢铁、石化等重工业，以及人口需求大、占地面积广的仓储批发业，这些非首都功能在空间上的布局混乱，一方面阻碍了北京首都功能的实现，另一方面导致北京城市功能冗杂，北京"大城市病"由此产生。

三 建设现代化新型首都圈的区域协同基础

建设现代化新型首都圈需要实现京津冀区域协同。首都圈与京津冀城市群的关系、首都圈与雄安新区的关系、京津冀三地之间的关系以及北京首都属性与城市功能的关系是实现现代化新型首都圈区域协同必须要理顺的四大协同关系。

（一）首都圈与京津冀城市群的协同

1. 京津冀城市群是北京大城市病治理、非首都功能疏解的腹地

从京津冀三地发展的历史上看，各自盯着眼前的"一亩三分地"，各自为政，导致京津冀三地产业关联度低、产业相似度高，区际关系融合性差，要素市场割裂性高。一方面，在市场机制的驱动下，要素持续向北京集聚，阻碍了河北的发展，河北长期以高污染、高耗能、高排放的能源型重化工业为主导产业，使京津冀地区背负了沉重的环境污染；而在临近北京的地区则陷入深度贫困，形成了环首都贫困带，在经济发展和城市建设等各方面形成了巨大的区域差距。另一方面，各种人口和产业的集聚，使北京城市空间极度膨胀，长期"摊大饼"式和职住分离的发展方式使北京患上严重的"大城市病"。

因此，一方面北京需要将过于冗杂的非首都功能疏解出去，另一方面天津和河北吸引要素资源推动本地经济社会发展，这两者是相辅相成的。天津和河北优势产业的发展，能够对北京城市发展提供强有力的支撑；北京将不符合首都和城市定位的功能转移到天津和河北，则能够进一步推动京津冀三地的发展。此外，改变北京"摊大饼"的发展模式，解决北京职住分离的问题，需要以首都为核心的京津冀城市群的支撑，在空间、产业、交通、基础设施等方面统筹规划。

2. 首都圈是京津冀城市群的创新引领

北京的城市功能定位之一是科技创新中心，其科技创新水平和科研集聚能力也远高于全国平均水平，科技创新人员、科研机构和科研资金投入具有绝对的优势。但是天津和河北两地的科技创新水平与北京差距极大，并且北京的科技创新对天津、河北两地的辐射带动作用有限。北京与东京相似，都集聚了大量的优势资源和高新技术企业，但东京对周边地区起到了很好的带动作用，形成了以东京为中心的区域创新体系，实现了区内优势科研资源向薄弱地区的分散和辐射。

京津冀世界级城市群需要世界城市的引领，全球创新型城市承接"新经济"的发展，以北京为核心的首都圈应成为全球高科技产业技术标准制定和研发的"技术极"，对全球经济发展和产业更新产生重大影响力。围绕新一轮技术革命中处于核心地位的技术，依托自身优势，加强前沿技术和基础领域的研发投入力度，加强产学研用的合作，推动产业联盟等新产业自组织发展，在新兴技术领域抢占技术制高点，推进相关高新技术的产业化发展，提升首都圈在全球经济与本轮新技术革命中的影响力。北京也应依托国家科技创新中心建设的优势条件，发挥大国首都优势和境内中关村国家自主创新示范区政策叠加与联动优势，率先开展人才政策突破和体制机制创新，营造良好的创新创业环境，使全球最优秀的人才、最优秀的资源、最有影响力的市场和企业的平台在首都圈内集聚。在京津冀范围内构建区域创新系统，为资源共享和协同创新搭建起平台，实现首都圈对京津冀城市群的创新引领。

（二）首都圈与雄安新区的协同

雄安新区具有"平地起"的特点，中央对雄安新区最重要的定位、最主要的目的是打造北京非首都功能疏解集中承载地，具体定位是绿色生态宜居新城区、创新驱动引领区、协调发展示范区、开放发展先行区。规划建设河北雄安新区，是尊重城市建设规律、解决"大城市病"问题的关键一招，是创新区域发展路径、打造新的经济增长极的点睛之笔。

1. 雄安新区是建设现代化新型首都圈的空间支点

从发达国家城市的发展历程来看，建设卫星城是城市发展到一定规模的一般规律，但对于卫星城也不能解决的严重城市问题，规划建设"反磁力中心"新城就成为首选。雄安新区就是北京的反磁力城市，将北京非首都功能以及与其配套的部分优质公共服务功能迁到雄安新区,强化要素资源在雄安新区的重新机具,打造新的增长极,拓展发展区域发展新空间。雄安新区在功能上与北京和通州城市副中心分工不同、错位发展,"雄安新区和北京城市副中心共同构成北京新的两翼,应整体谋划、深化合作、取长补短、错位发展,努力形成北京城市副中心与河北雄安新区比翼齐飞的新格局"。

2. 雄安新区是北京非首都文化与科技创新功能疏解的承载地

非首都功能既包括高端产业,也包括低档经济活动,钢铁、冶金等重化工业被疏解,是抵挡经济活动的疏解,但与钢铁业、冶金业相关的研究院所虽然属于文化科技类高端产业,也是需要被疏解的。雄安新区的定位之一是创新驱动引领区,这意味着雄安新区承接的非首都功能将是文化与科技创新功能,而不是首都淘汰的落后产能、农贸市场、仓储基地。显然,低端制造业、生活服务业等低端非首都功能虽然被疏解出首都,但这些产业不能进入雄安新区,雄安新区需要的非首都功能是与首都功能无关的科技产业,以及围绕科技的相关文化产业。

(三)京-津-冀之间的协同

从行政区划上来看,首都圈包括北京市、天津市、河北省的廊坊市和保定市,地跨三省市,因此新型首都圈需要重构京津冀三省一市之间的关系。

1. 重构北京与天津的关系

在京津冀地区,实际有北京与天津两个中心。《京津冀协同发展规划纲要》对北京市的定位是"全国政治中心、文化中心、国际交往中心、科技创新中心",对天津的定位是"全国先进制造研发基地、北方国际航运核心区、金融创新运营示范区、改革开放先行区",虽然二者的定位看似没有冲突,但在实际发展中,两地之间并不协调。历史上国家对北京首都的政策倾向,使北京得到了极大的发展,不仅在政治位势上高于天津,而且在经济位势上同样高于天津,经济要素会自发向高地集聚,这使得人才、资金不断向北京集聚,加之北京市政府对于GDP的追求,北京从来不曾放弃经济中心的地位,对高端制造业和金融业追求的脚步也从未放慢。天津在城市等级、城市规模、经济发展水平等方面有底气与北京抗衡的现实，使得京津之间的合作较少，天津对于融入京津冀协同发展的积极性并不高。这是天津相比于北京和河北参与京津冀地区合作与协调发展积极度不高的根本原因。因此，处理好北京与天津的定位，避免利益冲突，是首都圈真正实现一体化发展的关键。

2. 重构北京与河北的关系

河北与北京的关系不同于天津，在京津冀地区，河北属于较为弱势的一方。一直以来，河北省的定位是服务好北京，多年来，河北省在政治、资源、经济等多方面为首都的发展做出牺牲，但是没有相应的机制补偿河北省，使河北省的利益无法得到保障。在京津冀层面的区域合作中，河北省无法像长三角的江浙两地与上海一样，和京津形成良好的产业合作关系，河北省无法从京津的产业结构中找到自己的配套产业，更无法从京津的发展中实现自身的发展，相反，在北京的迅猛发展中，将河北省优秀的人才、企业等要素吸引到北京，这种虹吸效应反而造成了河北省的环京津贫困带。实现新型首都圈的建设，必须要打破行政区划上的藩篱，对于与北京联系紧密的廊坊、保定等河北各市，需要建立新型的合作关系，在规划上实现"一张蓝图"，在基础设施和公共服务上实现共建共享。尤其是要实现北京城市副中心与廊坊北三县的统筹发展，同一管控开发强度，支持北三县地区的产业转型，发展高新产业。

（四）大国首都与北京市的协同

对于北京市来说，北京既是城市，又是首都，需要重新梳理一下北京两个属性之间的关系。作为大国首都，政务、军队、文化与国际交流是重要的首都职能，首都功能核心区应是首都功能的集中承载地，保障中央党政军领导机关高效开展工作。因此，在空间布局上，应将市级党政机关和事业单位逐步疏解出核心区，优化调整用地功能，提升景观质量，增加国事活动场所。腾退区域性商品交易市场、疏解大型医疗机构、推动传统平方保护更新，创建大国首都的一流人居环境。作为城市的北京，需要在"科技创新中心"的定位下，综合考虑城市环境容量和综合承载能力，加强城市生产系统和生活系统循环链接，促进水与城市协调发展、职住平衡发展、地上地下协调发展，实现更有创新活力的经济发展，提供更平等均衡的公共服务，形成更健康安全的生态环境，提高可持续发展能力。

四 建设现代化新型首都圈的发展思路

解决京津冀协同发展中面临的问题和挑战，遵循城市发展的都市圈化趋势，可以从现代化新型首都圈的建设中得到有益探索。在要素集聚规律下，以及京津冀协同发展的行政推动下，人口、产业已经向北京周边地区分散，尤其是北三县纳入北京城市总体规划，南部首都二机场和通州城市副中心的建设，给了保定和廊坊巨大的发展机遇，天津先进制造业、金融创新和国际航运发展迅猛。因此，应以北京－天津－廊坊－保定沿线区域为空间载体，建设现代化新型首都圈。

（一）打造现代新型首都圈的路径选择

目前，天津、河北参与京津冀协调发展，承接北京城市功能和产业疏解的热情很高，但是北京城市功能和产业转移一般会遵循梯度规律，由近及远，这是很难违反的客观规律。考虑到现阶段财力有限，市郊铁路等区域交通体系建设不可能一步到位，全面疏解的条件尚不具备，现阶段非首都功能疏解，资源不能过于分散，要"点面结合、以点为主"，聚焦重点，布局打造现代新型首都圈的线路图。

1. 布局"副中心"和"节点"城市

综合考虑北京现有城市规模、高铁技术以及周边城市空间区位、资源条件、城市配套等因素，可以在北京周边50～90公里范围内，特别是沿着铁路干线，选择基础较好的3～5个区域集中对接，结合各区域的发展基础和优势领域，有选择、有重点推进不同类型的非首都功能进行集中疏解与对接，打造一批承接北京功能疏解的特色新城、卫星城或称作"微中心"。

2. 构建"环首都"区域空间组织体系

建立"环首都"区域内部高效的空间组织。建立由北京和联系紧密的周边区域共同实现的，其内部各种功能联系在空间上以"流"（如交通流、资本流、信息流等）的形式不断传递和扩展，区域内部的经济与社会互动程度非常高，中心与外围通过发达的基础设施实现空间上的联通，通过高效的空间组织和明确的产业地域分工实现人口及产业的合理配置，同时通过完善的区域管理措施保障各项有形及无形联通的顺畅的"首都圈"。在京津冀布局一批承接和延伸首都产业的功能区，将首都功能疏解落实到具体产业、具体城市和园区。重点建设以北京为中心，覆盖北京郊区县与河北廊坊、保定、环首都县等"首都圈"的以轨道为主的综合交通体系。

3. 带动更广泛腹地的联系发展

世界重要首都城市的发展，通常还要强化腹地支撑，促进与更大范围的空间联系。城市经济区是以在城市与其腹地之间经济联系的基础上形成的，城市发展应考虑城市区域的协调发展与支撑体系的层次性以及空间扩散的规律性。走向一体化的全球经济，迫切需要诸多功能性的城市网络去支配其空间经济运行和增长，城市与腹地之间的经济联系是城市经济区形成的主要动力，这些联系包括外贸货运流、铁路客货运流、人口迁移流、空间信息流，而且空间信息联系正成为跨地域经济联系中的关键因素。同时，首都城市的规模较大，作为国家以及区域性的政治、经济、文化中心，在周边更广泛的腹地建设发展经济联系，通过产业链和产业转移带动周边区域经济发展，持续推动更广泛区域的城市化进程。

（二）建立"合作－创新－绿色"协同体系

首都圈地跨京津冀三地，构建"合作－创新－生态"的协同体系是首都圈内部突破行政藩篱、实现利益共享、协同发展的保障。合作是建设现代化新型首都圈的方式，通过区域合作，推进产业转移和产业协作，实现首都圈各市区的分工与错位发展。创新是建设现代化新型首都圈的动力，首都圈各地在以北京为核心的引领下，构建区域创新系统。绿色是建设现代化新型首都圈的保障，在首都圈内建立公平正义的利益分配机制和生态补偿机制。

1. 构建首都圈合作机制

首都圈合作机制的构建，要以产业为抓手，通过产业转移和产业协作，实现首都圈内各地的分工与错位发展，为提升首都圈产业整体水平打下基础。构建首都圈合作机制，需要处理好市场与政府的关系，市场机制是区域合作的根本性基础，符合市场规律的合作机制才能持久有效。政府作用是对市场机制失灵领域的有力补充，对于发展遗留问题需要通过行政手段强制解决，合作机制需要通过地方政府统筹规划的保障。

北京出现大城市问题的重要原因是新城新区的功能缺失，北京的卫星城在城市无序发展中成为睡城。因此，首都圈的合作机制的载体应是新建承载北京非首都功能的新城新区，以"一城多点"布局城市空间结构。"一城"即雄安新区，雄安新区的建设需要加强雄安与首都圈各地高效便捷的交通联系，支持在京行政单位、总部基地、金融机构、高等院校和科研单位有序向雄安新区疏解，引导中关村高科技企业向雄安新区集聚，促进雄安新区公共服务等方面的全方位合作，"多点"即5个位于平原地区的新城，包括顺义、大兴、亦庄、昌平、房山新城，是承接中心城区适宜功能和人口疏解的重点地区，是推进京津冀协同发展的重要区域，坚持集约高效发展，控制建设规模，提升城市发展水平和综合服务能力，建设高新技术和战略性新兴产业集聚区、城乡综合治理和新型城镇化发展示范区。

2. 构建首都圈创新机制

创新是建设现代化新型首都圈的动力，首都圈各地在北京为核心的引领下，构建区域创新系统。北京原始创新、天津研发转化、河北推广应用的创新分工忽视了创新的内在关联和产生土壤，理想化地将创新环节割裂，这种创新定位并不利于形成区域性的创新体系。首都圈创新机制应打破创新要素原始布局，以雄安新区建设为契机，强化首都圈的创新能力，打造京津冀地区的创新引领；推动创新要素向河北转移，增强河北的创新能力，实现河北与首都圈创新能力的匹配。

首都圈创新机制的构建，需要重点引导中关村企业参与河北雄安新区建设，将科技创新园区链延伸到河北雄安新区，促进河北雄安新区吸纳和集聚创新要素资源，培育新动能，发展高新产业。在河北雄安新区合作建设中关村科技园区，提升北京与天津对首都圈科技创新的辐射作用。此外，需要探索"人""财"两方面的创新机制，科技创新离不开高端人才和资金投入，科研相关单位入迁雄安必然带来人口迁移和城市建设，因此探索有效的人才创新机制和资金创新机制是构建首都圈创新机制的重要保障。

3. 构建首都圈绿色生态机制

绿色生态是建设现代化新型首都圈的保障，在首都圈内建立公平正义的利益分配机制和生态补偿机制。河北在水资源、能源等生态资源上无偿服务的状况应该终结，应坚持"谁污染、谁付费，谁保护、谁受益"的原则，构建首都圈水源地保护、大气污染治理的跨地区、跨部门的生态补偿机制，坚持绿色发展、循环发展、低碳发展，推行清洁生产，发展循环经济，形成资源节约、环境友好、经济高效的产业发展模式，构建首都圈绿色生态长效机制。

（三）合理优化首都圈内部空间功能

依托京津冀城市群，建立以首都为核心的世界级城市群，疏解北京非首都功能，优化首都功能，强化京津双城联动，近中期通过对北京、天津、石家庄沿线中小城市的改造和建设，提升区域性中心城市功能，培育一批积聚能力较强的重要节点城市，打造现代化新型首都圈。

1. 建设京津保世界级都市连绵区

推动首都区由"北京一极集中"，向以北京为主，以通州、廊坊、保定、秦皇岛等为副的"一主多核"转变，拉大首都框架，推动廊坊、保定等设区市和部分环首都县市与北京同城化发展，通过首都功能疏解，形成一批50万人左右的组团城区或卫星城，建成北京"大都市地区"。发展沿海城市带。未来天津滨海新区和河北曹妃甸区、渤海新区，利用港口优势，通过与中心城市互动会快速发展，与秦皇岛和北戴河新区相连，形成沿海城市带，同时完善城市结构体系。继续推进石家庄、唐山两大城市扩容升级，在两大区域中心城市周围形成城市组团。重点发展中等城市，培育一批20万人以上的县级城市，形成大中小协调配套的梯度发展格局。最近，北京进一步明确了"全国政治中心、文化中心、国际交流中心、科技创新和金融管理中心"的城市性质功能，也就是说，与此关系不太密切的有可能疏解到河北。适应从"首都北京"向"大首都地区"转变的要求，需要在河北现有功能区划分基础上，调整区域功能，形成首都功能发展区、津冀沿海发展区、冀北生态发展区、冀中重点发展区，促进区域协同发展和互补共赢。

2. 调整首都南部、东部、河北地区功能

重点开发"京津保大三角",推动北京南向及东向、河北周边地区从优化开发区域调整为重点开发区域,从工业和农业功能区调整成以服务业为主、制造业和农业为辅的功能区,从发展一般制造业向承接首都服务业、高新技术产业转变。探索国家部委直属服务机构、重点医院、重点大学在该区域建设的可行性。增强首都协作区支撑服务功能。把承德、张家口、秦皇岛三个城市纳入首都协作区,重点强化三市的生态涵养、休闲旅游、康复疗养功能,同时布局部分科研功能、文化功能、先进制造业功能,在优化首都圈功能中发挥重要作用。

3. 强化河北沿海地区经济带动功能

对于尚处于起步阶段的河北临港地区来说,应作为重点开发区域加快建设,两个新区在过去规划的大钢铁、大石化、大装备等重工业基础上,应更多地吸纳新材料、新能源等战略性新兴产业及轻工业,使沿海地区成为产业比较先进并能保证京津冀区域主要工业品供给的地区,成为京津冀未来发展的重要引擎。适度调减农业功能区规模。河北属于资源性严重缺水地区,粮食生产应大体维持在自给有余的水平。在提高粮食综合生产能力、保障京津蔬菜和畜牧产品供应基础上,应适度调减耕地面积,增加建设面积、绿化面积,保证首都功能疏解和沿海临港区等重点开发区域建设的需要。

参考文献

[1]《北京城市总体规划(2016年—2035年)》,首都之窗网站,http://zhengwu.beijing.gov.cn/gh/dt/t1494703.htm,2017年9月29日。

[2] 孙久文:《京津冀协同发展的目标、任务与实施路径》,《经济社会体制比较》2016年第3期。

[3] 孙久文:《雄安新区的意义、价值与规划思路》,《经济学动态》2017年第7期。

[4] 谭成文:《中国首都圈的概念与划分》,《地理学与国土研究》,2000年第4期。

[5] 谭成文、杨开忠、谭遂:《中国首都圈的概念与划分》,《地理学与国土研究》

2000年第4期。
[6] 谭成文、杨开忠、谭遂：《中国首都圈发展的三大战略》，《地理科学》2011年第1期。
[7] 王凯、周密：《日本首都圈协同发展及对京津冀都市圈发展的启示》，《现代日本经济》2015年第1期。
[8] 袁家冬：《我国都市圈理论研究与规划在实践中的若干误区》，《地理研究》2006年第1期。
[9] 袁家冬、周筠、黄伟：《我国都市圈理论研究与规划实践中的若干误区》，《地理研究》2006年第1期。
[10] 张可云：《设立雄安新区的逻辑和十大关键问题》，《区域经济评论》2017年第5期。
[11] 张可云、蔡之兵：《京津冀协同发展历程、制约因素及未来方向》，《河北学刊》2014年第11期。
[12] 张可云、邓仲良、蔡之兵：《京津冀协同发展下北京的城市发展战略》，《江淮论坛》2016年第4期。
[13] 赵世瑜：《京畿文化："大北京"建设的历史文化基础》，《北京师范大学学报》（社会科学版）2004年第1期。

京津冀市场化生态补偿机制构建的政策建议

许寅硕 武德俊 郝泽源[*]

摘　要　市场化生态补偿机制作为保护生态环境、维护生态系统服务的可持续性、调节利益相关者之间利益关系的制度安排而日益受到国家和地方的重视。依托因地制宜的机制设计，生态补偿能够实现"绿水青山"保护者与"金山银山"受益者之间的利益调配，实现生态环境保护和经济社会可持续发展的双重目标。但是目前京津冀已有的生态补偿与市场化融资发达的国家和地区相比，尤其缺乏多元化的融资渠道、融资方式和可持续的支付途径以及有效的激励机制。基于此，本文提出构建能够实现京津冀区域生态系统保护者和受益者之间利益调配的市场化生态补偿机制。本文指出，应完善京津冀生态补偿机制的法律法规体系和区域顶层设计、推动生态补偿标准的科学化、规范化，加强监测/绩效评估体系建设、发挥公共资金的引领带动作用、建立区域生态补偿项目库、建立可持续农户生计政策支持体系、开展与多边开发金融机构基于生态补偿的合作、将补偿资金转化为技术或产业项目形成"造血"机能与自我发展机制，以及搭建生态补偿利益相关者的沟通平台、渠道和对话机制。

---

[*] 许寅硕，助理研究员，中央财经大学财经研究院、北京财经研究基地，研究方向为环境金融、生态补偿。武德俊，北京节能环保中心宣传培训部副部长，《节能与环保》杂志副主编。郝泽源，中央财经大学经济学院。

关键词： 京津冀　生态补偿　市场化

一　引言

生态补偿机制是以保护生态环境、促进人与自然和谐为目的，根据生态系统服务价值、生态保护成本、发展机会成本，综合运用行政和市场手段，调整生态环境保护和建设相关各方之间利益关系的环境经济政策。[①] 学术界虽尚未形成对生态补偿的统一定义，但总体而言其内涵经历了从最初的通过污染者付费实现负外部性的内部化，然后到既包括通过污染者付费又包括通过受益者付费实现外部成本内部化，再到更加侧重通过受益者付费实现正外部性内部化，最后到只包括通过受益者付费实现外部经济内部化的演变过程（柳荻等，2018）。自2005年党的十六届五中全会首次提出加快建立生态补偿机制以来，其一直是党中央、全国人大、国务院的工作重点。目前生态补偿机制已上升为我国建设生态文明的八大制度之一，是生态文明建设的重要抓手。

在京津冀区域，京津冀协同发展战略目前已进入全面实施、加快推进的新阶段。然而，其快速发展过程中产生的严重的大气污染、土壤和地下水污染以及生态失衡等区域性问题，业已成为制约京津冀社会经济可持续发展和协同发展的瓶颈。《京津冀协同发展规划纲要》明确指出将京津冀生态环保作为重点领域先行启动，为京津冀协同发展指明了方向和工作重点。同时，京津冀在生态环境上是一个整体，生态共建共享是必然发展路径。

但是，京津冀区域目前呈现经济发展不协调、内部经济联系较弱的现状，未能像长三角和珠三角一样发挥区域核心城市的正向溢出、辐射和带动功能（程恩富、王新建，2015）。河北省肩负着京津地区的水源涵养和防风固沙功能，面临控制或禁止放牧，大量工业企业被关停，而新产业因环保高门槛难以进入等问题，一定程度上制约了该地区的经济发展和居民增收。相较于北京和天津，河北省社会经济发展水平相对落后，国家级贫困

[①] 参见《关于开展生态补偿试点工作的指导意见》（环发〔2007〕130号）。

县众多，处于"环京津贫困带"，缺乏将"绿水青山"转化为"金山银山"的有效机制，面临减贫、经济发展和生态环境保护的多重压力。河北地区也是生态环境脆弱区，具有自然地理的特殊性和复杂性，面临诸如水土流失、植被破坏、土地沙化、地下水超采等区域性生态环境问题。为了激励河北地区保护生态资源，同时促进地区的经济发展和贫困人群收入增加，实现京津冀生态环境协同发展，建立和完善京津冀生态补偿机制尤为重要和紧迫。

二 市场化生态补偿机制的内涵和逻辑

生态补偿是产生于中国的概念，国际上比较通用的是生态系统服务付费（Payments for Ecosystem Services，PES），可以被看作市场化的生态补偿机制，强调的是通过政府和市场力量的合作，运用包含市场在内的补贴、担保等多种付费机制来实现包括生态可持续性、公平分配、经济效率等在内的多重目标（刘倩等，2016）。20世纪90年代以来，PES作为一种能够将外在的、非市场化的生态系统服务价值转化为当地参与者提供生态系统服务的新型市场激励机制，在全球范围得到了越来越广泛的应用（Wunder et al.，2008；Sattler and Matzdorf，2013）。过去的十几年，国际社会对于运用PES解决生态环境问题越来越关注。截至2013年，已有300多个PES项目在印度、印度尼西亚、哥斯达黎加、墨西哥、澳大利亚等国家展开，其融资规模约为每年65.3亿美元。[①]

（一）市场化生态补偿机制的内涵

国际上对于PES还没有形成统一定义，目前引用和讨论最多的是国际林业研究中心资深经济学家Wunder（2005）对PES的界定，Wunder认为PES应体现以下五个基本要素：①自愿交易；②具有明确定义的生态系统服

[①] "Payment for Ecosystem Services（PES）: An Innovative Tool for Financing Environmental Conservation", http://meetingoftheminds.org/payment-for-ecosystem-services-pes-an-innovative-tool-for-financing-environmental-conservation-8945.

务或可能保障这种服务的土地利用；③至少有一个生态系统服务购买者；④至少有一个生态系统服务提供者；⑤当且仅当服务提供者保障服务的供给（付费的条件性）。但由于现实中存在交易成本较高、产权不明晰等问题，实践中完全符合该定义的PES项目非常少，普遍存在政府的介入（Murandian et al.，2010）。

基于此，考虑到政府的介入，实践中的PES被描述为实现自然资源在社会参与者之间转移的机制，旨在为自然资源管理建立一种使个人/集体的土地使用决策与社会利益相匹配的激励机制（Murandian et al.，2010；Vatn，2010）。这与我国目前依托财政转移支付，仅实现了对法定土地使用限制的补偿的纵向生态补偿机制存在本质差别（Wunder et al.，2008；王家庭、曹清峰，2014）。

（二）市场化生态补偿机制的基本逻辑与架构

PES的基本运作逻辑如图1所示。以森林经营者为例，他们从森林保护中获取的收益往往少于将森林转换为农田或牧场的收益。虽然农田或牧场能够为其带来更多的收入，但增加了下游用户的成本，生物多样性的减少和碳汇的丧失使得下游人口丧失了从水的过滤服务中获得利益。然而，通过建立PES，森林经营者将得到一定的补偿，这个补偿标准介于保护森林和森林转化为牧场的经济差额，与森林能够为下游人口提供的生态系统服务的最大价值之间（Engel et al.，2008）。因此，在PES机制下，森林保护者能够获得更大的净利润，即森林保护收益＋下游用户的生态服务付费，激励他们更加关注森林保护。与此同时，下游用户也会受益，因为他们支付的费用要少于因森林转化为农场或牧场给他们造成的生态系统服务价值的损失。

一般而言，PES的架构由生态系统服务的供给者、受益者、治理结构和支付机制及相互关系组成（见图2），解决"谁来补、补给谁、补多少、如何补、如何管"等核心问题。供给者是指为实现生态环境改善而承担成本或遭受损失的直接相关者，受益者是指由于生态环境改善而享受正外部效应的主体。生态系统服务供给者和受益者的识别是进行治理和付费的前提，决定着治理结构以及融资方式和付费方式。

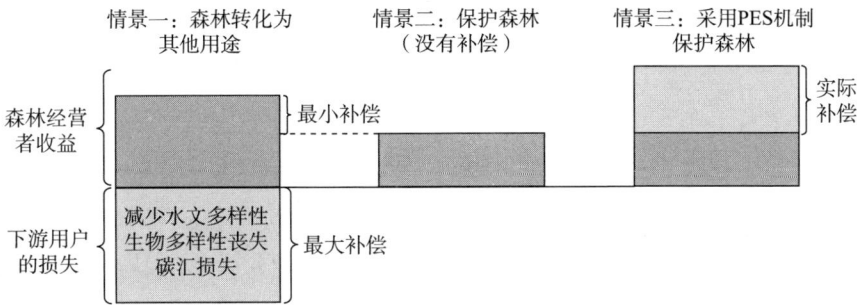

图 1　PES 的运作逻辑

资料来源：Engel, S., S. Pagiola, and S. Wunder, 2008, "Designing Payments for Environmental Services in Theory and Practice: An Overview of the Issues", *Ecological Economics*, Vol. 65 (4)。

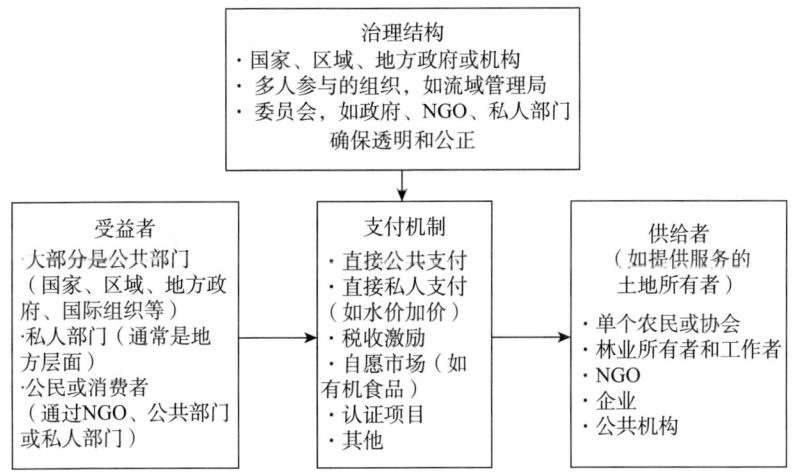

图 2　PES 的架构

资料来源：Brink, P., 2011, *The Economics of Ecosystems and Biodiversity in National and International Policy Making* (London: Routledge)。

相应的，PES 一般包括四个关键环节：一是识别生态系统服务功能的转换和景观的变化（土地利用类型、鼓励发展的生产活动类型等），二是识别生态服务产出（碳汇、水土保持、生物多样性保护等），三是明确能够实现的生态效益（气候变化减缓、清洁水、气候弹性增强等），四是确定付费机制（碳信用的销售、水费机制、农产品溢价等）（刘倩等，2016）。

三 市场化生态补偿的国际经验

（一）市场化生态补偿的国际经验与案例

1. 哥斯达黎加 PSA 项目：政府主导的多元化融资生态补偿

哥斯达黎加地处中美洲，是拉美最早开展市场化生态补偿项目的国家之一。1996年，哥斯达黎加政府正式批准的《森林法》明确定义了森林提供的4种环境服务：水源涵养、碳汇、生物多样性保护和休闲游憩，通过立法创建了森林系统服务的需求和市场。同年，哥斯达黎加启动了首个国家层面的生态补偿项目——PSA（Pago por Servicios Ambientales），对提供碳封存、保护流域及保护生物多样性和景观的土地所有者支付报酬（Pagiola，2006；Porras et al.，2013）。同时，根据《森林法》第46条规定，哥斯达黎加成立了国家林业基金组织（FONAFIFO）参与PSA的实施与管理（见图3）。FONAFIFO是具有政府背景的独立法人资格机构。

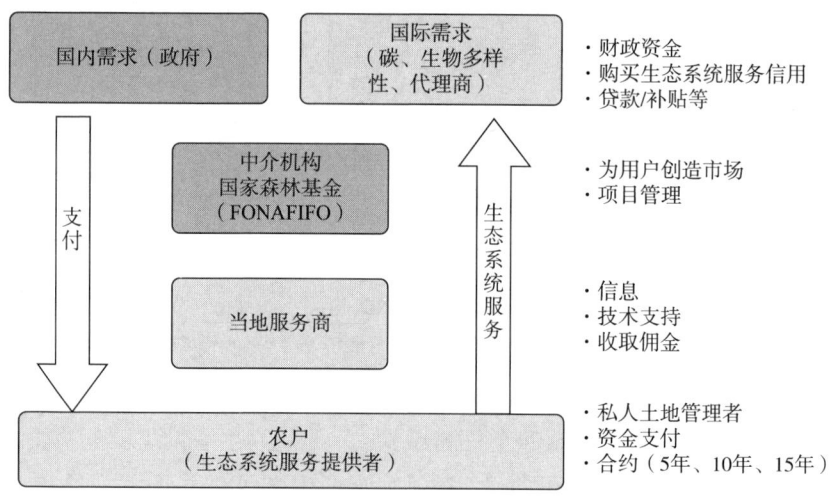

图 3 哥斯达黎加 PSA 项目的框架体系

资料来源：Porras, I., D. N. Barton, M. Miranda and A. Chacón-Cascante, 2013, "Learning from 20 Years of Payments for Ecosystem Services in Costa Rica", International Institute for Environment and Development, London.

PSA项目向土地所有者提供不同类型的合同，主要有森林保护、再造林和农用林业，其中森林保护合同更受土地所有者欢迎，约占总合同的85%（Pagiola，2006；朱小静等，2012）。PSA的补偿资金主要来自公共资金（化石燃料税、天然气税、水资源税）、私人资金（私人企业或半国有企业基于资源原则形成的交易）以及世行贷款和全球环境基金（GEF）等国际组织的贷款与资助（Porras et al.，2013）。各类型合同的支付标准都略高于其机会成本，且补偿标准近年来有所提高。同时，PSA对差异性补偿的重视程度不断提高。PSA项目开始之初其补偿标准是统一的，并未考虑不同林地所提供生态服务的差异性。近年来哥斯达黎加正尝试根据森林生态服务价值的大小确定多元化补偿标准，即考虑林地区位、森林资源禀赋等方面的差异（Porras et al.，2013；朱小静等，2012；刘冬莉，2017）。例如，原始林提供的生态服务优于再生林，应得到更多的补偿。

PSA项目减缓了森林砍伐，增加了森林覆盖面积，提高了森林和生物多样性的货币价值，加大了社会对自然生态系统经济社会价值的认识，被公认为是成功范例。其经验包括以下几个方面。一是将PES作为一种制度安排，而不仅仅是市场工具。PES应该是多个政策有效组合的合集，如信息收集、市场进入和退出、谈判协商机制等。二是政府借助立法形式创建了包括林业碳汇在内的森林生态服务的需求和国家市场，为生态补偿项目融资提供了平台，并构建了多元化的森林生态补偿资金来源，包括税收，企业和公共机构的付费，国际组织的贷款、资助等。三是以多种类型的项目合同为载体，林地所有者可以自主选择是否参加，并根据其林地资源禀赋决定参加哪一类型的项目。四是与FONAFIFO签订的合同为内容简洁的格式化合同，实质性细节问题另外在PSA程序手册中列出，既有利于提高合约的透明度，又降低了交易成本和行政成本（Porras et al.，2013；刘冬莉，2017）。五是政府在融资机制设计过程中起主导作用，创建了FONAFIFO管理模式，并与市场机制相结合。

2. 越南林同省森林PES：政府主导的集合私人部门资金的融资机制

2008年，越南林同（Lam Dong）省南部同奈（Dong Nai）河水源地和山萝（Son la）省北部达河水源地开始实施森林PES试点，由林业受益者支付保护和开发费用（见图4），以达到保护森林、促进林区经济发展、提高林农收入的多重目标。

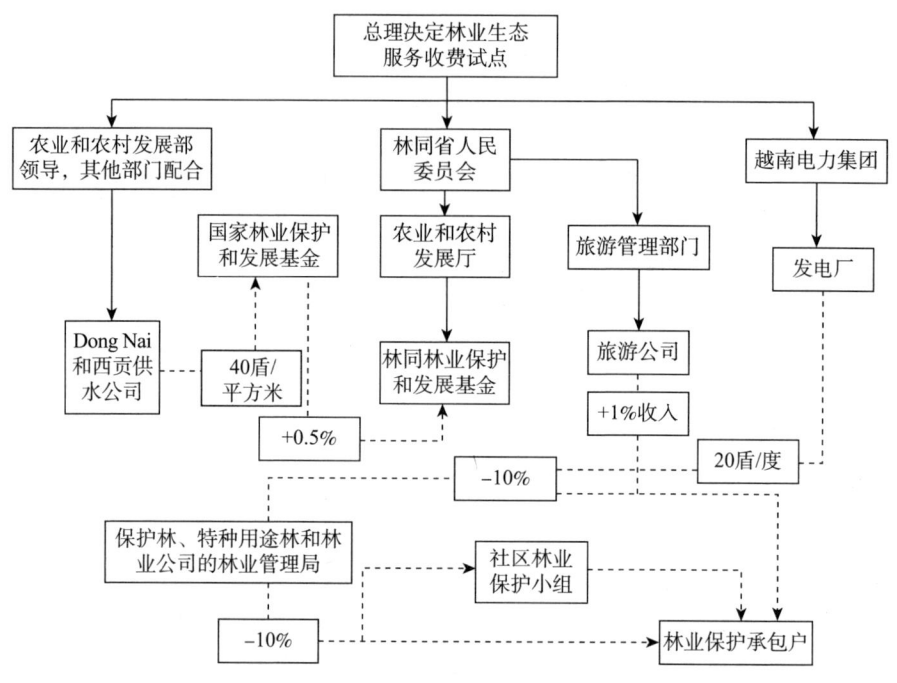

图 4 越南林同省森林 PES 框架设计

资料来源：葛察忠、许开鹏：《越南生态补偿新举措：森林环境服务收费》，《环境保护》2010 年第 16 期。

越南 2005 年出台的《环境保护法》第 130 条确立了生态系统服务受益者付费和污染者赔偿原则，与 2004 年出台的《森林保护与发展法令》共同提出了森林生态系统提供生物多样性、流域保护、景观美学以及碳汇的功能。以此为依据，林同省森林 PES 将水力发电厂、供水公司和旅游业确定为森林生态服务的受益者，分别按相应的标准收取费用，建立国家和省林业保护与发展基金；2009 年 1 月至 2010 年 3 月，基金总额达 350 万美元，其中 Dai Ninh 水电厂支付了基金总额的 47%，Da Nhim 水电厂支付了 45%，供水公司支付了 7%，旅游业支付了 1%。资金使用方面，除了分别支付给林业保护与发展基金和林业管理局 10% 的资金，80% 用于林业保护的承包户。平均每户补偿 438~470 美元/年（30 公顷），是 PES 实施之前每户收入的 2.8 倍（葛察忠、许开鹏，2010）。

同时，为了保证森林 PES 的实施效果，越南还设置了不同级别的监督机制。省级层面，省人民委员会、农业和农村发展厅、财政厅负责对林业保护与发展基金的监督管理，参与部门包括省人民委员会，农业和农村发展厅和财政厅。付费的水力发电厂、供水公司和旅游公司不仅对基金的管理和使用进行监督，也对基金的使用人（农村社区和森林保护承包的农户）进行监督。镇级层面，区委会、区森林保护和发展部门对森林所有者及基金的使用人（农村社区和森林保护承包的农户）进行监督（葛察忠、许开鹏，2010）。

2017 年越南森林环境服务费收入约为 5270 万美元，由于水力发电公司森林环境服务费的增加，预计 2018 年可增至 8780 万美元。政府总理也已批准关于为促进林业领域发展提供约 5270 万美元的决定。此外，为提高森林生态服务费收入和加强森林资源保护工作，越南林业总局已完善并向世界银行的森林碳伙伴基金（FCPF）组织递交了关于"减少北中部地区二氧化碳排放量"计划的文件。

林同省通过森林 PES，使得社会和居民对森林环境服务的价值有了共识并且能够量化。林业工人的生活条件有所改善，就业机会增加，贫困家庭的数量减少了 15%。其主要经验有：一是政府在森林 PES 试点项目发挥主导作用，通过收费建立补偿基金，再对保护者进行补偿；二是参与者的组织、管理、协调和作用与职责的明确划分保障了该项目的成功实施；三是建立了政府主导下的有效监督机制，形成了农户、社区和村合作组织，协助开展护林；四是国际机构的技术和资金支持，提高了森林所有者的技术和管理能力。

3. 美国森林 PES 机制：公共财政支持体系撬动私人部门资金

20 世纪 80 年代美国先后颁布了《退耕还林法》(1980)、《保护区规划法》(1985)、《可更新资源推广法》(1987)、《森林生态系统与大气污染研究法》(1988) 等，通过林业立法激励农业用地改造成林地、农民在严重水土流失区域退耕还林、保护水土资源。

美国森林从产权性质上约 57.5% 为私有林、42.5% 为公有林，政府对于这两种产权的森林生态补偿融资均有不同程度的介入。对于公有林，主要采用政府建立林业基金的方式为其提供资金。其中，造林补助基金主要来源于联邦和州两级政府财政预算；造林信托基金来源于木材产品进口税。对于私有林，主要采用政府间接介入的方式为其提供资金，如对林业生产实施税收减免政策，林木的出售或采伐适用税率为28%，其他经营项目的税率为46%。对林业的税收减免联邦政府和各州政府都有参与。为解决林业信贷筹资难的问题，美国政府还建立了面向中小家庭农场的低利率、长期限的专项贷款制度（刘冬莉，2017；赵杏一，2016）。同时，政府林业部门、林业技术推广机构无偿为私有林主提供市场信息和造林、营林、护林等专业技术培训及服务。为了分散林业投资风险，美国政府以提供业务补贴的方式激励私人部门投资，以及保险机构提供林业保险（刘冬莉，2017）。

美国的森林 PES 使得公有林和私有林都得到了有效保护，其经验包括：一是林业管理的规范化、法制化；二是政府在融资方面构建了林业公共财政支持体系，通过资金激励政策撬动私人部门投资，实现森林资源和物种多样性以及林业的可持续发展；三是政府无偿提供能力建设，提高农户森林保护意识和保护能力。

4. 德国森林生态补偿机制：生态税和横向生态转移支付基金

德国的森林生态补偿机制产生于1965年的林业补助政策，已形成了欧盟共同农业政策下的联邦、州森林生态服务付费共同分担体系。德国的森林分为国有林和私有林。国有林全部由政府投入、专门管护，联邦及各州政府对林业的投入占政府财政预算的1%左右，德国政府也以政策鼓励和引导私有林向生态功能型方向发展（赵杏一，2016）。1975年，德国颁布了《联邦保护和发展森林法》，确立的森林多效益永续利用的原则包含了对于私有林的规定：森林采伐量不得大于生长量；对于采伐迹地必须进行更新，私有林主不按时更新的，由林业部门组织更新，费用由私有林主承担；林地不得随意改变用途等。德国森林生态补偿的融资方式主要有生态补偿横向转移支付基金和生态税。

1991年，为了解决生态补偿资金的地理空间分配问题，德国设立了生态补偿横向转移支付基金，其主体是州际财政平衡基金。横向转移支付基金由两种资金组成：一是扣除了划归各州销售税的25%后，余下的75%按各州居民人数直接分配给各州；二是财政较富裕的州按照统一标准计算拨给贫困州的补助金（蔡艳芝、刘洁，2009）。

生态税及其多步骤改革对于德国生态环境保护的良性发展也起到了很大作用。德国自1999年4月起实施生态税改革。德国与环境相关的生态税费包括能源税（2006年7月前称矿物油税）、电力税和汽车税以及垃圾、污水处理费。德国生态税先从征收矿物油税开始，1999年又推出电力税。2003年，德国又颁布了《进一步发展生态税改革方案》，将税收从按劳动力因素负担转为按环境消费因素负担，税率视不同行业而有所区别。例如，对于农林业，德国生态税会在电力、取暖油和天然气等方面给予40%的法定税率优惠。这种特殊的规定有助于防止因生态税增加而导致这些部门的竞争力受到损害。德国林业委员会还通过决议，以建设"生态账户"的形式，采用平衡和补偿措施，给予自然和景观补贴。

德国森林生态补偿机制的主要经验包括以下三个方面。一是通过森林法律体系构建森林PES制度，以生态环境保护基本法与经济环保立法相结合的形式使生态补偿制度化、法制化。二是市场化、动态化的补偿标准。尽管德国是联邦与州政府共同承担补偿标准，但其具体的支付行为是随着市场变动而浮动的，且兼顾公平。三是开辟了稳定的资金来源。德国通过征收生态税，并通过法律法规予以制度化，提高了税民的环保意识，保证了可持续的资金来源，并在推进工业和商业方面进行了技术创新，对环境友好的生产方式起到了促进作用。

5. 日本森林生态补偿机制：反映利益主体诉求，社会资本广泛参与

日本是亚洲最早实行森林PES的国家，早在19世纪后期，就开始对被指定为保安林①的私有林由中央和地方财政全额补偿，此外，还给予税收优惠、造林补贴、政策性贷款、项目支持（王登举，2005）。这五种补偿方式共同构成了一个完整的补偿体系，补偿条件和标准是相对独立的。对于同一块林地，只要符合补偿条件，可以获得以下两项以上的补偿（王登举，2005）。

①损失补偿。对于由于禁伐、择伐等采伐限制给森林所有者等造成的经济损失，经过有资质的机构评估，按年度给予全额补偿。

---

① 保安林是指为防止公共灾害的发生，维护国土安全，增进国民福利而由国家或地方政府规定的以发挥森林生态公益机能为主，森林经营和木材生产受到一定限制的森林。

②税制优惠。一是对于被指定为保安林的土地免除固定资产税、不动产取得税和特别土地保有税。二是对于被指定为保安林的林地发生继承或转让且在不改变保安林性质的前提下，根据采伐方式的限制内容，按照相应的比例减征继承税和转让税。三是当被指定为规定的前三类保安林的林地发生继承时，可以分期（15年）缴纳继承税，每年只征收2%的滞纳金，一般林地滞纳金为3%，5年内缴清。

③财政补贴。对于保安林的割灌、除草、打枝等抚育作业以及采伐以后的更新造林，给予高于一般林地的财政补贴（补贴率＝补贴金额/核定造林成本）。

④政策性贷款。凡符合《森林经营计划》所定条件的保安林所有者，经申请可以获得农林渔业金融公库提供的长期低息贷款。

⑤项目支持。在有必要进行减灾防灾时，还可以优先申请国家治山计划公共事业项目，开展森林优化的工程措施。

在林业政策方面，2001年日本将实施了近40年的《林业基本法》更名为《森林·林业基本法》，同时修订了《森林法》，林业由木材生产转型为以森林多种功能的发挥为主。基于此，日本的森林被重新划分为水土保全林（52%）、人与自然共生林（22%）和资源循环利用林（26%）。其中的水土保全林和人与自然共生林都属于生态公益林，以发挥生态效益为主。对于除保安林之外的生态公益林，除了财政补贴、减免税、政策性贷款等，日本各地还开始积极探索新的补偿机制，如征收水源税。水源税又称森林环境税，是为促进上游森林管理，维持森林的健全性，保证森林所具有的涵养水源、保持水土、缓和洪水、调节水量、净化水质等公益机能的持续和正常发挥，向下游受益者（水源利用者）征收的特殊税种。此外，在民间层面上日本还设立了"绿色羽毛基金"制度，通过社会集资对森林资源建设事业进行支持（王登举，2005）。

日本森林PES机制的主要经验有以下几点。一是在准确界定和明晰森林产权及生态价值的基础上，确立了保安林制度和全民共同参与的水源税制度两种森林生态效益付费的有效方式。1993年日本通过颁布《环境基本法》确立了受益者付费的补偿基本原则，2003年的《森林·林业基本法》明确规定森林的生态价值。2006年的《森林法》进一步确定了针对私有林的付费原则。二是在充分考虑补偿主体利益诉求的前提下合理确定补偿标准。政府作为补偿主体，要求地方严格按照中央与地方配比为4∶1的标准进行补偿配套，切实完成地方政府的主体补偿责任。但是政府仅进行有限的补偿，其他部分由受益者承担。三是政府引导市场和民间力量发挥作用，社会和民众生态环境保护意识强烈。此外，日本民间设立的"绿色羽毛基金"，每年由民间组织负责向日本各大财团、企业和个人筹款达数百亿日元，为森林生态补偿机制提供了有力的资金支持。

6. 英国森林生态补偿机制：政府主导下的市场化生态补偿

以森林为例，英国生态补偿由政府主导，同时运用市场机制鼓励私人资本投向森林，提高了森林覆盖率，实现了木材生产、森林储备、生物多样性保护及森林休闲娱乐等多功能的林业可持续发展。

英国政府对森林资源保护和利用进行了一系列立法，并制定实施了一系列有效的财政支持措施。英国在《林业法》（1981）、《英国城乡规划法》（1990）、《英国农场林补贴方案》（1997）、《英国新森林法令》（1999）、《英国关于确认"新森林守护者"法律地位的法令》等法律法规中都对森林生态补偿制度进行了规定，并进行以下财政支持创新（徐丽媛，2017）。

①林业基金。林业基金用于保护国有林，由林业委员会管理。英国林业基金经费主要来自林地租金、出卖金、议会拨款、国有林产品收入和社会捐赠，支出主要用于国有林地保护，如今私有林的资助也逐渐加大。

②政府林地补贴金。私有林面积占英国森林总面积的67%。对于私有林的建设和维护，英国颁布了《英国农场林资助方案》（1988）、《英国农场林补贴方案》（1997）、《英国农场林补贴方案补充案》（1997）、《苏格兰林业资助项目农业补贴计划》（2003）等。近年来，英国林业委员又根据不同标准提供了6种差异化的森林补助方案，包括森林规划补助金、森林评估补助金、林地更新补助金、森林管理补助金、森林改良补助金、造林补助金。英格兰林业委员会发放的各项补助金和赠款数量也呈增长趋势。

③实施政府绿色采购政策。2009年英国将政府林业绿色采购政策纳入法制轨道，规定木材和木材制品必须来自拥有独立认证的合法和可持续木材或者拥有FLEGT许可证的木材，并提供全链条的相关证明。

（二）市场化生态补偿机制的国际经验总结

通过对哥斯达黎加、越南、美国、德国、日本和英国市场化生态补偿机制的案例研究，可以总结出以下存在共性的经验。

①在生态系统服务界定上，通过系统化的法律法规创造生态服务的需求和市场，对生态系统服务的付费予以制度化，有利于建立长效生态环境保护机制，也有助于后续的绩效考核和监督管理。

②在资金机制上，政府构建公共财政支持体系，开辟稳定资金来源。政府资金可以用于直接资金补偿，或通过诸如生态基金、政策贷款、税收优惠或减免、项目支持等激励政策，支持生态环境保护，同时激励私人部门投资。

③在付费标准和方式上，基于生态环境保护成本、资源禀赋进行科学评估，实施差异化、动态化的补偿标准。补偿方式上，除了现金，还进行项目支持、技术支持、能力建设等。

④在利益相关者参与上，注重利益相关者尤其是贫困人群的参与，如通过标准化合同降低交易成本鼓励贫困人群参与；为中小农户提供低利率、长期限的专项贷款，并予以制度化。

⑤提高民众生态保护的意识。通过政府无偿提供能力建设，或德国征收环境税等方式提高社会和民众的环保意识及生态资产有价的意识。

当然，从国外直接借鉴过来的经验不一定符合我国现实状况，比如，我国目前缺少专业的第三方机构，也缺乏生态系统服务价值评估的技术环节。市场化生态补偿机制的良好运转根植于特定区域的生态系统状况、当地资源利用模式及其制度基础、可获得的融资途径和社会组织方式，是一个复杂的系统工程（Engel et al.，2008；Sattler and Matzdorf，2013；Muradian et al.，2010）。迄今为止，没有哪一种模式可以作为建立市场化生态补偿机制的标准模式。因此各国都在积极探索适合自身具体条件的模式。基于区域社会、经济、生态环境、制度等因素，京津冀构建市场化生态补偿机制需要结合现有的中央纵向财政转移支付，发展京津冀之间基于市场的横向转移支付，研究在政府主导的现状下，如何规划和实施适合京津冀的市场化生态补偿机制。

四 京津冀生态补偿机制的制度脉络与实践进展

（一）京津冀生态补偿机制的制度发展脉络

近年来密集出台的国家相关政策和文件为京津冀生态补偿机制提供了发展路线图，显示出由政府主导演变为政府与市场共同参与的发展脉络（见表1）。2015年9月我国生态文明建设的顶层设计《生态文明体制改革总体方案》出台，强调要完善生态补偿机制，探索建立多元化补偿机制，逐步增加对重点生态功能区转移支付，完善生态保护成效与资金分配挂钩的激励约束机制。2016年5月国务院办公厅发布的《关于健全生态保护补偿机制的意见》提出探索建立多元化生态保护补偿机制；加快形成受益者付费、保护者得到合理补偿的运行机制；发挥市场机制促进生态保护的积极作用等。2017年党的十九大报告更是明确提出要加大生态系统保护力度，建立市场化、多元化生态补偿机制。建设市场化的生态补偿机制成为当前及未来很长一段时期内的发展趋势和重点，研究京津冀市场化生态补偿机制构建以及政府如何更好地发挥作用正当其时。

表1 我国生态补偿制度发展脉络

时间	政策立法或文件	部门	内容
2005年	《关于制定国民经济和社会发展第十一个五年规划的建议》	中共中央	按照谁开发谁保护、谁受益谁补偿的原则，加快建立生态补偿机制
2007年	《中央财政森林生态效益补偿基金管理办法》	财政部	各级政府按照事权划分建立森林生态效益补偿基金，中央财政安排专项资金建立中央财政森林生态效益补偿基金（简称"中央财政补偿基金"）；中央财政补偿基金是森林生态效益补偿基金的重要来源，用于重点公益林的营造、抚育、保护和管理

续表

时间	政策立法或文件	部门	内容
2007年	《关于开展生态补偿试点工作的指导意见》	原国家环保总局	政府引导与市场调控相结合。要充分发挥政府在生态补偿机制建立过程中的引导作用，结合国家相关政策和当地实际情况研究改进公共财政对生态保护投入机制，同时要研究制定完善调节、规范市场经济主体的政策法规，增强其珍惜环境和资源的压力和动力，引导建立多元化的筹资渠道和市场化的运作方式
2010年	《全国主体功能区规划》	国务院	把提供生态产品作为发展的重要内容，把增强生态产品生产能力作为国土空间开发的重要任务；通过建立补偿机制引导地方人民政府和市场主体自觉推进主体功能建设
2011年	《国民经济和社会发展第十二个五年规划纲要》	中共中央	加大对重点生态功能区的均衡性转移支付力度，研究设立国家生态补偿专项资金。鼓励、引导和探索实施下游地区对上游地区、开发地区对保护地区、生态受益地区对生态保护地区的生态补偿；积极探索市场化生态补偿机制；加快制定实施生态补偿条例
2012年	党的十八大报告	中共中央	建立反映市场供求和资源稀缺程度、体现生态价值和代际补偿的资源有偿使用制度和生态补偿制度
2014年	修订的《环境保护法》	全国人民代表大会常务委员会	国家建立、健全生态保护补偿制度
2015年	《关于加快推进生态文明建设的意见》	中共中央、国务院	健全生态保护补偿机制。科学界定生态保护者与受益者权利义务，加快形成生态损害者赔偿、受益者付费、保护者得到合理补偿的运行机制。归并和规范现有生态保护补偿渠道，加大对重点生态功能区的转移支付力度。建立地区间横向生态保护补偿机制，引导生态受益地区与保护地区之间、流域上游与下游之间，通过资金补助、产业转移、人才培训、共建园区等方式实施补偿
2015年	《生态文明体制改革总体方案》	中共中央、国务院	完善生态补偿机制，探索建立多元化补偿机制，逐步增加对重点生态功能区转移支付，完善生态保护成效与资金分配挂钩的激励约束机制

续表

时间	政策立法或文件	部门	内容
2016年	《关于健全生态保护补偿机制的意见》	国务院	探索建立多元化生态保护补偿机制；加快形成受益者付费、保护者得到合理补偿的运行机制；发挥市场机制促进生态保护的积极作用
2017年	党的十九大报告	中共中央	加大生态系统保护力度，建立市场化、多元化生态补偿机制
2017年	《生态环境损害赔偿制度改革方案》	中共中央、国务院	环境有价、损害赔偿；明确生态环境损害赔偿范围、责任主体、索赔主体、损害赔偿解决途径等，形成相应的鉴定评估管理和技术体系、资金保障和运行机制

资料来源：笔者根据2015~2017年生态补偿相关政策文件整理。

（二）京津冀生态补偿机制的实践进展

京津冀生态补偿整体呈现纵向生态补偿不断扩大、资金量有所增加、横向补偿也有所突破的格局。中央和地方政府先后在京津冀地区实施了一系列生态补偿项目，如"三北"防护林、天然林资源保护、京津风沙源治理、生态公益林保护、小流域治理、退耕还林还草、京冀生态水源林保护等重大生态建设工程，对该地区的生态环境改善起到了很大的作用。例如，至2016年底，张家口市有林面积为2156.7万亩，林木蓄积量2490万立方米，森林覆盖率达到39%，基本建成以沿冀蒙边界防风阻沙防护林、沿坝水源涵养防护林、农田牧场防护林、沿河沿路防护林、浅山丘陵水保经济林、深山区水源涵养防护林为骨干的生态防护体系框架。① 承德市有林地面积3360万亩，林木蓄积量为8000万立方米，森林覆盖率达56.7%，构建起以坝上防风固沙林、北部水源涵养林、中部水保经济林和南部经济林四大林区为主的生态屏障。

京津冀地区间横向生态补偿机制的构建不断加速。2009年京冀生态水源保护林建设合作项目正式启动。2009~2011年，北京市投入资金1亿元，

---

① 《张家口市林业概况》，张家口林业局：http://www.zjkly.gov.cn/article/20170323/000472147-2017-18969.html，2018年2月11日。

在承德市的丰宁、滦平和张家口市的赤城、怀来4县的潮河、白河和永定河主河道及主要支流两侧的第一重山脊范围内，营造生态水源保护林20万亩，初步实现了该区域的基础绿化，并促进了当地社会经济发展。2014~2016年，在张家口、承德两市的丰宁、滦平、承德、兴隆及赤城、怀来、涿鹿、崇礼、沽源9县位于密云水库和官厅水库上游流域重点集水区的宜林荒山、荒地、荒滩内，营造生态水源保护林。按照规划安排，北京市每年投资1亿元，3年共投入3亿元，截至2017年3月已累计完成造林30万亩。

2014年5月，为改变张家口市坝上地区杨树树龄过长、干旱等原因出现退化的现象，国务院批复了《河北张家口坝上地区退化林分改造试点工程实施方案（2014—2016年）》，按照该方案2014~2016年对坝上地区121.57万亩防护林进行更新改造，项目总投资6.79亿元。其中中央投资2.13亿元，河北省投资1.77亿元，北京市投资1.77亿元，市场多渠道投资1.12亿元。截至2016年底，张北、康保、沽源、尚义县及察北、塞北管理区，已累计完成林分改造121.57万亩，规划任务全部完成。

在碳汇交易方面，2015年北京市与河北省就跨区域碳排放权交易达成合作意向，河北承德市正式纳入北京碳排放权交易市场统一管理，千松坝林场成功上市。[①] 北京市和承德市的重点排放单位可使用经审定的碳减排量抵消其排放量，使用比例不得高于当年核发碳排放配额量的5%，包括造林等多种方式所产生的减排量都可以在碳排放机交易平台上交易，使得植树造林等森林生态保护的成果得以量化变现。

五 京津冀生态补偿实践的现存问题

尽管京津冀区域的纵向和横向生态补偿都有所推进，该区域的生态补偿机制仍面临一系列亟待解决的困境，主要包括以下几个方面。

（一）财政纵向转移支付是主要资金来源，缺乏长效资金机制

资金机制一直都是生态环境保护和修复的瓶颈。目前河北省生态补偿

---

① 《对政协河北省第十一届委员会第三次会议第144号提案的答复》（冀发改办案字〔2015〕第169号）。

资金来源主要为中央财政转移支付,其次是河北省专项资金。但是,这些渠道的资金量和资金到位时间均不固定且受多种因素制约,无法进行系统性的可持续统筹安排,一旦政策变化,可能会出现生态补偿项目停滞、效果反弹等现象,难以形成长效的生态环境保护投入保障机制。且目前中央和省级资金投入方式也较为碎片化,没有形成有效的合力。

(二)生态补偿标准偏低,缺乏动态调节机制

为了给京津阻风沙、护水源,河北省十几年来实施了退耕还林、京津风沙源治理等林业重点工程,同时也开展了诸如京冀生态水源林保护合作项目等横向补偿。但目前这些项目的补偿没有充分考虑生态系统恢复或保护需要的科学成本,导致补偿标准偏低,与河北省实际承担的成本差距较大。例如,承德市造林成本已达到2000元/亩,但目前国家重点工程人工造林亩补助标准仅为400元。补偿资金不足导致了低值低效林的出现,承德市3360万亩有林地中,中幼林面积达2900多万亩。[①] 因此,虽然承德市森林覆盖率是河北省最高的,但与北京植被差距仍在30年以上。同时,社会经济不断发展,生态环境状况也在不断变化,但张承地区森林生态补偿缺乏随着时间推移、资源稀缺程度变化适时调整的机制。另外,各地地埋、气候、植被和生物多样性都存在差异,比如,张家口大部分位于闪电河以西,相较闪电河以东,以西的土壤沙化严重,造林难度大,成本也随之增加,但是现有的森林生态补偿并未对此加以考虑,没有实施资金投入或政策的差异化。

(三)补偿多以项目形式或临时性政策推进,未能形成长效管理机制和良性自激发状态

生态系统保护和修复是一个系统工程,各个环节之间互相紧密关联,例如,生态保护绩效考核及横向补偿支付都需要生态价值准确测算的支撑,而测算准确性的提升又是一个循序渐进的过程,需要在应用中不断加以完

[①] 《京津冀生态补偿多是临时性政策》,经济参考网,http://dz.jjckb.cn/www/pages/webpage2009/html/2015-07/13/content_7820.htm,2015年7月13日。

善。这就要求形成一个生态补偿的长效机制,应该包括明确的目标、动力供给、约束和监管机制等。目前京津冀地区生态补偿还没有形成机制,多是项目形式,存在着重建设、轻管理、难持续、缺乏顶层设计等问题,同时也不利于整合中央、北京、天津、河北等各方资金统筹安排。另外,京津冀地区虽然已有一些横向生态补偿,但多以支持和补助一些项目来体现,临时性政策居多。比较典型的京冀生态水源保护林项目,采用每年进行项目招标形式进行,其长期可持续性存在不确定性,且没有加以制度化。

(四)政府单方面决策为主导,地方利益相关者尤其是贫困人群参与不足

京津冀区域生态补偿的对象、范围、标准和方式,主要以政府决策为主,没有当地利益相关者参与协商的平台和机制,尤其作为生态系统保护和修复主体的农民和牧民没有参与。一般而言,地方利益相关者对当地生态系统的了解更为深入,如果没有地方利益相关者的参与,可能导致政策的实施效率低或结果不公平等,与当地的其他政策如扶贫政策相冲突(龙开胜等,2015)。

中介机构也缺乏参与机制。中介机构可以为利益相关者之间进行沟通协调提供平台和信息收集,使各方能够及时准确地了解生态补偿的设计和实施状况,根据各国经验,中介机构可以是民间机构,也可以是政府成立的管理机构(刘倩等,2016)。但目前由于缺乏中介机构的介入,生态补偿的复杂性和系统性决定了各利益相关者难以全面了解生态补偿涉及的各机构的职责和能力,或者了解的成本过高。

(五)参与生态补偿的农民长远生计问题堪忧

京津冀大多生态补偿项目只考虑到项目实施期农民的生计问题,但依赖国家补助并非长久之计,项目实施期后的生计问题并未解决。河北省很多生态补偿覆盖区域都是生态脆弱区和贫困区,农业基础薄弱,第二、第三产业发展滞后,实现收入结构的转换和收入来源的多样化需要较长的过程,耕地或放牧在很长一段时期内仍然是其收入的主要来源,生态环境保护成果的可持续性令人担忧。同时,补偿标准普遍偏低,不足以弥补农户

或牧户的机会成本，进一步加重了这种担忧。一旦参与者具备将土地用于能够产生更高利润的用途，生态补偿项目对参与者的激励能力就会大大降低。

六 构建京津冀市场化生态补偿机制的政策建议

生态系统保护和修复是当前全球面临的重大挑战，问题复杂，涉及面广，在实务操作中需要法律法规、制度安排、资金机制、技术等多维度、系统化的支持。在京津冀生态补偿机制建设和完善过程中，虽然已经出现一些有益的探索，但京津冀区域设计和实施市场化生态补偿机制还面临种种困难和挑战，还需要制度、激励机制和能力建设等方面的支撑和保障，尤其要正确处理好政府与市场的关系，要通过发挥政府的科学引导作用，发挥市场配置资源的基础性作用。总体而言，生态系统服务的公共产品特性决定了要建立和完善市场化生态补偿机制，政府必须作为，建立机制，让不同的地区形成协同效应，保证市场能够扮演其公平和恰当的角色，特别是在资源分配方面。具体来讲包括以下几个方面。

（一）完善京津冀生态补偿的法律法规体系和区域顶层设计

国际 PES 项目的一个启示就是为生态补偿提供立法保障和依据，创建生态系统服务的需求和市场，并明确执行机构，使其制度化、法制化。在我国，尽管生态补偿的制度框架和发展路线图逐渐明晰，但目前多数生态补偿还是以工程和项目为载体，缺乏可持续性（王雨蓉，2015）；在实施中更多的是国家的行政权力调控而非生态系统服务提供方与支付方之间利益的调配；对于区域市场化的生态补偿具体的实施路径、指导细则、生态保护责任与权利的划分、监督机制等方面的规定也尚待进一步明确。另外，有必要在相关立法或导则中明确规定私人部门、中介机构及行业协会等参与生态补偿的途径和方式，政府根据情况提供相应的激励政策和措施。

（二）推动补偿标准的科学化和规范化，加强监测/绩效评估体系建设

受益者支付补偿的前提是得到"物有所值"的生态系统服务，这就需

要建立特定的土地利用方式与特定生态系统服务供给之间的科学可靠的联系（吴国春、赵保滨，2013）。京津冀区域各地存在较大的地理和气候差异，经济发展水平参差不齐，"一刀切"的补偿标准会影响生态补偿实施的效率和公平，因此应科学合理地界定补偿标准。生态系统服务公允价值的科学合理测算是进行生态环境和资源保护、建立市场化生态补偿机制的基础关键。需要政府依据地区具体发展状况和生态环境特点等，制定针对区域生态服务的测算指南，探索定量化的服务价值评价办法。在此基础上研究建立生态服务的统计监测指标体系，进行方法论的技术开发。

（三）充分发挥公共财政体系的引领和带动作用

公共资金在提供公共物品，涉足私人部门不愿意或无能力支持的领域的优势使其对于生态环境保护目标的实现至关重要。京津冀区域生态系统保护和修复目标的实现有赖于该区域公共资金发挥培育市场、创造有利于私人投资的经营环境、鼓励创新、降低风险。政府应依托公共资金建立公共财政体系，增强其引领和带动作用。①设立京津冀市场化生态补偿试点示范项目，鼓励私人资本投资。②成立中央政府和地方政府生态补偿基金（欧阳志云等，2013；李琪等，2016）。中央和地方各自整合已有公共补偿资金成立基金，开始运作后吸引社会资本进入。有助于形成长期固定的资金来源渠道，减少政策变化或资金量减少等带来的影响。③为生态补偿项目提供信用担保、财政贴息、长期低息贷款等支持，撬动私人资本，发挥公共资金或政策的乘数和引导效应。例如，发展生态补偿贷款贴息。如果政府直接对生态补偿项目的参与农户进行投资，一元钱只能当一元钱来用。如果贴息3%，就可以用1元的政府资金撬动33元的社会资本投资于生态补偿项目。过去没有大规模使用生态环境保护贷款贴息一个主要原因是管理难度较大。让财政部门直接去识别哪些是好的绿色项目、哪些是优质的绿色企业是件比较困难的事，需要很多的专业知识和技术的积累。在这一方面，国外有一些比较好的经验，比如德国财政部委托德国复兴银行来管理绿色贷款贴息的资金，通过这家银行去寻找优质的绿色项目和企业，以此更有效率地去运用这些贴息资金推动绿色信贷的发展（马骏，2016）。这样的做法中国政府也可以借鉴。

（四）建立京津冀生态补偿项目库

目前绿金委正在组建中国绿色项目库，为绿色项目对接国内外资金提供平台。各绿色金融试点地区已开始纷纷提交绿色项目信息，绿金委正在组织专家按照绿色标准进行初审，未来有望拓展到其他地区。京津冀地区政府可以参照绿金委筛选项目的绿色标准，因地制宜地制定京津冀生态补偿项目库标准，建设区域项目库，作为平台对接多元化资金，未来还可能纳入绿金委的绿色项目库，扩大影响范围，吸引更多资金进入。

（五）明确农户生计在生态补偿政策目标中的定位，建立可持续农户生计支持体系

处理生态环境保护和农户生计之间的冲突和协调问题，需定位好农户生计在生态补偿政策目标中的位置。比如，对退耕的农户，应解决其退耕后的生计问题。应注重建立和完善城镇接纳体系，并积极制定农户安置配套政策，确保其应当享有的教育、医疗卫生、养老保险、失业保险、社会救助、低保等社会保障政策。可以设立生态移民第二、第三产业扶贫基金，对具备一定条件和技能，愿意接受安置从事第二、第三产业的移民，通过基金帮扶农户解决商业房屋租赁、经营设备购置等费用。同时，依托京津冀区域优势，发展高效林业产业。比如，在浅山丘陵地区发展苹果、板栗、红果、山杏等，在城市周边发展观光采摘业，培育具有较强竞争优势的环境友好型主导产业。充分发挥政策和财政资金的扶持导向作用，发展林下经济及多种经营。既可以改善京津冀生态环境治理，也有助于同步解决当地农民的替代性生计和减贫问题。

（六）积极推动与多边开发金融机构建立基于生态补偿的合作

多边开发金融机构是支持全球实现可持续化发展目标的融资基石。与多边开发金融机构合作，可以受益于其在资金、能力建设、知识与技术推广、长期贷款、优惠贷款及调动金融市场方面的优势。多边开发银行在金融发展领域的标准化合作模式还可以在社会和环境保护及不同金融工具的使用方面起到示范性作用。例如，亚洲开发银行批准了一笔4.99亿美元的

贷款，用于设立京津冀区域减排和污染防治基金，改善京津冀地区空气质量，同时提供能力建设，帮助主要排放行业和企业大规模运用先进技术。

（七）将资金转化为技术或产业项目，形成"造血"机能与自我发展机制

河北地区位于"环京津贫困带"上，同时也是生态环境脆弱、敏感地区，发挥着生态屏障和水源涵养功能。该地区脱贫政策和生态政策在各自发挥一定作用后，出现了碰撞和矛盾，一定程度上阻碍了该地区社会经济发展。实现京津冀区域生态环境系统发展，推进河北地区的环境友好型产业发展是基础。没有环境友好型产业和经济的可持续发展，生态环境保护就缺乏内在动力。因此，北京市和天津市政府可以考虑将补偿资金转化为技术和项目，实现河北地区的"造血"机能与自我发展良性循环机制。

（八）搭建生态补偿机制利益相关者的沟通平台、渠道和对话机制

市场化生态补偿机制的构建可以通过利益相关者之间的协商确定其组成部分和治理结构，在谈判和协商中最终确定补偿主体、补偿依据和补偿方式、补偿标准、数量、持续时间等。因此，应以平等、公开为原则，建立京津冀生态补偿机制的利益相关者表达意愿、谈判协商的渠道和平台，确保生态补偿机制的设计体现相关者的利益诉求，并确保其参与权、决策权和监督权。同时，还可以通过建立生态补偿信息网络、开通网站定期发布生态补偿的实施信息等形式，增强透明度，让利益相关者及时了解情况。

参考文献

[1] 蔡艳芝、刘洁：《国际森林生态补偿制度创新的比较与借鉴》，《西北农林科技大学学报》（社会科学版）2009年第4期。

[2] 程恩富、王新建：《京津冀协同发展：演进、现状与对策》，《管理学刊》2015年第1期。

[3] 葛察忠、许开鹏：《越南生态补偿新举措：森林环境服务收费》，《环境保护》2010年第16期。

［4］李琪、温武军、王兴杰:《构建森林生态补偿机制的关键问题》,《生态学报》2016年第6期。

［5］刘冬莉:《国外碳汇林项目融资制度借鉴》,《世界农业》2017年第3期。

［6］刘倩、董子源、许寅硕:《基于资本资产框架的生态系统服务付费述评》,《环境经济研究》2016年第2期。

［7］柳荻、胡振通、靳乐山:《生态保护补偿的分析框架研究综述》,《生态学报》2018年第2期。

［8］龙开胜、王雨蓉、赵亚莉、陈利根:《长三角地区生态补偿利益相关者及其行为响应》,《中国人口·资源与环境》2015年第8期。

［9］马骏:《"十三五"时期绿色金融发展十大领域》,《中国银行业》2016年第1期。

［10］欧阳志云、郑华、岳平:《建立我国生态补偿机制的思路与措施》,《生态学报》2013年第3期。

［11］王登举:《日本的森林生态效益补偿制度及最新实践》,《世界林业研究》2005年第5期。

［12］王家庭、曹清峰:《京津冀区域生态协同治理:由政府行为与市场机制引申》,《改革》2014年第5期。

［13］王雨蓉:《生态补偿对土地利用方式变化的影响:表现、因素与机制——文献综述及理论框架》,《资源科学》2015年第9期。

［14］吴国春、赵保滨:《拉丁美洲森林环境服务市场发展及对农户生计影响》,《中国林业经济》2013年第1期。

［15］徐丽媛:《生态补偿财税责任立法的国际经验论析》,《山东社会科学》2017年第3期。

［16］袁伟彦、周小柯:《生态补偿问题国外研究进展综述》,《中国人口·资源与环境》2014年第11期。

［17］赵杏一:《美国、德国、日本森林生态补偿法律制度研究》,《世界农业》2016年第8期。

［18］朱小静、Carlos Manuel Rodríguez、张红宵、汪海燕:《哥斯达黎加森林生态服务补偿机制演进及启示》,《世界林业研究》2012年第6期。

［19］Brink, P., 2011, *The Economics of Ecosystems and Biodiversity in National and International Policy Making*（London: Routledge）.

［20］Engel, S., S. Pagiola, and S. Wunder, 2008, "Designing Payments for Environmental Services in Theory and Practice: An Overview of the Issues", *Ecological Economics*, *Vol.* 65 (4).

[21] Muradian, R., E. Corbera, U. Pascual, N. Kosoy and P. H. May, 2010, "Reconciling Theory and Practice: an Alternative Conceptual Framework for Understanding Payments for Environmental Services", *Ecological Economics*, Vol. 69 (6).

[22] Pagiola, S., 2006. "Payments for Environmental Services in Costa Rica", World Bank, Washington.

[23] Pagiola, S., G. Platais, 2007, "Payments for Environmental Services: From Theory to Practice", The World Bank, Washington.

[24] Porras, I., D. N. Barton, M. Miranda and A. Chacoón-Cascante, 2013, "Learning from 20 Years of Payments for Ecosystem Services in Costa Rica", International Institute for Environment and Development, London.

[25] Sattler, C., B. Matzdorf, 2013, "PES in a Nutshell: from Definition and Origins to PES in Practice-Approaches, Design Process and Innovative Aspects", *Ecosystem Services*, Vol. 6.

[26] Vatn, A., 2010, "An Institutional Analysis of Payments for Environmental Services", *Ecological Economics*, Vol. 69 (6).

[27] Wunder, S., 2005, "Payments for Environmental Services: Some Nuts and Bolts", Research Report.

[28] Wunder, S., S. Engel and S. Pagiola, 2008, "Taking Stock: A Comparative Analysis of Payments for Environmental Services Programs in Developed and Developing Countries", *Ecological Economics*, Vol. 65 (4).

京津冀雾霾协同治理生态补偿机制建立的问题与对策研究

杜纯布[*]

摘　要	雾霾频发、PM2.5浓度超标问题成为近几年来京津冀地区首要的生态环境治理问题，本文首先以京津冀雾霾协同治理生态补偿机制如何建立为出发点，进而从理论与实践的结合上准确把握雾霾协同治理生态补偿机制建立的理论依据，梳理并借鉴欧美国家区域间大气污染协同治理的经验与启示；通过对京津冀雾霾污染与协同治理现状的分析以及对我国省级层次现行雾霾污染治理生态补偿办法的梳理，找出京津冀雾霾协同治理生态补偿机制建立存在的现实问题，并针对问题提出解决问题切实可行的对策建议。
关键词	京津冀　雾霾　协同治理　生态补偿机制

一　引言

党的十八大以来把生态文明建设纳入中国特色社会主义事业"五位一体"总体布局，习近平总书记高度重视生态文明建设问题，发表过许多重

---

[*] 杜纯布，经济学博士，助理研究员，中央财经大学财经研究院，主要从事区域经济学、环境经济学研究。

要论述，诸如："我们既要绿水青山，也要金山银山。宁要绿水青山，不要金山银山，而且绿水青山就是金山银山。""要正确处理经济发展同生态环境保护之间的关系，更加自觉地推动绿色发展、循环发展、低碳发展，决不以牺牲环境、浪费资源为代价换取一时的经济增长。""集中力量优先解决好细颗粒物（PM2.5）、饮用水、土壤、重金属、化学品等损害群众健康的突出问题，切实改善环境质量。"①"建设生态文明，必须建立系统完整的生态文明制度体系，用制度保护生态环境。要健全自然资源资产产权制度和用途管制制度，划定生态保护红线，实行资源有偿使用制度和生态补偿制度，改革生态环境保护管理体制。"②"要坚定推进绿色发展，推动自然资本大量增值，让良好生态环境成为人民生活的增长点、成为展现我国良好形象的发力点，让老百姓呼吸上新鲜的空气、喝上干净的水、吃上放心的食物、生活在宜居的环境中、切实感受到经济发展带来的实实在在的环境效益，让中华大地天更蓝、山更绿、水更清、环境更优美。"③ 这些重要论述，对"雾霾治理"和"美丽中国"建设具有重要的指导意义。当下，全社会都已认识到：在转变经济发展方式、实现供给侧结构性改革的同时，要更加重视保护现存生态环境、有序恢复环境资源、有效治理大气污染。由此，建立以治理雾霾为切入点的"雾霾治理生态补偿机制"，成为该领域理论与实践研究的热点问题。

雾霾频发、PM2.5浓度超标问题成为近几年来京津冀地区首要的生态环境治理问题，也是短期内难以解决的问题。其主要原因在于京津冀区域内雾霾污染问题具有整体性、长期性、公共性，需要从制度管控和市场机制两方面双重施力，通过打破行政区域限制，改变传统的属地治理模式，从顶层设计、多元主体参与、生态补偿金共建、府际协作、监督问责五个方面构建京津冀雾霾协同治理生态补偿机制，才能实现制度和市场机制下

---

① 中共中央宣传部：《习近平总书记系列重要讲话读本》（十三）：《绿水青山就是金山银山——关于大力推进生态文明建设》，人民出版社，2016。
② 《中国共产党第十八届中央委员会第三次全体会议公报》，《人民日报》2013年11月12日。
③ 习近平：《在省部级主要领导干部学习贯彻十八届五中全会精神专题研讨班开班式上的重要讲话》，《人民日报》2016年5月10日。

的协同治理和协同补偿。

本文以京津冀雾霾协同治理生态补偿机制如何建立为出发点，结合理论与实践准确把握雾霾协同治理生态补偿机制建立的理论依据，梳理并借鉴欧美国家区域间大气污染治理的经验与教训；在准确分析2013～2017年京津冀雾霾污染与协同治理的成效与现状、梳理我国省级层次现行尚不周全的雾霾污染治理生态补偿办法的基础上，梳理出京津冀雾霾协同治理生态补偿机制建立过程中存在的主要现实问题，并针对问题提出解决问题切实可行的对策建议。

二 雾霾协同治理生态补偿的理论和内涵界说

（一）生态补偿的内涵

1. 有关生态补偿内涵的国内外研究

"生态补偿"是一个具有鲜明中国特色的概念，在国外并没有直接对应的提法，国外学者通常将与我国生态补偿相对应的概念阐述为生态服务补偿（Ecological Compensation，EC）和生态服务付费（Payment for Ecological/Environmental Services，PES）两大类。Cuperus等（1996）认为生态服务补偿是对在发展中所造成的生态功能和质量的破坏给予的一种补偿，用于改善受损地区的环境质量或者重建具有类似生态功能和环境质量的区域。Allen等（1996）则认为生态服务补偿是采取补助措施来恢复生态受破坏区域的生态功能，或通过建立新的生态区域来替代原有生态区域所具有的生态功能或质量。Landell-Mills等（2002）认为生态服务补偿是某种以提高自然资源管理效率为目的的经济刺激机制。《环境科学大辞典》（1991年）将生态补偿定义为"生物有机体、种群、群落或生态系统受到干扰时，所表现出来的缓和干扰、调节自身状态使生存得以维持的能力，或者可以看作生态负荷的还原能力；或是自然生态系统对由于社会、经济活动造成的生态环境破坏所起的缓冲和补偿作用"。毛显强等（2001）提出生态补偿是指通过刺激损害（或保护）行为的主体减少（或增加）因其行为带来的外部不经济性（或外部经济性）。禹雪中等（2011）认为生态补偿是以保护和可持续利用生态系统服务为目的,以经济手段为主要方式,调节利益相关者关系,减少或消除外部性的制度安排。

2. 有关生态补偿标准的国内外研究

补偿标准是生态补偿机制的核心,补偿标准的确定是补偿主体和客体之间复杂的博弈过程。国外对于生态补偿标准的确定方法,归纳起来主要三种,即生态效益评价法、支付意愿法及机会成本法。Costanza(1997)综合国际上对生态系统服务价值的评估结果,深入分析并率先估算了全球生态系统服务功能价值。机会成本法的研究中,Macmillan(1998)研究认为,生态补偿的补偿标准与生态系统服务的提供者的机会成本直接相关。生态效益等价分析法(HEA)的研究中,Brian(2006)认为HEA是定量化生态功能损失的一种方法,可以计算出弥补生态功能破坏所需的补偿比例。Morana等(2007)采用问卷调查法了解苏格兰地区居民对生态补偿的支付意愿,并对调查结果分别采用层次分析法(AHP)和选择实验法(CE)进行统计分析。国内使用较多的计算生态补偿标准的方法有生态服务功能价值法、意愿调查法、市场法和机会成本法。欧名豪等(2000)提出以生态重建成本作为补偿标准。吴晓青等(2003)应用生态经济学、环境经济学理论,用受益总量和经济损失二者差值得出受益者应提供的补偿数量。郑海霞、张陆彪(2006)提出的生态补偿标准是成本估算、生态服务、价值增加量、支付意愿、支付能力四个方面的综合。王金南等(2006)归纳了确定生态补偿标准的两种方法,即核算和协商,认为根据核算结果进行协商的方式比较行之有效。禹雪中(2011)提出可以把生态补偿标准核算方法划分为成本和价值两种基本类型,其中成本类型的补偿标准核算包括污染治理成本及污染治理损失。

3. 有关雾霾治理生态补偿的研究

国外的生态补偿研究侧重于生态补偿中微观主体的行为与选择、市场化补偿的实现途径、补偿的具体机制等方面。与国外研究相比,我国生态补偿研究主要集中在生态补偿概念、补偿必要性等宏观层面上。微观层面如生态损失的计量、生态补偿模型的构建、生态补偿标准的确定等重要问题的研究还不够深入,而且目前生态补偿机制的研究主要集中在流域、森林、矿产资源等领域,将生态补偿机制引入雾霾治理中的研究还处于初级探索阶段。刘广明（2007）认为有必要在环首都区域内实行雾霾生态补偿，实现区域间的生态公平，保障区域生态安全。汪伟全（2014）指出雾霾污染的跨区域合作治理应以区域环境资源产权为核心，以区域范围为尺度，根据相关受益大小建立地方间生态补偿机制。刘薇（2015）提出在京津冀地区实施以排放权交易为主的市场化大气污染生态补偿模式，充分发挥市场对清洁大气资源的优化配置作用。刘清春、董庆华（2016）认为，随着节能减排要求的进一步提高，生态补偿机制的缺失恐会让环境治理协同行动陷入在不同层级政府间相互博弈、难以协调的困境。

（二）雾霾治理生态补偿机制建立的理论依据

1. 经济学视角下的理论依据阐析

（1）"公共物品理论"阐析

从经济学的角度看，一般把具有"非竞争性"和"非排他性"特征的物品称为公共物品。建立雾霾治理的生态补偿机制，首先要高度重视公共物品价值的存在：一是由于公共物品因具有的非竞争性和非排他性的特性，容易导致人类对生态资源的过度使用、污染和破坏，说到底还是对公共物品的社会应有价值重视不够所造成的严重后果；二是正视公共物品价值理论，能够有效约束人类使用生态系统服务的盲目性和随意性，实现对生态资源环境的合理配置和有序利用，从而有序推进生态补偿机制的建立；三是公共物品价值理论既阐释了生态系统服务的社会公共属性，又揭示了生态系统服务的社会价值属性，为生态补偿机制中生态系统服务相应事项的成本和收益，以及相应产权的确立等提供必要的理论依据。研究建立雾霾治理的生态补偿机制，其目的在于：既阻止对区域内大气环境的过度耗用和污染，又正面激励了政府、企业和全社会成员治理大气污染的积极性；将原有"谁污染谁付费"的原则扩展为大气环境治理成本的分摊原则，通过研究公共物品政府供给、联合供给、私人供给和自愿供给的方式建立清洁空气的多种供给途径，实现对清洁空气这种生态资源的合理优化配置；通过生态补偿这种制度安排使区域清洁空气消费者支付相应的费用，分担供给成本，使生态保护和投资者获得合理回报，杜绝"搭便车"

现象,防止出现"公共地悲剧"。①

(2)"外部性理论"阐析

外部性又称为溢出效应、外部效应或外部成本,指的是当一个经济实体的行为对其他实体的收益产生非市场化的受损或受益的影响,但行为主体没有承担这种影响产生的成本和结果。环境资源外部性的存在,是一种游离于市场机制之外的低效资源配置状态,它意味着资源配置无法达到"帕累托最优"。目前解决环境资源外部性的基本思路就是让外部性内部化,即运用政府干预和产权安排,将由单个经济实体的行为所产生的社会收益或社会成本转变为私人收益或私人成本,通过制度安排强制实现货币转让,将技术外部性转为资金外部性,进而实现外部性内部化。"负外部性"正是环境污染问题产生的主要动因和症结,各种环境污染就是典型的负外部性行为,人类所从事的经济活动对环境造成影响,由此而形成的环境成本长期以来并不计入产品和交易的成本之中,近年来,大气污染、雾霾频发的经济学根源就在于此。当政府通过各种政策、措施进行生态环境的修复和重建时,运用各种管制、限制措施防止生态环境进一步破坏,是一种正外部性的体现。相对而言,就目前来说,征税、罚款手段用得多一些,补贴手段用得少一些,短期来看,解决环境污染问题的主要手段是征税和补贴,以及各类污染排放许可和污染物排放价格的市场化运作;但立足于长远来看,建立生态补偿机制,在该机制的框架内发挥市场和政府的合力作用,能够平衡区域内各实体之间生态利益与经济利益的分配关系,激励区域内各经济实体采取有效措施进行生态环境保护,调动起全社会成员建设资源节约型、环境友好型社会的主观能动性,从而实现区域生态和谐、协同发展。

(3)"产权理论"阐析

"产权理论"将环境污染与资源配置内在地联系起来,生态资源环境的产权界定,其实质就是界定适当的生态资源环境的使用权利和交易规则,

---

① "公共地悲剧"最早出现在〔英〕威廉·佛司特·洛伊在1833年讨论人口的著作中所使用的比喻,1968年〔美〕加勒特·哈丁在《科学》期刊中将这一概念加以发表和延伸。"公共地悲剧"阐释了由个人利益与公共利益在资源分配上的冲突而形成的一种社会陷阱,这种陷阱证明,如果一种资源没有排他性的所有权,就会导致这种资源的过度使用,并将资源耗损的代价转嫁给所有可使用资源的个体。

将收益权和控制权有机结合，明确人们在生态资源环境产权交易中如何受益、如何受损以及受益方和受损方之间如何补偿的相关规则。生态补偿的首要问题是厘清和明确谁补偿谁的问题，这需要有明晰的产权界定，若产权界定不明确，则补偿的对象无法确定，生态补偿的内容和机制的建立则无从谈起。对产权做出的明晰界定，成为产权交易行为有序进行的前提，成为产权安排通过产权交易不断改进的基础，同时在保证原有产权收益和产权调整所产生的产权收益的前提下，自然成为产权界定和分配的重要依据。

（4）"生态价值论"阐析

"生态价值论"认为，生态环境资源作为人类赖以生存和发展的物质基础，满足人类的各种需要，理应具有价值属性。通过对生态环境资源价值的计量，将生态环境资源无偿使用转变为有偿使用，使生态环境效用以经济数量的形式纳入国民经济计划和核算体系之中，简言之，就是运用劳动价值论、效用价值论的理论研究和实证方法来具体阐释生态环境资源的价值，该研究即为"生态价值论"。"生态价值论"研究的意义在于：一是为环境资源的有偿使用提供理论依据；二是为合理制定环境资源价格和健全环境资源市场奠定基础；三是有利于充分运用经济手段管理环境资源和实行环境保护，保证经济决策在制定的过程中既实现近期目标，又兼顾长远效果，保障局部利益和社会整体利益。

"生态价值论"构成了生态补偿机制中生态环境资源价值和价格决定的理论基础，其对于生态环境资源价值与价格决定的多种实证计量方法为确立生态补偿的类型、补偿强度和补偿标准等提供了实证研究的有效途径。

（5）"生态资本理论"阐析

所谓"生态资本"，即"生态的资本化"，将"生态系统服务"看作一种资源，或一种生产要素，一种能够运营的具体资本。生态系统的功能和服务主要通过以生态环境质量和自然资源存量为载体的形式表现出来，生态资本就是将生态环境质量和自然资源存量作为一种资本来对待，凸显其功能和价值性，这符合资本要求升值的本性，同时也契合了客观存在的生态规律。

一般来说，"生态资本"主要由四个方面构成：一是自然资源总量；二是生态环境的自净能力；三是生态潜力；四是生态环境质量（杨从明，

2005)。随着生态资本稀缺性矛盾的日益尖锐化，生态资本的存量对经济社会发展的影响力也越来越大；当今人们已越来越清楚地认识到，面对生态资本日益缺失的现实，不能一味地对其进行索取，更重要的是不断增加对生态资本的投资。为此，在建立生态补偿机制的研究中，重视对生态资本的考量，能够确定生态系统的价值性，为生态补偿提供生态资源的管理模式，实现对生态资源的有效管理，并为生态补偿机制的建立提供直接的理论与实践依据，这正是生态资本理论所要解决的实质问题。

2. 法学视角下的理论依据阐析

应该说，"权利与义务公平理论"是从法学视角下审视建立生态补偿机制的重要理论来源之一。就生态环境而言，我国学者钱水苗教授认为，在环境资源的利用、保护以及治理和承担环境破坏性后果上，所有主体都应享有同等的权利、负有同等的义务，体现环境公平。除有法定和约定的情形之外，环境费用和环境负担不能强加给任何主体；任何主体的环境权利都应得到可靠保障，当环境权利受到侵害时都能得到及时有效的补偿和救济（钱水苗，2009）。这也是雾霾治理的生态补偿机制建立的法理基础，通过法治使不同利益群体的社会主体更好地平衡和分配其权利与义务，每一个人都能在公平的基础上平等地享有环境资源和生存空间。

因此，在生态补偿机制中从法制的视角引入"权利与义务公平理论"，其目的在于：一是正确处理人与自然的关系，补偿人为的生态损害、确保生态平衡，实现人与自然的和谐共处；二是在人与人之间确保环境公平，解决环境区域内各生活群体之间的利益冲突，保障不同利益群体享有应有的权利和履行应尽的义务，满足不同利益群体对环境质量的合理诉求，实现区域内大气污染治理的公平决策、资源投入公平分配、公众公平参与等，最终达到公平公正解决区域之间的利益补偿问题的目的。

3. 生态学视角下的理论依据阐析

再从生态学的视角来看，可以说"可持续发展理论"成为生态补偿机制建立的又一个方面的重要理论依据。"可持续发展"是源于环境保护的考察；"可持续发展理论"的建立为经济、社会的发展和环境资源保护提供了一种崭新的发展模式；而这种可持续发展模式的形成原本就与资源环境有着密切联系。要实现可持续发展，从保护生态资源的角度来考量，必须做到环境保护的压力与经济增长的动力这两种力量的辩证统一发展,其总体要求是既不能为了环境保护而制约经济发展,又不能为了经济发展而破坏人类赖以生存的生态环境。

"可持续发展理论"在生态补偿领域的运用,为的是从本质上消除生态环境破坏向后代的延伸性。也就是说,考量生态成本的计算不仅用于"代际"之内,而且要拓展到"代际"之外,必须将那些可能对子孙后代的生存和发展所造成的损失一并纳入生态成本的计算之中。因此,今天全社会更应该在发展经济的过程中保护好现有的生态环境资源,不能把更为严重的后果传给我们的后代子孙。从这种意义上说,生态补偿机制的建立正是基于"可持续发展理论"的社会实践应用而形成的。

4.协同学视角下的理论依据阐析

"协同治理"也称"合作治理"或"协作治理",是对政府之间、政府部门之间、政府与其他组织跨部门之间的合作与共治现象的治理原则与规则的表述。"协同治理理论"一般理解为:为了协调和解决相互冲突的不同利益主体之间的矛盾,各相关利益主体通过协商形成并制定一系列具有法律约束力的正式制度和法则,以及用于促成协商与和解的非正式的制度安排,在协同行动中消除现实中存在的隔阂和冲突,达到联合行动和协同解决问题的目的。其本质是促成相关各利益主体协同处理复杂社会公共事务,实现多元主体共同参与、多个子系统结构相互融合、资源信息共享,从根本上对公共利益产生协同增效的功能。当不同利益主体产生竞争和冲突时,寻求各方认可的共同政策目标,通过相互合作和资源整合,形成相互依存、风险共担、利益共享的合作局面,在协同中产生新的平衡。因此,"协同治理理论"成为公共政策研究领域需要借鉴和运用的一种重要的方法论。

"协同治理理论"为京津冀地区雾霾污染治理生态补偿机制的建立提供了解决问题的思路和路径,具体体现在以下四个方面。

第一,协同治理要求京津冀地区建立多元主体共同参与的顶层协商机构。协同治理能够准确把握区域发展阶段、发展特点和发展难题,通过管理理念、方式、路径和机制的重要创新提升区域治理水平,实现京津冀地区资源配置效用最大化和系统整体功能的优化。通过顶层设计,将具有不同价值理念、行为模式和政策目标的参与者聚合到一起，依据达成的共识，对政策进行协同调整；准确界定京津冀地区政府、市场、社会、公民等多元主体在面对雾霾治理时的权利和作用、责任和义务；通过多元主体有效参与和合作，制定一系列合理的制度安排，以社会最大化收益为目标力求解决大气污染这一区域公共性问题。

第二，协同治理要求京津冀地区建立保证生态补偿得以实现的制度监督和约束机制。京津冀地区大气污染协同治理可持续的关键在于是否具有对制度或程序的监督和约束机制，为实现真正的公平和正义，需要对权力主体的行为实行监督与制约，防止利益集团的利益固化，以确保在协同治理中各类主体可能产生的相互冲突得以协调，杜绝因责任分散和社会公平感缺失而导致的"搭便车"现象的发生。

第三，协同治理要求京津冀地区建立大气污染信息共享网络，为多元主体参与提供决策保障。协同治理的一个重要保障就是信息的及时网络共享，基于协同治理是一种更加开放的网络化治理模式，整个治理体系的运转对于信息的及时网络共享要求很高，这势必会打破以往政府主导治理模式下的信息垄断、信息传播缓慢和信息失真等一系列信息壁垒现象。开放的网络化治理模式，使大气环境污染损害行为和数据能够迅速地进入到决策系统，多元治理主体能够及时有效地掌握相关信息，第一时间制止和阻断生态环境损害行为。

第四，协同治理为京津冀地区大气污染防治过程中协调多元主体的利益提供解决思路。协同治理能够构建畅通稳定的利益表达机制、制度化的利益表达体系，在对话协商、信息沟通的基础上，达成区域内多元主体的利益共识，运用生态补偿机制的作用，建立起公平稳定的利益分配体系，使利益加害群体支付必要的损害支出，利益受损群体得到合理补偿，从而对利益冲突实现切实有效的调解。

由此可见，运用"协同治理理论"，在京津冀雾霾治理过程中建立多元主体共同参与的顶层协商机构、监督和约束机制、信息共享网络和利益表达机制成为京津冀雾霾协同治理生态补偿机制得以建立的理论依据和实践路径。

三 对欧美国家区域大气污染治理方式的梳理与经验评析

(一) 欧美国家区域大气污染治理方式

欧美国家区域空气污染问题由来已久,第二次世界大战以后,随着现代工业的快速发展和城镇化规模的不断扩大,世界范围内的空气污染日益严重,烟雾污染所带来的疾病以及自然和生态灾害,席卷了当时主要的工业发达国家,迫使美国、德国以及欧洲许多国家开始直面和重视大气污染防治,历经30~40年的治理,这些国家随着污染情况的不断变化,其治理政策制度体系也在不断地修改完善,并在大气污染治理和清洁空气保护上建立起一套完整的法律、制度和市场化体系,这为京津冀地区在大气污染防治方面提供了可资借鉴的经验。

1. 美国区域空气污染协同防治的方式

基于臭氧污染问题,美国1955年就颁布了《空气污染控制法》,1963年美国国会通过了《清洁空气法》,该法案建立了空气污染研究与防控基金;1970年对《清洁空气法》进行了修订,成立了美国环境保护局,制定了《国家环境空气质量标准》,要求各州政府就各自如何实现该标准提交的各州具体的实施计划;具体来说,美国联邦政府对二氧化硫、空气污染微粒、氮氧化物、一氧化碳、臭氧、铅这六种大气污染物,制定国家空气质量标准,要求各州和地区依据国家空气质量标准制定具体的达标方案,并要求各州和地区所制定的地区空气质量标准要高于联邦的标准;1977年进一步修订《清洁空气法》,明确规定处于下风地区的州可以请求环境保护局对处于上风位置的州的固定污染源进行监管,力求阻断这些污染源的区域传输,避免处于下风地区的州因传输无法达到《国家环境空气质量标准》;1990年美国国会通过了《清洁空气法(修订案)》,Reitze(1991)指出依据该修订案规定位于下风地区的州可以依据《清洁空气法》第126章的规定请求环保局关闭特定污染源,并赋予地方政府、非政府组织和公民对污染排放者及未能适当解决问题的相关各州提出法律诉讼的权利;1998年美国环境保护局颁布《氮氧化物州际执行排放计划》,估算了氮氧化物排放总额,并把额度分配给各州,由各州根据情况自主调配。这些法律法规和措施施行后,有些州已经有效控制了州内的大气污染物排放源,但对于由二氧化硫、氮氧化物和碳氢化合物排放造成的臭氧、细微颗粒物(PM2.5)污染物的长距离转移导致其他州无法达到《国家环境空气质量标准》的问题,却得不到解决。为此,美国国会于1999年拨款近500万美元帮助建立跨州规划机构,以评估和制定区域性阴霾和颗粒物污染问题的控制策略。为了解决州外污染源持续造成的臭氧和细微颗粒物排放不能达标的问题,环保局于2005年采纳了"区域性污染控制计划",也称《州际清洁空气法》。该法规鼓励区域性排放物交易计划:环保局建立排放交易系统,通过在各州开展配额交易,对美国东部最大的氮氧化物和二氧化硫排放源(主要是使用化石燃料的设施)排放的污染物进行控制。从2010年开始,依据《州际清洁空气法》和"酸雨计划"的规定,每排放一吨的二氧化硫需要拿出2个配额;从2015年开始,每吨二氧化硫排放需要2.86个配额,配额可以进行自由交易,未使用的配额可以储存起来以供将来使用(中国环境与发展国际合作委员会,2012)。

美国所实行的区域性排放物交易计划,为京津冀地区区域性大气污染物传输问题提供了一个解决思路,可成为生态补偿机制市场化的有力补充,通过衡量大气污染物排放控制措施的成本,计算在现有条件下每减少一吨排放物所花费的金额,运用生态补偿为区域内更新先进成熟的治污技术提供资金保障,待治污技术更新完成后,再统计各区域的减排能力的基础上制定区域性配额,并允许配额在京津冀地区内市场化交易。

2. 欧盟的区域空气污染防治机制

欧洲控制空气污染的区域性方法可以追溯到20世纪60年代,当时的科学家发现并论证了欧洲大陆硫排放和斯堪的纳维亚湖水酸化之间的相互关系。1972~1977年,有研究证实:空气污染物沉积或造成污染之前可以传播几千公里,这就意味着要解决酸化问题,进行国际合作是十分必要的。为此,1979年,欧洲共同体和苏联等33方签署了一项旨在建立共同的空气质量策略、监测系统与测量政策的国际协议《远程跨国界空气污染公约》,目的在于尽可能减少和预防远程跨国界空气污染。该公约于1983年开始生效,成为第一个在广泛区域内处理空气污染问题具有法律约束力的文件。它奠定了空气污染治理的国际合作总方针,形成了一个将研究与政策相结合的国际框架。该协议建立了空气质量监测和大气扩散模型,明确了降低单一污染物排放的义务,如二氧化硫、氮氧化物、挥发性有机化合物、重金属以及持久性有机污染物等。1999年的《哥德堡协议》,明确了空气污染多污染来源以及多重效应的特点,为减少酸化、富营养化和地面臭氧层破坏带来的危害,要求协议签署各方将二氧化硫、氮氧化物、氨气和挥发性有机化合物的排放量控制在规定的上限范围内。2012年,各方同意签订《哥德堡修订协议》,修订协议中除了上面提及的影响之外,还增加了细微颗粒物对健康造成的危害。为此,各签署国在承担四种污染物减排义务的同时,还要降低细微颗粒物(PM2.5)的排放量,欧盟制定了中长期细颗粒物达标目标值,2015年标准为 $20\mu g/m^3$(微克/立方米),2020年为 $18\mu g/m^3$(中国环境与发展国际合作委员会,2012)。

由于欧盟是一个集政治实体和经济实体于一身的区域一体化组织,其主体成员之间的利益主体关系有别于一国内州府之间关系,为此欧盟颁布了一系列具体的针对空气污染防治的指令性文件,诸如《环境空气质量指令》《国家排放上限指令》《空气质量框架指令》《具体排放源限制指令》等,并要求欧盟所有成员遵照实施,这些空气质量法规成为欧盟所有成员的共同法规,并且在成员内转变为其国家法规。

欧盟为统一评估和管理区域内空气质量,颁布了《环境空气质量指令》,为欧盟所有地区设定一个通用的限定值,即空气质量标准。该指令要求,欧盟各成员国必须采取行动以达到空气质量标准,但各成员国可依据自身情况灵活制定行动方案;在处理有关跨国界污染物排放问题时,当一个国家发现污染阈值超过或接近该国国界并可能引起跨国界污染时,要求成员国之间做到信息共享。为了控制区域污染浓度向远程扩散,欧盟在分析欧洲敏感生态体系临界负荷的基础上建立了空气质量信息模型,颁布了《国家排放上限指令》,该指令规定了各成员国二氧化硫、氮氧化物、挥发性有机化合物、氨气(NH_3)以及细微颗粒物(PM2.5)的具体排放上限,成员国可以通过采取国家及地区性措施达到空气质量限制值,在一国国土范围内如何将污染物控制在国家排放规定的上限以内,以及在哪些地方实行国家排放上限由每一个成员国自主决定。欧盟为了发展完善区域环境管理办公体系，颁布了《空气质量框架指令》，授予欧盟委员会一系列的监督权和管理权，包括：监测各成员国对欧盟法规实施的及时性与准确度，确保欧盟制定的政策达到预期效果；监测空气污染的趋势和限制值的达标情况；向欧洲议会和理事会报告空气质量目标的达标进程；当出现跨国界污染时，在成员国之间进行跨国协商；对发现的违法行为，欧盟委员会将在欧洲法院立案；对于某个成员国没有达到空气质量水平或减排要求，欧盟委员会有权通报批评、开展侵权诉讼、对当事国处以罚金和暂停欧盟的财政支持。欧盟为了建立涉及若干行业的、协调一致的一体化工业污染防治系统，发布了污染综合防治指令、欧盟VOCs限制指令、废物焚烧限制指令、大型燃烧装置排放有害物质限制指令等诸多具体排放源限制指令。

3. 德国区域空气污染防治方式

德国曾经是欧洲乃至世界环境污染最严重的国家之一，经过几十年的生态治理，现在的德国已经成为世界公认的环境保护好、生态治理成功的国家之一，有许多经验可以借鉴。

德国政府为控制空气质量制定了许多的政策措施：一是制定更为严苛的环境质量标准，将《环境空气质量及欧洲清洁空气指令》《工业排放指令》《国家排污上限指令》等欧盟指令转化为德国内部法律，制定《联邦排放控制法案及实施条例》，并以此具体开展空气质量控制工作，制定《德国空气质量控制技术指南》，对废气中的15种颗粒物、13种气态无机物、176种一类气态有机物和10种二类气态有机物以及20种致癌物质依据物质危害性和形成污染负荷的能力，划分3~5个类别，依据类别制定具体的排放标准；二是根据现有最佳技术，制定减排要求，依据当前最新的技术水平，制定大气污染排放限值，使有害物质排放尽可能保持在最低水平，发布《空气质量控制的技术说明》，为一些行业的相关设备设定排放限值和技术规定，要求发电厂、工业设施以及汽车催化剂和燃料使用当中应用现有最佳技术，减少排放到大气当中的污染物，为减少小型燃烧装备的颗粒物排放，制定《小型燃烧装置的修订条例》，使住宅区可吸入颗粒物排放量获得显著的降低；三是对汽车尾气设立严格的排放标准并设定具体的排放限制，在城区规定经济车速、设立环保区域，只允许符合环保标准的车辆驶入；

四是大力宣传和使用太阳能和风能等清洁能源，对现有建筑进行改造，新建建筑尽可能地使用清洁能源，以减少能耗进而降低环境污染；五是实行全民环保教育，培养民众的环保意识，德国从幼儿园开始就实行系统的环保教育，将环保意识内化为公民的自觉行为，从而在客观上促进政府依据社会民众意愿不断提高环保标准，实现生态治理和环境保护的目的。

（二）欧美国家区域大气污染协同治理的经验评析

从美国、欧盟、德国大气污染防治的机制和方式梳理来看，只要政府有决心、及时出台切实可行的治理政策，再加上动员全社会全要素广泛参与和协同行动，大气污染问题最终是可以被解决的。但必须清醒地认识到，大气污染治理是一个长期的过程，需要建立长效的协同治理机制，这些国家和地区在经历了早期污染治理的被动性和分散性阶段以后，在总结经验教训的基础上，都高度重视大气污染治理的前瞻性和整体性，加强大气污染的区域协同治理。其主要经验可以归结为：一是从宏观国家层面来看，建立了比较完备的治理机制政策；二是从中观州府层面上来看，制定了比较全面的地方治理法律法规和条例；三是从微观层面上来看，对企业和社会公众制定了具体遵循的标准和行为规则；四是依据不同时期污染物排放的不同特性及时进行法律法规的补充和调整，从而建立起一整套完善的法律法规体系，实现了在大气污染防治上有法可依，并做到严格执法；五是在坚持依法治理的同时，运用市场化的方式，通过配额交易、财政补贴、补偿、税收减免等手段，实现支持企业污染设备的更新换代、个人减排的多样化补偿；六是在跨区域污染治理方面，构建了一整套协同配合治理的政策体系和运行机制，提升了污染应急反应能力和协商补偿的速度；七是培养了全社会的环保意识，动员全社会协同行动，促进公民环境保护权利和义务的落实，鼓励绿色出行、低碳生活，在逐步减少和治理已知污染源的同时，防止产生新的污染源，最大限度地降低大气污染，确保大气污染不反弹；八是从政府、企业、社会、个人等多层面打出大气污染治理的组合拳，形成政府自上而下、民众自下而上的环境参与机制，为大气污染防治政策的推行提供良好的社会环境。以上八个方面的治理经验，值得在研究京津冀雾霾协同治理过程中高度重视和合理借鉴。

四 京津冀雾霾协同治理现状与生态补偿机制建立存在的问题

(一)京津冀雾霾污染与协同治理现状分析

2013年9月10日国务院出台《大气污染防治行动计划》(简称《大气十条》),这是京津冀大气污染协同治理的开端,为京津冀三地大气污染防治的实质性合作拉开了序幕,《大气十条》设定了京津冀区域阶段性治污目标,要求到2017年北京、天津、河北的细颗粒物(PM2.5)浓度在2012年的基础上下降25%左右,并且提出建立京津冀区域大气污染防治协作机制。随后,环境保护部联合国家发改委、工业和信息化部、财政部、住房和城乡建设部、国家能源局共同发布《京津冀及周边地区落实大气污染防治行动计划实施细则》,为京津冀及周边地区各省区市制定出明确的防治目标;北京市政府印发《北京市2013—2017年清洁空气行动计划》;天津市政府印发《天津市清新空气行动方案》;北京市、天津市和河北省分别发布《重污染天气应急预案》,中国气象局成立中国首个区域性环境气象中心——京津冀环境气象预警预报中心,为了更好地治理京津冀及周边地区的大气污染,包括京、津、冀、晋、鲁、内蒙古、豫七省份及环保部、国家发改委、工信部、财政部、住建部、气象局、能源局、交通运输部在内的八部门,成立京津冀大气污染防治协作小组。

对比京津冀三地2013~2016年的环境状况公报,可以看出,雾霾污染问题最严重的情况出现在2013年,2013年北京市细颗粒物(PM2.5)年均浓度89.5μg/m³;超过国家年平均浓度标准(35μg/m³)的1.56倍;天津市细颗粒物(PM2.5)年平均浓度为96μg/m³,超过国家年平均浓度标准的1.7倍;2013年河北省细颗粒物(PM2.5)年平均浓度为108μg/m³,超过国家年平均浓度标准的2.09倍,11个设区市达到或优于Ⅱ级的优良天数平均为129天,仅占全年总天数的35.34%,重度污染以上天数平均为80天,占全年总天数的21.92%,平均5~6天就会出现一次PM2.5重度污染,这些严重的雾霾污染问题引起了国家和京津冀各地方政府的高度重视,协同治理大气污染问题也成为三地政府的共识。

经过近几年的努力,从京津冀三地目前最新公布的2016年环境状况公报中,可以直观地看到,2016年北京市细颗粒物(PM2.5)年平均浓度为 $73\mu g/m^3$,比上年下降9.9%,超过国家年平均浓度标准1.09倍,比2013年下降18%,年空气质量达标天数198天,达标天数比例为54.1%,达标天数比2013年增加22天,空气重污染天数为39天,比2015年减少7天,比2013年减少19天。[1] 2016年天津市细颗粒物(PM2.5)年均浓度为 $69\mu g/m^3$,超过国家年平均浓度标准0.97倍,比2013年下降28%;年空气质量达标天数为226天,占全年天数的61.7%,较2015年增加6天;空气中度以上污染共53天,较2015年减少5天。[2] 2016年河北省细颗粒物(PM2.5)年平均浓度为 $70\mu g/m^3$,较2015年下降了9.1%,超过国家年平均浓度标准1倍,比2013年下降35%,全省11个设区市环境空气质量优于Ⅱ级的优良天数平均为207天,占全年总天数的56.6%,与上年相比增加了17天。重度污染以上天数平均为33天,占全年总天数的9.0%,与上年相比减少了3天。[3] 北京大学统计科学中心和光华管理学院共同发布的《京津冀2013—2016年区域污染状况评估》也指出,过去4年京津冀地区的PM2.5浓度总体显著降低,13个城市的年平均浓度从2013年的 $100.1\mu g/m^3$ 下降到2016年的 $72.5\mu g/m^3$,降幅超过27%。环保部2017年9月发布的北京市、天津市PM2.5来源解析中提到,北京市全年PM2.5来源中区域传输贡献占28%~36%,本地污染排放贡献占64%~72%,天津市全年PM2.5来源中区域传输贡献占22%~34%,本地污染排放贡献占66%~78%。

2017年,北京市空气中细颗粒物(PM2.5)年平均浓度为 $58\mu g/m^3$,同比下降20.5%,完成国家《大气十条》下达的 $60\mu g/m^3$ 左右的目标。各区空气质量也均有明显改善,PM2.5月平均浓度为 $49\sim67\mu g/m^3$,浓度较低的区为怀柔区、延庆区和密云区,浓度较高的区为通州区、开发区和丰台区;各区较2016年的同比降幅为14.8%~31.5%,其中,大兴、房山两区

---

[1] 北京市环境保护局:《2016年北京市环境状况公报》,2017年5月。
[2] 天津市环境保护局:《2016年天津市环境状况公报》,2017年5月。
[3] 河北省环保厅:《2016年河北省环境状况公报》,2017年6月。

降幅大于30%；较2013年的累计降幅为27.9%~46.7%，其中，房山、大兴、海淀、门头沟四区降幅大于40%。[1]

2017年，天津市环境空气质量综合指数6.53，同比下降1.8%；达标天数209天，同比减少17天；重污染天数23天，同比减少6天。PM2.5、PM10和SO_2浓度同比下降，降幅分别为10.1%、8.7%和23.8%；NO_2、CO和O_3浓度同比上升，升幅分别为4.2%、3.7%和22.3%。PM2.5、PM10、NO_2年均浓度和O_3日最大8小时平均浓度第90百分位数超过国家标准值。其中，年平均浓度为62μg/m^3，超标0.77倍；PM10年平均浓度为94μg/m^3，超标0.34倍；NO_2年平均浓度为50μg/m^3，超标0.25倍；O_3日最大8小时平均浓度第90百分位数为192μg/m^3，超标0.20倍。SO_2年均浓度和CO 24小时平均浓度第95百分位数均达标。[2]

2017年京津冀2+11城市PM2.5浓度排名见表1。

表1　2017年京津冀2+11城市PM2.5浓度排名

单位：μg/m^3

排名	城市名称	PM2.5浓度
1	张家口	31
2	承德	35
3	秦皇岛	44
4	北京	58
5	廊坊	60
6	天津	62
7	唐山	66
8	沧州	66
9	衡水	77
10	邢台	80
11	保定	84
12	石家庄	86
13	邯郸	86

资料来源：北京市环保局、天津市环保局、河北省环境保护厅发布的环境公报。

---

[1] 北京市环保局：《2017年北京市环境空气质量状况》，2018年2月7日。
[2] 天津市环境监测中心：《2017年12月及全年天津市环境空气质量报告》，2018年1月15日。

总之，以上数据直观地表明，京津冀雾霾污染状况逐年有所好转，从表1来看，除去张家口、承德、秦皇岛三个非大气污染传输通道城市的排名外，北京、天津排名靠前，河北省8个大气污染传输通道城市依次排序为廊坊、唐山、沧州、衡水、邢台、保定、石家庄、邯郸市，雾霾污染依旧严重，这与人民对于美好环境的期盼，对于蓝天白云的向往还有一定的差距，京津冀雾霾协同治理工作依旧任重道远。同时通过图1可以看出，北京市、天津市和河北省各地市为降低雾霾年均浓度，做出了巨大的努力，2017年比上一年同期PM2.5年平均浓度都有一定程度的改善，其中北京市改善幅度为20.50%，天津市改善幅度为10.10%，河北省除邯郸外（改善幅度为负4.90%），其他10个城市均有3.10%~13.10%的改善幅度，协同治理取得了一定的成效。但是也要清醒地看到，由于北京市、天津市和河北省分别处于后工业化、工业化后期和工业化中期阶段，客观上形成了三地经济社会发展水平有较大差距，各地在治理雾霾的难度上也不相同，首都北京和直辖市天津对人口、资源和资本的集聚效应和调配能力远大于河北省，正处于工业化中期阶段的河北省，钢铁、水泥、焦化等污染排放强度高、对区域空气质量破坏力强的行业是其经济发展的支柱产业，去除过剩产能或关停污染企业，短期内会大量降低雾霾浓度，也会降低年均雾霾浓度的

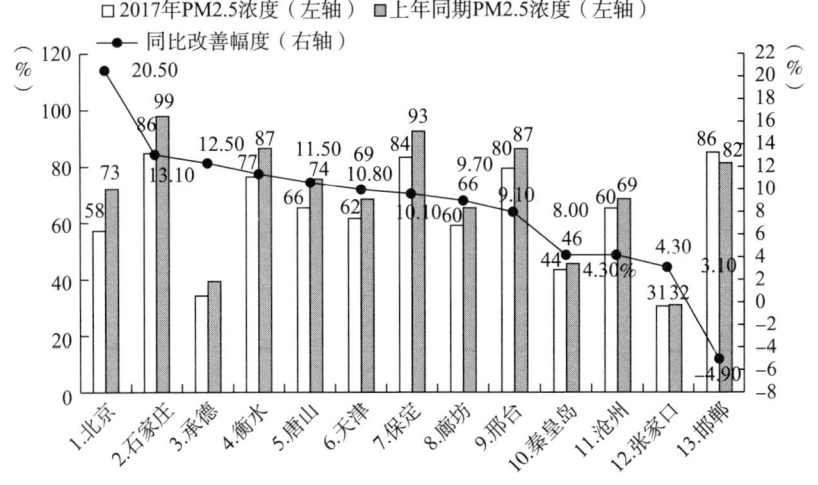

图1 京津冀2+11城市PM2.5浓度同比改善幅度排名

资料来源：北京市环保局、天津市环保局、河北省环境保护厅发布的环境公报。

准确性，但会对地方经济造成极大的负面影响，当区域内地方政府在大气污染治理中成本高于收益时，必然损害府际间的合作动机，导致在执行层面上一直无法形成各方认同的量化标准，跨行政区的利益补偿机制难以实现。

（二）我国省级层次雾霾污染治理生态补偿办法的梳理

从全国范围内来看，目前我国许多省份出台雾霾污染治理生态补偿办法，具有代表性的有以下几种（见表2）。

表2　环境空气质量生态补偿暂行办法汇总

《山东省环境空气质量生态补偿暂行办法》	环境空气质量生态补偿资金实行省、市分级筹集，有关市向省级补偿的资金纳入省级生态补偿资金规模，用于补偿空气质量改善的市
	以各设区市的$PM_{2.5}$、PM_{10}、SO_2、NO_2四类污染物季度平均浓度同比变化情况为考核指标，考核权重分别为60%、15%、15%、10%
	污染物浓度以微克/立方米计。生态补偿资金系数为40万元/（微克/立方米）；某设区的市补偿资金额度＝考核得分×生态补偿资金系数
	依据自然气象对大气污染物的稀释扩散条件，设置稀释扩散调整系数为1.5或1
	考核得分＝［（上年同季度$PM_{2.5}$平均浓度－本年考核季度$PM_{2.5}$平均浓度）×60% +（上年同季度PM_{10}平均浓度－本年考核季度PM_{10}平均浓度）×15% +（上年同季度SO_2平均浓度－本年考核季度SO_2平均浓度）×15% +（上年同季度NO_2平均浓度－本年考核季度NO_2平均浓度）×10%］×稀释扩散调整系数
《河南省城市环境空气质量生态补偿暂行办法》	省环保厅负责环境空气质量生态补偿资金的核算，省财政厅负责扣收和发放。扣收生态补偿资金除用于奖励相关省辖市、县（市、区）外，结余资金纳入全省环境污染防治专项资金
	环境空气质量目标考核3项因子，即可吸入颗粒物（PM10）浓度、细颗粒物（PM2.5）浓度和空气质量优良天数
	以全省空气质量月平均值为考核基数，按5级阶梯标准计算，由省财政厅根据省环保厅计算结果于下月兑现
	计算方式：（某市当月PM2.5浓度－考核基数）×阶梯扣收标准

	第一阶梯		第二阶梯		第三阶梯		第四阶梯		第五阶梯	
	扣收	补偿	扣收	补偿	扣收	补偿	扣收	补偿	扣收	补偿
PM2.5	>1-5	<1-5	>6-10	<6-10	>11-15	<11-15	>16-20	<16-20	>20	<20
金额（万元/微克）	5	4.5	10	9	15	13.5	20	18	25	22.5

续表

《湖北省环境空气质量生态补偿暂行办法》	省财政厅按年度通过调整相关地方的一般性转移支付资金额度，实行生态补偿和奖惩；实行按季度核算，按年度结算
	以可吸入颗粒物（PM10）、细颗粒物（PM2.5）为考核指标，PM10、PM2.5年平均浓度达到《环境空气质量标准》（GB3095—2012）二级标准的地方，若按上述方法计算结果为负值，不扣缴环境空气质量生态补偿资金
	环境空气质量生态补偿资金系数，为30万元/（微克/立方米）
	以PM2.5为考核指标计算的环境空气质量生态补偿资金计算方法： M2＝（A上年－A本年）×m×k m——环境空气质量生态补偿资金系数，为30万元/（微克/立方米）； A本年——本年考核季度PM10、PM2.5平均浓度； A上年——上年同季度PM10、PM2.5平均浓度； k——天气变化系数，在0.5—1之间

资料来源：笔者根据相关资料整理。

一是山东省人民政府办公厅出台的《山东省环境空气质量生态补偿暂行办法》，二是河南省人民政府办公厅出台的《河南省城市环境空气质量生态补偿暂行办法》，三是湖北省人民政府办公厅出台的《湖北省环境空气质量生态补偿暂行办法》。京津冀地区，天津市2016年颁布《〈天津市清新空气行动考核和责任追究办法（试行）〉补充办法》，河北省出台《河北省城市及县（市、区）环境空气质量通报排名和奖惩问责办法（试行）》。

查阅相关资料，目前京津冀地区，还没有出台任何的环境空气质量生态补偿暂行办法，但2016年天津市颁布的《〈天津市清新空气行动考核和责任追究办法（试行）〉补充办法》，以及2018年河北省出台的《河北省城市及县（市、区）环境空气质量通报排名和奖惩问责办法（试行）》，已经涉及大气污染治理生态补偿的内容（见表3）。

表3 天津市、河北省涉及大气污染治理生态补偿的内容

《天津市清新空气行动考核和责任追究办法（试行）》补充办法	依据各区每月环境空气质量排名结果，对区政府给予财政奖补或扣减财力措施，并在媒体上公布奖惩结果
	将各区空气质量综合指数排名和综合指数改善率排名位次数值相加，由小到大排序形成各区空气质量综合排名
	月度空气质量排名位于第8位和第9位的区不予奖惩；排名第7位的区，奖补20万元，排名每靠前一位，奖补资金增加20万元；排名第10位的区，扣减当年财力20万元，排名每靠后一位，多扣减当年财力20万元

续表

		第一类	第二类	第三类
《河北省城市及县（市、区）环境空气质量通报排名和奖惩问责办法（试行）》		河北省大气办每月对各城市及县（市、区）环境空气质量考核排名。依据每月环境空气质量排名结果，对各市、县（市、区）实施财政奖励或惩罚性扣减资金措施		
		排名分三类：		
	城市	8个大气污染传输通道城市：石家庄、唐山、廊坊、保定、沧州、衡水、邢台、邯郸市	8市所辖县（市、区）和定州、辛集市	非大气污染传输通道城市即承德、张家口、秦皇岛市所辖县（市、区）
	财政奖励	月度排名第1名至第3名的，分别奖励100万元、80万元、60万元	排名前10名的予以奖励，第1名奖励50万元，每靠后一个位次，奖励减少4万元	对排名前3位的予以奖励。对前3名分别奖励30万元、20万元、10万元
	惩罚性扣减	排名倒数第1名至倒数第3名的，分别扣减100万元、80万元、60万元	月度空气质量排名后10名的予以扣减；倒数第1名扣减50万元，每升高一个位次，少扣减4万元	月度空气质量排名后3位的予以扣减；对倒数第1名至倒数第3名，分别扣减30万元、20万元、10万元

资料来源：作者根据相关资料整理。

梳理分析我国地方政府所出台的与雾霾污染治理生态补偿密切相关的办法政策，可以看出，目前全国范围内对于雾霾污染治理乃至大气污染治理的生态补偿机制尚处于初步建立和试行阶段，大多集中在省级行政范围内的补偿，补偿方式主要是对绩效考核结果的奖励和惩罚，补偿方式、补偿标准过于简单、笼统，致使现有的生态补偿只起到被动激励的作用，生态补偿机制的长期效果得不到良好发挥，基于雾霾传输性的跨行政边界的生态补偿机制还没有建立。

（三）京津冀雾霾协同治理生态补偿机制建立存在的现实问题

京津冀地区雾霾协同治理生态补偿机制建立存在的现实问题，主要集中在以下几个方面。

1. 京津冀区域内雾霾协同治理生态补偿机制缺失

生态补偿的基本内涵是生态服务功能的受益者对生态服务功能的保护

者付费的行为、生态服务功能的加害者向生态服务功能的受害者补偿的行为。2016年5月国务院办公厅发布《关于健全生态保护补偿机制的意见》（以下简称《意见》），明确规定了我国生态保护补偿机制的基本原则是谁受益、谁补偿。《意见》要求科学界定保护者与受益者权利义务，推进生态保护补偿标准体系和沟通协调平台建设，加快形成受益者付费、保护者得到合理补偿的运行机制；将试点先行与逐步推广、分类补偿与综合补偿有机结合，稳步推进不同领域、区域生态保护补偿机制建设，不断提升生态保护成效；明确提出了建立生态环境损害赔偿、生态产品市场交易与生态补偿保护协同推进的生态环境保护新机制。[①] 从现实情况看，目前京津冀地区已经建立统一的大气污染监测和预警机制，实现区域内的联防联控。2017年北京市已全面完成国家《大气污染防治行动计划》下达的阶段性目标任务，京津冀地区整体雾霾排放浓度明显下降，雾霾治理虽取得了一定的成效，但雾霾治理生态补偿这种市场化的长效机制依旧缺失，雾霾治理主要以政府行政手段为主，由上级行政主管部门制定雾霾治理的总任务和目标，京津冀各级政府具体负责本地大气污染物的减排和治理工作，治理模式比较单一。基于雾霾污染的长期性、复杂性和传输性的特征，京津冀协同治理是解决雾霾污染问题的主要途径，建立雾霾治理生态补偿机制成为实现京津冀协同治理的重要机制保障，从《意见》中笔者看到，对于森林、草原、湿地、荒漠、海洋、水流、耕地等十个重点领域的生态保护补偿制度的建立和完善提出了明确要求，但没有明确涉及大气污染雾霾治理领域的生态补偿制度建立问题；京津冀作为区域整体，其雾霾治理生态补偿机制是缺失的，在三地内部雾霾治理领域的生态补偿机制也存在缺失问题。

2. 雾霾协同治理的生态补偿对象与标准界定缺乏科学性

从《意见》中还可以看出，国家层面上已经将生态补偿和生态赔偿做了区分，京津冀地区应依据意见准确确定雾霾治理的生态补偿对象和标准。

---

① 《国务院办公厅关于健全生态保护补偿机制的意见》，中华人民共和国中央人民政府网站，2016年5月13日。

生态补偿的主体多集中在各省份政府和显性受益人,忽视了隐性受益人(生态利益的间接受益人)的付费义务和污染制造者的补偿责任。生态补偿制度应当是一个多元的科学完备的制度体系,财政划拨只是其重要的组成部分,单纯依赖财政划拨增加了国家和地方政府的财政支出,但有限的资金难以满足社会经济和生态可持续发展要求,相关人群不能有效履行其环保义务,生态破坏者也没有承担相应的环境责任,致使整个社会环境保护的意识提升较慢。雾霾治理生态补偿的标准一直没有确定,受限于法律及行政管理能力,我国大部分地区发放生态补偿金的方式比较粗犷,大多以雾霾的平均浓度下降值作为参考,以奖励的形式发放到各级地方政府,定价机制过于简单,忽视地方经济发展水平存在的差异,对受偿方所在区域的社会经济特点和补偿对象的生态特征分析不够,从城镇化水平与雾霾关系的实证可以看出,会导致城镇化水平高的地区补偿资金得到的多,城镇化水平较低的地方补偿资金得到的少,这与实证研究结果显示的城镇化率与雾霾污染存在负向影响关系不相契合,长此以往会导致雾霾污染加重和城镇化水平提升受阻,致使区域发展两极分化严重,不能很好地实现生态补偿的初衷,这也与国家提出的雾霾治理精准施策的要求向背。所以京津冀雾霾治理生态补偿机制对生态补偿对象和标准的研究有待进一步深化,生态补偿的对象应包括受益者、保护者、受损者,即京津冀地方省市政府、显性受益人、隐性受益人和污染制造者,补偿标准的确定应充分考虑到区域发展水平及特点、各地城镇化率等因素的影响,从而科学地界定生态补偿对象和合理确定生态补偿标准。

3. 雾霾协同治理生态补偿方式单一,缺少审计和责任约束机制

目前全国范围内关于大气污染治理进行的生态补偿最主要的形式是政府补偿,在生态补偿过程中,"输血型"补偿过多,"造血型"补偿偏少;纵向转移支付补偿较多,且处于主导地位;横向转移补偿较少,只发挥补充作用,这与雾霾污染的区域传输性特征不相契合。补偿方式多表现为物资、资金的单一要素补偿,运用综合方式对生产方式转换与发展补偿较少。部门补偿和成本补偿较多,较少直接涉及个人和企业的效益补偿,导致企业和个人除了政府给予的补贴外,缺乏新的长期稳定的收入来源,客观上增加了企业的生产成本,后期会影响生态保护的成效。忽视生态补偿的动态性，还没有建立对基本补偿阶段、产业结构调整补偿阶段、外溢补偿阶段的补偿标准和补偿方式动态调整机制。生态补偿执行多，对生态补偿监督和效果评价少，缺乏对生态补偿金发放的审计和责任约束机制。这些问题也应该在京津冀雾霾治理生态补偿机制的建立中引起高度重视。

4. 雾霾协同治理生态补偿对象的利益平衡缺乏切实保障

审视全国范围内各省级地方政府所施行的大气污染治理生态补偿办法，虽明确规定了生态补偿主体、客体，对补偿金额也有相应规定，并提到了加快市场机制的建立，切实保障各行为主体的相关利益，但实施的进展相对缓慢，非政府组织及公民参与缺失，也缺少相应的监管机制，其直接后果是导致生态补偿对象的利益平衡得不到切实保障，补偿主体受制于补偿办法，发展受限，负担加重；补偿客体利益损失得不到合理的赔偿，发展机会缺失，地区贫富差异加大，标准制定方缺乏对标准制定依据的公开听证环节，补偿资金的最终流向不清楚，补偿效果缺乏明确及时的公布，缺乏社会及舆论对补偿资金的使用进行监督，难以得到广泛的认可和支持，无法调动全社会广大群众从事大气生态保护的热情和积极性。以上这些问题的存在，导致了生态补偿对象的利益平衡缺乏切实保障。

5. 忽视京津冀居民的补偿意愿（WTP）与受偿意愿（WTA）存在明显不对称的问题

京津冀雾霾协同治理，最重要的也是最有效的解决方法就是建立雾霾治理的生态补偿机制，这是对破坏或污染相同质量的环境资源所引起的福利损失和保护改善环境资源所引起的福利改进的价值体现，也是对协同治理过程中由于行政强制所产生的价值损失的科学补偿，体现社会公平正义。

在建立京津冀雾霾治理生态补偿机制的过程中，一个关键性问题就是对利益相关者生态补偿真实意愿判定，这也是制定生态补偿标准的重要依据。按照生态补偿主体的行为关系，补偿意愿指的是行为主体的支付意愿（WTP）和受偿意愿（WTA），WTP是指受访者对一项环境改善项目或政策愿意支付的最大收入支出，WTA是指受访者对一项环境质量损失愿意接受的最小收入补偿。在制定生态补偿标准的研究中，条件价值评估法被认为是评估环境价值的有效手段之一，并作为测算生态补偿标准的参考依据。

通过对京津冀雾霾治理生态补偿意愿的实际调查，笔者发现WTP和WTA出现了极不对称的现象。在500份调查问卷中，北京随机发放100份、天津随机发放100份、河北省随机发放300份，回收有效问卷415份，无效和未收回问卷85份，有效问卷占比83%。经过统计发现，415份有效问卷中，受偿意愿高达82%，支付意愿仅有37%，63%的受访者表示没有对改善京津冀大气生态环境支付一定的费用愿意，原因主要集中在认为费用应由政府承担、居民支付对改善环境作用不大、资金流向不透明、属于重复收费事项这几个方面。通过统计计算，在0~1000元的价值区间内，受访者的支付意愿均值为79.83元/年，受偿意愿均值为659.24元/年，受偿意愿是支付意愿的8.26倍。WTP和WTA出现不对称现象的原因在于收入、地域和教育程度。收入和教育程度较高的受访者，其支付意愿也表现较高，受偿意愿变化不大。从地域来看，北京、天津受访者的支付意愿较高，河北受访者的支付意愿较低。北京、天津受访者受偿意愿变化不大，河北受访者的受偿意愿较高。因此，正视京津冀居民的补偿意愿WTP与WTA存在明显不对称的问题，要求在确定京津冀雾霾协同治理生态补偿标准时，应充分考虑利益相关者的补偿意愿，出台各方都认可的补偿标准，这是京津冀雾霾协同治理生态补偿机制建立和得以有效实施的关键。

五 京津冀雾霾协同治理生态补偿机制建立的对策建议

（一）构建开放的、多层次化的雾霾协同治理生态补偿制度

京津冀雾霾协同治理生态补偿机制的建立，实质上是要从顶层设计、多元主体参与、生态补偿金共建、府际协作、监督问责和审计机构五个方面研究制定一套多方认可、行之有效的共同规则，促进北京、天津、河北三个区域雾霾治理生态补偿子系统的互动融合，从而构建起区域一体化的生态补偿系统（见图2）。

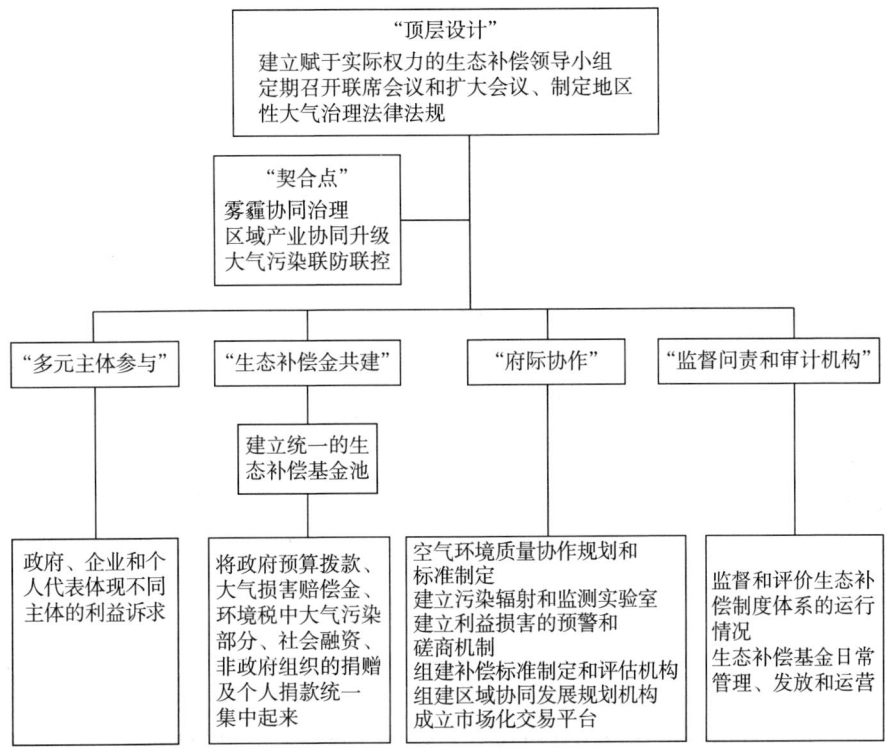

图 2 京津冀地区雾霾协同治理区域一体化生态补偿系统

京津冀地区雾霾治理区域一体化生态补偿系统的建立，有利于京津冀生态补偿领导小组依据各地区经济发展状况、生态环境和生态地位的差异性确定生态补偿标准，弥补生态修复成本的差异；对于生态脆弱地带和具有重要生态意义的区域，增大生态补偿力度；通过发达地区的功能疏解，为欠发达地区提供替代的工作机会及受益机会，以平衡其损失；通过多元化补偿主体参与、协作和磋商机制，平衡利益分配问题；通过建立生态补偿基金池，解决生态补偿纵向划拨较多、横向转移支付无力的问题；扩大资金来源，将国家和各地政府预算拨款、大气损害赔偿金、环境税中大气污染部分、社会融资、非政府组织的捐赠及个人捐款统一集中起来，实现多源汇集、集中管理；通过生态补偿基金日常管理、发放和运营机构，实现基金的创收和单一出口支付，提高发放效率和发放过程的合理合法性。通过府际协作，建立利益损害的预警和磋商机制，统筹相关科研力量，成立满足三地需求的污染辐射和监测实验室、评估机构，统一制定空气环境质量协作规划和确定补偿标准。

综上所述，构建多元的、科学完备的京津冀雾霾协同治理区域一体化生态补偿机制系统，从顶层设计、多元主体参与、生态补偿金共建、府际协作、监督问责和审计机构五个方面进行体系性制度设计，其多元性有效避免了单一元素所带来的制度缺失和弊端，从京津冀三地雾霾治理的共同契合点出发，通过多元主体的广泛参与，顶层设计中满足多元主体的切实需要，将生态补偿基金统一集中管理，通过府际协作沟通和协同解决问题，运用监督问责机制，保障生态补偿的长久运行。其科学性表现在，京津冀雾霾协同治理区域一体化生态补偿机制系统能够全面有效地解决京津冀雾霾协同治理生态补偿机制建立过程中，对生态补偿对象和标准的确定问题，弥补生态补偿方式单一，缺乏审计和责任约束机制的问题，能够切实保障和平衡补偿对象的利益，从总体上解决京津冀区域内雾霾协同治理生态补偿机制缺失的问题。

（二）建立和完善生态补偿法律法规和制度环境

法律法规的缺失是限制和阻碍生态补偿机制建立的重要原因之一，"依法治国"要求生态补偿机制必须法制化。首先，京津冀地区应尽快出台统一的大气污染治理生态补偿条例，以法律形式制定和确立补偿范围、对象、方式、标准、组织体系、考核办法等，使京津冀雾霾协同治理生态补偿工作走上法制化、规范化、制度化、科学化的轨道。其次，生态补偿有效实施在做到有法可依的同时也要建设相关的制度环境，通过管理水平的提升和方法的创新，确保补偿机制有效稳定实施，切实保障多元主体参与，同时为国际组织、非政府组织和社会资本进入京津冀雾霾治理提供融资的平台和渠道。最后，生态补偿的最终目的是生态的保护和修复，需要广大群众的参与和监督，京津冀协同治理要求面向区域内广大群众进行环保理念的宣传，通过相关管理人员、政府工作人员、志愿者的宣讲，特别是针对直接受益、受损区进行的生态理念和法制观念的宣传教育，提高群众的思想觉悟，赢得群众对生态补偿的支持和理解，共同促进补偿机制的合理运行。以上三个方面，对建立和完善京津冀雾霾协同治理生态补偿机制的法律法规和制度环境都是至关重要的。

（三）完善京津冀雾霾协同治理生态补偿的形式

京津冀雾霾协同治理生态补偿形式可以是多样的，具体来说可以有以下四种形式。一是政策补偿。在京津冀大气污染治理生态补偿领导小组的统筹下，由上级政府给予下级政府相应的权利和机会补偿，对北京市、天津市和河北省实行差异性政策补偿，保护和弥补相对落后地区的发展权损失，给予一定的政策优惠和发展优先权。二是资金补偿。这是比较直接和常见的补偿方式，可通过财政转移支付、项目支持、征收和减免相关税费的方式实现。三是实物补偿，对受偿地区相应的生产生活资料的补偿，也可是物质、先进设备、劳动和土地的补偿。四是智力补偿，由补偿者对受偿者提供智力服务，无偿为其进行技术指导、支持和服务，以提高受偿者的生产能力和治污水平，提升其组织管理水平。总的来说，补偿方式应与受偿地区所承担的大气污染生态环境保护和建设任务的多少以及重要性联系起来，在资金直接补偿的同时，以项目为主要补偿载体，加强规划引导，支持异地开发、加大专项资金配套力度，使生态补偿与精准扶贫密切联系，重视欠发达地区产业扶持型补偿支付、技术支持型补偿支付、科技培训型补偿支付，支持欠发达地区特别是重要生态功能区发挥生态环境优势，培育生态经济产业体系和健康的产业链，从生态经济、循环经济、低碳经济中为寻求新的经济增长点，从而实现"补血型"和"造血型"补偿方式的并驾齐驱。通过以上四种补偿形式的统筹实施，实现了京津冀雾霾协同治理生态补偿形式的完善。

（四）创新和健全京津冀雾霾协同治理生态补偿的组织结构

京津冀雾霾协同治理生态补偿机制的建立，需要探索一种跨行政区划、跨行政层级的不同政府之间，吸纳非政府组织参与的"复合行政"合作机制，换言之，就是需要在跨行政区域的基础上实现生态补偿组织结构的创新。通过构建大气污染综合治理生态补偿办公室，完善生态补偿组织结构，对京津冀三地生态补偿实行垂直管理，京津冀三地可建立相应的子系统组织结构与其对接。具体思路见图 3。

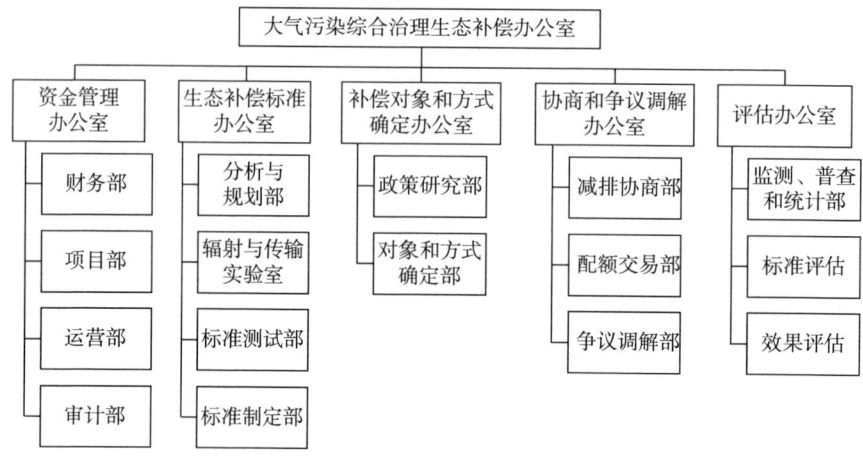

图3 大气污染综合治理生态补偿办公室组织结构

（五）准确界定补偿主客体和建立生态补偿标准

确定补偿主客体就是解决"谁补偿谁"的问题。一般认为，生态效益补偿的主体就是生态服务的受益者，而生态效益补偿的客体就是生态服务的提供者。具体而言，在不同情况下，生态补偿的主体可能是受益的个人、企业或者特定的区域受益的全体公民，以及区域公民利益的代表——各级政府（包括中央政府和各级地方政府）；而生态补偿的客体应该是提供生态服务功能的生态系统，以及为保护生态系统的个人或者在特定区域由于保护生态系统而利益受损的群众。

针对京津冀雾霾治理生态补偿而言，北京市政府和天津市政府是第一责任主体，其他责任主体是中央政府、北京市和天津市的污染企业等。依据受益程度，对于京津冀雾霾治理生态补偿的主体进行划分，第一补偿主体应该包括中央政府和下游北京市政府、天津市政府；第二补偿主体是北京市和天津市的污染企业；第三补偿主体是北京市和天津市居民。河北省政府及辖内11个地级市政府、企业和居民共同成为京津冀雾霾治理生态补偿的客体。

确定补偿标准就是解决"补偿多少"的问题。一定的经济水平对应着一定的废气排放权即正常的环境容量，雾霾污染地区废气排放量超出正常的环境容量，对大气生态环境造成损害，恢复大气生态环境质量的原有水平需要进行雾霾治理,其将大气环境恢复到正常环境容量所被限制的发展权的价值,可以看作雾霾污染的治理成本。因此,构建雾霾治理生态补偿标准的一种方法是基于发展权角度计算受限制的发展权价值,确定被限制的发展权数量和雾霾污染物的治理成本。在确定了损失的发展权数量,以及核算出雾霾污染物单位治理成本后,测算雾霾治理生态补偿的最低标准,即由于雾霾治理所丧失的发展权的机会成本,生态补偿的最低标准 = 机会成本 = 损失发展权 × 污染因子单位治理成本 × 污染物因子权重。

参考文献

[1] 毛显强、钟瑜、张胜:《生态补偿的理论探讨》,《中国人口·资源与环境》2001年第4期,第38~41页。

[2] 禹雪中、冯时:《中国流域生态补偿标准核算方法分析》,《中国人口·资源与环境》2011年第9期,第14~19页。

[3] 欧名豪、宗臻铃、董元华、杨林章:《区域生态重建的经济补偿办法探讨——以长江上游地区为例》,《南京农业大学学报》2000年第4期,第109~112页。

[4] 吴晓青、洪尚群、段昌群、曾广权、夏丰、陈国谦、叶文虎:《区际生态补偿机制是区域间协调发展的关键》,《长江流域资源与环境》2003年第1期,第13~16页。

[5] 郑海霞、张陆彪:《流域生态服务补偿定量标准研究》,《环境保护》2006年第1期,第42~46页。

[6] 王金南、万军、张慧远:《关于我国生态补偿机制与政策的几点认识》,《环境保护》2006年第19期,第24~28页。

[7] 刘广明:《京津冀:区际生态补偿促进区域间协调》,《环境经济》2007第12期,第35~39页。

[8] 汪伟全:《空气污染的跨域合作治理——以北京地区为例》,《公共管理学报》2014年第1期,第55~64页。

[9] 刘薇:《京津冀大气污染市场化生态补偿模式建立研究》,《环境与社会》2015年第2期,第64~66页。

[10] 刘清春、董庆华:《构建跨区域生态补偿机制治理京津冀地区大气污染》,《光明日报》2016年9月19日。

［11］杨从明:《浅论生态补偿制度建立及原理》,《林业与社会》2005年第1期,第7~12页。

［12］钱水苗:《环境公平应成为农村环境保护法的基本概念》,《当代法学》2009年第1期,第77~80页。

［13］中国环境与发展国际合作委员会:《区域空气质量综合控制体系研究》,中国环境与发展国际合作委员会2012年会研究报告,2012年12月14日。

［14］Allen, A. O., Feddema, J. J., 1996, "Wetland Loss and Substitution by the Premit Program in Southern California, US," *Environmental Management*, Vol. 20 (2), pp. 263 - 274.

［15］A. W. Reitze, Jr., 1991, "A Century of Air Pollution Control Law: What's Worked; What's Failed; What Might Work," *Journal of Environmental Law*, Vol. 90, pp. 1549 - 1588.

［16］Brian, R., William, W. W., 2006, "Policy Evaluation of Natural Resource in Juries Using Habitat Equivalency Analysis," *Ecological Economics*, Vol. 58 (2), pp. 421 - 437.

［17］Costanza, R., et al., 1997, "The Value Of The World's Ecosystem Services And Natural Capital," *Nature*, p. 387, pp. 253 - 260.

［18］Cuperus, R., Caters, K. J., Piepers, A. A. G., 1996, "Ecological Compensation of the Impacts of a Road: Preliminary Method Of A50 Road Link," *Ecological Engineering*, Vol. 7, pp. 327 - 349.

［19］Macmillan, D. C., Harley, D., 1998, "Morrison Ruth Cost-effectiveness Analysis of Woodland Ecosystem Restoration," *Ecological Economics*, Vol. 27 (3), pp. 313 - 324.

［20］Moran, D., McVittie, A., Allcroft, D. J., et al., 2007, "Quantifying Public Preferences for Agri-environmental Policy in Scotland: a Comparison of Methods," *Ecological Economics*, Vol. 63 (1), pp. 42 - 53.

［21］Pagiola, S., Bishop, J., Landell-mills, N., 2002, *Selling Forest Environmental Services: MarketBased Mechanisms for Conservation And Development* (Earthscan), pp. 261 - 290.

"一带一路"倡议下的北京地区企业"走出去"研究

伍晓光*

摘　要　本文通过梳理历年北京市（地区）企业①绿地型及境外并购型对外直接投资（ODI）数据，发现北京地区企业具有较强的ODI优势，但相对GDP、FDI流入、出口和进口数据，北京市属企业ODI的投资力度相对不足，近年来有所改善。北京地区企业ODI主体产业、目标产业、区位分散度较好，境外并购型ODI较集中于金融、能源电力、矿产和工业等产业，目标区位较集中于香港、澳大利亚、美国、加拿大、英国、新加坡、巴西、印尼等，对发达经济体的投资成为热点。影响北京地区企业海外并购的决定性因素包括两国货币供给的相对波动、融资成本、政治友好、双向贸易规模、汇率波动、贸易摩擦、东道国产业保护措施、营商环境、投资主体的收购经验、投资主体的国有企业性质等，但东道国的制度质量对其并购决策的影响不够显著。此外，本文还分别分析了北京地区企业对采矿业、能源电力业、汽车业、铁路和零售业等产业对外直接投资的现状和风险，并提出风险防范建议和投资区位及产业导向建议。

关键词　一带一路　对外直接投资　境外并购

---

* 伍晓光，中央财经大学财经研究院讲师，研究方向为国际经济学。
① 包括总部在北京的央企和北京市属地方企业。

一 引言

党的十八大指出，大力推进中国企业"走出去"是现阶段经济发展的重要战略。所谓"走出去"，[①] 即对外直接投资（Outward Direct Investment，简称 OFDI 或 ODI），主要包括绿地型 ODI 和海外并购型 ODI 两种形式。2016 年，中国已成为全球第二大对外直接投资净流出国。仅 2016 年上半年中国企业对外投资额已超 2015 年对外投资总额，海外并购总额约一半集中于采矿业和制造业。2015 年，中国企业对一带一路（小名单）[②] 沿线近 50 个经济体进行了直接投资，同比增长 30%，主要流向新加坡、印度尼西亚（本文以下简称印尼）、老挝、俄罗斯、哈萨克斯坦、泰国等。

2015 年，北京市（地方）企业对外直接投资流出量为 1228033 万美元，位列全国第二位。其中，北京市发改委核准及上报国家发改委核准境外投资项目数中绿地投资 81 项、海外并购 53 项，两种形式的 ODI 流量金额基本持平。主要投向租赁和商务服务业，批发和零售业，信息传输、计算机服务和软件业，房地产业及交通运输、仓储和邮政业等产业，且服务业比重约占 70%。投资的目的地主要集中于亚洲、欧洲和北美洲等，且流向发达

[①] 中华人民共和国商务部"走出去"公共服务平台明确指出，"走出去"主要指经济层面的"对外投资合作"，参见 http://fec.mofcom.gov.cn。本文所指的"走出去"，主要指绿地型对外直接投资和海外并购两种主要形式（也包括海外工程承包等）。本文不泛指广义上的一切跨国界行为和文学意义上的"走出去"（市属企业跨省投资、服务产业出口贸易、对外文化宣传和展销会等不属于严格意义上"走出去"概念界定的行为），这是符合当前国内经济学主流学者认同和政府商务统计公报的界定范围，也是与《国民经济和社会发展十一五规划纲要》《国民经济和社会发展十二五规划纲要》中"走出去"一致的。

[②] 2015 年 4 月 16 日，中共中央对外联络部在北京举行专题解读，针对外国驻华使节的困惑，国家发展和改革委员会西部开发司巡视员欧晓理进行了解答。欧晓理在回答爱尔兰驻华大使康宝乐（John Paul Kavanagh）提出的"我不知道笔者是不是'一带一路'涵盖的国家"这个最基本的困惑时表示，"'一带一路'的建设是开放的，只要大家有兴趣都可以参与进来，笔者希望以后有更多的朋友能够加入"。针对涵盖"60 多个"国家的坊间说法，欧晓理解释，"现在已有 60 余个国家表现出积极兴趣，但实际上是不准确的，也许给大家都带来了好处，60 多会变成 70 多、80 多个"。本文所涉的一带一路沿线经济体，包括截至 2016 年 7 月，明确表示支持并愿意与中国"一带一路"倡议合作的经济体。本文将广泛流传于民间的一带一路名单称为"一带一路（小名单）"。

经济体的ODI比例迅速增加。

推进中国企业参与一带一路国际产能合作投资也是当前对外直接投资的政策导向之一。随着中国企业融入全球价值链和全球生产网络的步伐不断加快，推进一带一路国际产能合作投资，国际区域经济协同发展，互利共赢，同时助力于中国产业结构调整和产业疏解。

随着中国企业融入全球价值链和全球生产网络的步伐不断加快，"走出去"既受自身实力约束，又受缓慢复苏的世界经济形势影响。推进国际区域经济协同发展是联合国贸发会议和世界银行等组织倡导的振兴当前世界经济的重要路径之一。"一带一路"作为一种全面的、开放的新型区域合作制度与安排，融合地缘政治、经济外交和中国对外开放的国家倡议，有机整合多边和双边合作、区域和次区域协调，为当前中国企业"走出去"提供了良好的激励平台。

北京是丝绸之路北线的欧亚大陆桥、中线的石油天然气管道、南线的跨国公路①三条线的起点。目前，北京市出口总量排全国第七位，进口总量排全国第二位。北京市和"一带"相关国家的贸易量远大于"一路"国家的贸易量，尤其集中于与德国、日本、俄罗斯、韩国和伊朗等较发达国家的贸易伙伴关系。当前，北京市外向直接投资额居全国第二位。北京产业呈高端化、集聚化、总部化特点，北京市的钢铁、采矿、能源、汽车、电子、金融、文创产业都在一路一带中具有"走出去"的前景。北京地区企业具有较强的ODI优势，而相对GDP、FDI流入、出口和进口数据，北京市属企业ODI的投资力度相对不足，但近年来有所改善。北京地区企业ODI主体产业、目标产业、区位分散度较好，海外并购型ODI较集中于金融、能源电力、矿产和工业等产业，目标区位较集中于中国香港、澳大利亚、美国、加拿大、英国、新加坡、巴西、印尼等，对发达经济体的投资成为热点。

---

① 北线的欧亚大陆桥（北京—俄—德—北欧）、中线的石油天然气管道（北京—西安—乌鲁木齐—阿富汗—哈萨克—匈牙利—巴黎）、南线的跨国公路（北京—新疆南部—巴基斯坦—伊朗—伊拉克—土耳其—意大利—西班牙）。

在中国经济新常态经济增速放缓的现状下，促进中国企业对外直接投资也是促进经济保持可持续增长和产业优化的重要手段之一。贸促会《中国企业海外投资及经营状况调查报告》显示，中国企业"走出去"的主要目的在于扩大市场和降低成本。

针对中国这样的新兴经济体对外直接投资行为进行理论解释是国内外经济学家当前的研究热点。而针对"一带一路"倡议下的北京地区企业对外直接投资的研究还不够充分。[①] 本文的主要研究目的是：在对北京地区企业对一带一路沿线经济体（或地区）对外直接投资现实数据分析的基础上，探索影响北京市企业对外直接投资决策的重要因素。并对"十三五"时期北京市企业对外直接投资的规模、产业结构、投资形式、投资目的地等进行尝试性的探索。

二 中国企业对一带一路沿线经济体直接投资的研究现状

（一）关于中国企业对一带一路沿线经济体直接投资的研究现状

郭烨、许陈生（2016）发现中国国家领导人与一带一路沿线经济体的双边高层会晤对中国对外直接投资具有显著的积极作用。张亚斌（2016）发现一带一路沿线经济体的国内生产总值、劳动力规模、自然资源禀赋、双边投资协定和投资便利化对中国对外直接投资有显著促进作用；税负水平、距离成本呈现显著的负向效应；商业投资环境对促进投资增长贡献最大，东南亚为投资潜力最大的地区，投资便利化的改善对亚洲和非洲等欠发达地区投资增长的空间更大。

崔日明、黄英婉（2016）针对一带一路沿线经济体的贸易投资便利化

---

① 截至2016年7月底，中国知网收录的篇名含"北京+一带一路+走出去/对外直接投资/对外投资"关键词的文献均为0篇，篇名含"北京+一带一路+投资贸易"的文献仅2篇，而且是同一作者，几乎同时期，发表在不同期刊，但内容几近相同的文章。

水平进行了测算。周五七（2015）认为要加强对一带一路沿线经济体的投资环境评估，构建企业对外直接投资风险预警体系。

黄亮雄、钱馨蓓（2016）采用面板VAR模型，验证中国向沿线国家的直接投资与沿线国家经济增长（人均实际GDP）的互动关系。吴哲（2015）发现中国对一带一路沿线经济体的直接投资，尤其是发展中国家，具体显著的逆向技术溢出效应。

陈伟光、郭晴（2016）认为中国对一带一路沿线经济体的投资区位具有较多的选择余地。李计广等（2016）认为中国对一带一路沿线经济体的整体投资效率水平和平均值都比较可观，但缺少高投资效率国家，仍然具有巨大的投资潜力。

（二）关于中国企业对一带一路沿线经济体国际产能合作的研究现状

郭建鸾、闫冬（2017）分别从地缘政治、经济、社会、大国博弈风险视角，讨论了中国企业投资对一带一路沿线经济体进行国际产能合作的风险。赵明亮（2017）针对钢铁产业，从过剩产能海外转移的供给角度，应用经济发展基础指标、全球治理指标、经济自由度指数等制度指标，综合各国经济发展战略、与中国的产业互补性及政治关系，认为一带一路沿线经济体的投资机会较多，但应控制投资风险。

赵东麒、桑百川（2016）认为制造业是推动我国产业国际竞争力的主要动力，是我国与一带一路经济体产能合作的切入点；东亚、东南亚、南亚、中欧和东欧地区在一些初级产品部门具有各自的国际竞争力优势；西亚和独联体地区在资源密集型产品部门具有极强的国际竞争力，是确保我国能源供应稳定和经济安全的关键。

沈铭辉、张中元（2017）从中国－印尼产能合作的可行性与适合中国－印尼构建价值链的产业视角分析，认为加强在农业、采矿业、加工业以及造船业、信息通讯业等高新技术产业领域的投资，可发挥我国技术和资金上的优势，推动中国特色产能在印尼乃至整个东南亚地区的发展进程中发挥重要的积极作用。

三 北京地区企业对一带一路沿线经济体直接投资发展现状与并购特征

（一）北京地区企业对外直接投资发展概况

2007年底，北京地区企业海外投资已分布于70多个经济体。2007年北京市的对外投资集中于制造业和采矿业，且通讯和计算机等电子设备制造业显著增长。当时的北京市百强企业中，多选择以绿地型对外直接投资为主。[1] 且从全球价值链的角度，呈现不同的投资动机（谢光亚、崔君，2013）。联想集团、北京福田、用友集团、时代集团、北大方正以研发设计为主要投资业务的技术与战略资产寻求动机表现显著；北京城建、北京住总、中铁建设、北京建工、三元食品、安泰科技、中国恒天、北京第一机床厂、北汽制造厂对生产加工和原料供应为主要投资业务的成本和效率寻求动机表现显著；首钢集团、同仁堂的市场寻求动机表现显著。

在北京地区"走出去"政策实践的初期，主要还是北京央企的表现更为突出。截至2008年，国资委监管的136家央企，有86%的企业具有对外直接投资行为。在全球127个国家设立1791家海外分支机构（秦菲菲，2009），且80%企业实现盈利（谢利，2009）。2009～2010年，受全球金融危机影响，中航等公司海外投资损失惨重，国资委要求严格管控央企对外投资行为。[2] 2011年，国资委又加大直接补贴和贷款贴息力度，设立专项资金助力央企"走出去"（晋良，2011）。但强调央企应减少"走出去"的盲目性，避免短期行为和过度竞争（许岩，2011）。

2011年，北京地区企业对中国香港的投资中，75%以上集中于第三产业。高科技企业中，联想于德国和美国的并购投资、中国蓝星于挪威的海外并购、首钢集团于马来西亚的合作投资、三元集团于澳大利亚的乳制品及绿地合作投资、北汽于意大利绿地独资表现突出。2012年上半年，北京

---

[1] 首都经济贸易大学工商管理学院、北京地区企业联合会：《北京地区企业发展报告2008》，经济管理出版社，2009。
[2] 2010年5月10日国资委下达《关于开展中央企业对外并购事项专项检查的通知》。

地区企业有30%以上的对外投资投向中国香港（涂露芳，2012）。涵盖汽车、清洁能源、工程机械、环保、房地产等多个领域。北汽福田、神州数码、联想等企业都表现积极。2012年，北京中关村示范区共296家企业展开境外直接投资，共331.9亿元，同比增长1.1倍。示范区共143家企业在境外设立分支结构457家，较2011年增加186家。① 2013年，北京市企业对外投资额同比增长约106%。截至2013年底，北京市累计核准境外直接投资企业（机构）2000余家，存量达106.53亿美元（张卓敏，2014）。2013年，清华紫光收购美国展讯通信有限公司，大大提升了中国企业无线通信的核心技术水平。2014年，北京市企业对外投资额同比增长约98%。"走出去"成为北京市企业提升市场竞争力和化解劳动力、资源、环境成本的重要路径。截至2014年底，北京地区企业海外投资已分布于110多个经济体。不仅包括具有明显垄断优势的大型国企，也包括具有显著比较优势的民营企业和高科技企业。形成显著变化的是，跨国并购成为当前北京地区企业"走出去"的重要形式。目前，北京市重点支持对外投资带动承包工程、设计咨询、技术标准、文化品牌等"走出去"（张卓敏，2014）。2011~2014年，北京市商务工作会发布北京市市属企业累计境外直接投资额为114亿美元，年均增长67%。其中，2014年北京市企业境外直接投资累计额达54.61亿美元，较2004年规模扩大了33.56倍。截至2014年底，北京共2700余家境内投资者在境外设立对外直接投资企业，分布在全球110多个经济体，累计对外直接投资额182.26亿美元，民营企业成为本市企业"走出去"的主要力量。2015年，北京市对外承包工程完成营业额35.5亿美元，分布于亚洲、欧洲和非洲等地区，但主要集中在亚洲。

在国家"一带一路"倡议驱动下，北京地区央企"走出去"正进一步提速。2015年，国资委也发布了《"一带一路"中国企业路线图》，公路、铁路、天然气管道输变电工程等基础设施建设成为重点领域。中国出口信用保险公司于巴基斯坦的100兆瓦风力发电项目是经国家批准的首批"中巴经济走廊"重点项目。中国中钢集团公司与京能能源集团合作参与印尼国家电力公司500兆瓦燃气发电项目投标。中国出口信用保险公司与北京建

---

① 数据来源：《中关村国家自主创新示范区年鉴2013》。

工集团有限责任公司签署刚果（布）布拉柴维尔商务中心建设项目（刘薇，2016）。2015年，中国广核集团与比利时SARENS集团签署战略合作协议；中国交建所属中交国际完成了收购澳大利亚约翰·霍兰德公司全部股权的交割；中国化工集团公司通过全资子公司中国化工橡胶公司与意大利Camfin及其股东签署协议，收购全球第五大轮胎制造商倍耐力公司的26.2%股权（刘丽靓，2015）。中国交通建设集团在一带一路沿线经济体修建了大量的公路、铁路、码头、机场、港口。2016年8月，中国中铁股份有限公司在孟加拉国首都达卡正式签署帕德玛大桥铁路连接线项目建设合同，项目合同金额为31.4亿美元。中国交通建设集团在"一带一路"倡议建设中，主要承担东南亚方向，有铁路、公路、港口、电网、油气管线等；中亚方向有中塔公路二期以及中亚天然气管道D线等；东北亚方向则包括中俄合作项目等；南亚方向有中巴公路、斯里兰卡港口等。此外，还有以港口为核心的17个已签约的产业园。

（二）北京地区企业对外直接投资现状

根据历年《中国对外直接投资统计公报》数据，央企ODI总量在全国的占比有所下降；北京（地方）企业相对全国地方企业投资力度严重不足，但近两年有所改善。同时，相对于历年出口、进口、GDP、FDI流入（实际利用外资）情况，北京地区企业的ODI力度表现突出，而北京（地方）企业投资力度相对不足，但近年来有所改善（见表1）。

表1 北京地区中央及地方企业ODI表现

单位：万美元，%

年份	北京（地方）	央企	全国	北京（地方）占全国地方比例 = 北京/(全国 - 央企)×100	北京（地方）+央企占全国比例	央企占全国比例	北京市（地方）占全国比例
2003	30054	209751	285465	39.7	84.0	73.5	10.5
2004	15739	452517	549799	16.2	85.2	82.3	2.9
2005	11306	1020369	1226117	5.5	84.1	83.2	0.9
2006	5612	1523692	1763397	2.3	86.7	86.4	0.3

续表

年份	北京（地方）	央企	全国	北京（地方）占全国地方比例＝北京/（全国－央企）×100	北京（地方）＋央企占全国比例	央企占全国比例	北京市（地方）占全国比例
2007	15295	1958488	2650609	2.2	74.5	73.9	0.6
2008	47299	3598284	5590717	2.4	65.2	64.4	0.8
2009	45185	3819275	5652899	2.5	68.4	67.6	0.8
2010	76614	4243698	6881131	2.9	62.8	61.7	1.1
2011	117503	4502314	7465404	4.0	61.9	60.3	1.6
2012	168855	4352693	8780353	3.8	51.5	49.6	1.9
2013	413010	5632449	10784371	8.0	56.1	52.2	3.8
2014	727353	5247617	12311986	10.3	48.5	42.6	5.9
2015	1228033	2781752	12142162	13.1	33.0	22.9	10.1

资料来源：历年《中国对外直接投资统计公报》。

（三）北京地区企业对一带一路沿线境外并购现状特征

根据 Tomoson 数据库，对 2003 年 1 月至 2014 年 12 月数据进行整理，北京地区的央企及市属企业对一带一路沿线经济体①的境外并购项目共 728 项，约占全国企业一带一路沿线并购项目总量的 30%，其主要特征如下。

1. 项目数量及目标经济体数量分布特征

2007～2014 年，北京地区企业对一带一路沿线经济体境外并购项目数量较 2003～2006 年呈明显增长态势，且保持较稳定的发展现状（如图 1 所示）。境外并购目标经济体的数量分散度不断优化，目标经济体的区位及经济优势不再集中于传统的中国香港及亚洲周边经济体，而呈现同时分布于发达经济体和发展中经济体，甚至较集中于发达经济体的态势（如表 2 所示）。

---

① 本文所涉及的一带一路沿线经济体，包括流传学术界的"一带一路（小名单）"经济体和截至 2015 年 7 月，明确表示支持并愿意与中国"一带一路"倡议合作的其他经济体（详见本章附表）。

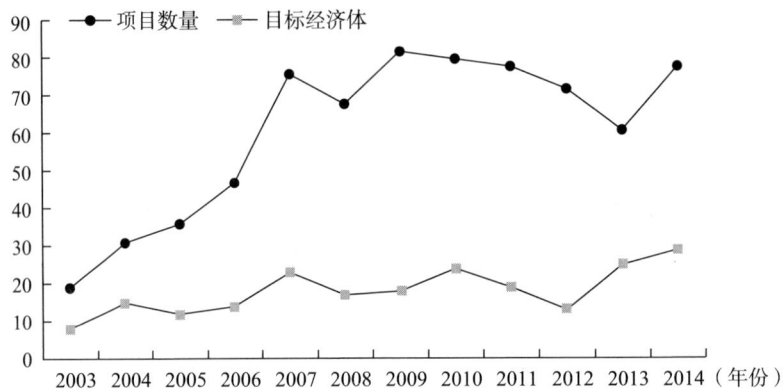

图1 北京地区企业一带一路沿线境外并购项目数量及目标经济体数量概况

表2 北京地区企业一带一路沿线境外并购历年数量及基本国别分布情况

项目	2003年	2004年	2005年	2006年	2007年	2008年	2009年	2010年	2011年	2012年	2013年	2014年
项目数量	19	31	36	47	76	68	82	80	78	72	61	78
目标经济体数量	8	15	12	14	23	17	18	24	19	13	25	29
目标较集中的经济体	中国香港、泰国、哈萨克斯坦、澳大利亚	中国香港、中国澳门、尼日利亚	中国香港、澳大利亚、美国、英国	中国香港、美国、澳大利亚、英国、新加坡	中国香港、英国、澳大利亚、美国、尼日利亚、印尼	中国香港、澳大利亚、美国、英国、新加坡	中国香港、澳大利亚、美国、英国	中国香港、澳大利亚、美国、英国、加拿大、巴西	中国香港、澳大利亚、美国、加拿大、新加坡	中国香港、澳大利亚、美国、加拿大、西班牙	加拿大、德国、美国、澳大利亚、巴西	美国、英国、中国香港、澳大利亚、新加坡

资料来源：根据 Tomoson 数据库整理。

2. 并购主体产业特征

随着北京地区企业境外并购实力和经验的不断发展和积累，北京地区企业对一带一路沿线境外并购主体的产业分布不断完善（见表3）。首先，北京地区企业对一带一路沿线境外并购主体较集中于金融企业、能源电力企业、矿产企业和工业企业等（见图2）。其中，金融企业境外并购的项目数量发展最快，且表现为绝对性优势。其次，能源电力、矿产和工业企业也呈现稳健发展并具有明显并购优势的产业，而高科技等产业的境外并购优势虽有提升，但不够显著（见图3）。

表3　北京地区企业一带一路沿线境外并购项目并购主体产业分布

单位：个，%

项目及年份	政府机构	能源电力	高科技	矿产	金融	媒体和娱乐	工业	消费常用品	消费产品和服务	房地产	医疗健康	电信	零售业
并购项目数量	4	149	55	90	218	21	83	20	24	7	17	29	11
结构占比	0.5	20.5	7.6	12.4	29.9	2.9	11.4	2.7	3.3	1.0	2.3	4.0	1.5
2003年	0	10	1	1	2	0	2	0	3	0	0	0	0
2004年	0	9	4	1	7	1	0	0	1	2	0	4	0
2005年	0	11	1	4	9	0	7	0	1	0	0	2	1
2006年	1	7	5	5	18	2	1	0	2	0	0	2	0
2007年	0	8	9	9	24	6	7	0	2	1	2	4	4
2008年	0	12	4	10	16	2	6	2	9	2	3	1	1
2009年	2	10	5	19	26	2	10	3	2	1	1	1	1
2010年	0	22	6	12	27	0	5	3	2	0	1	1	0
2011年	0	12	4	9	22	1	14	6	1	0	5	2	2
2012年	0	17	5	10	19	1	9	3	0	1	3	5	0
2013年	1	21	4	7	14	1	8	1	0	0	0	3	2
2014年	0	10	7	3	34	5	9	2	1	0	2	4	1

资料来源：根据Tomoson数据库整理。

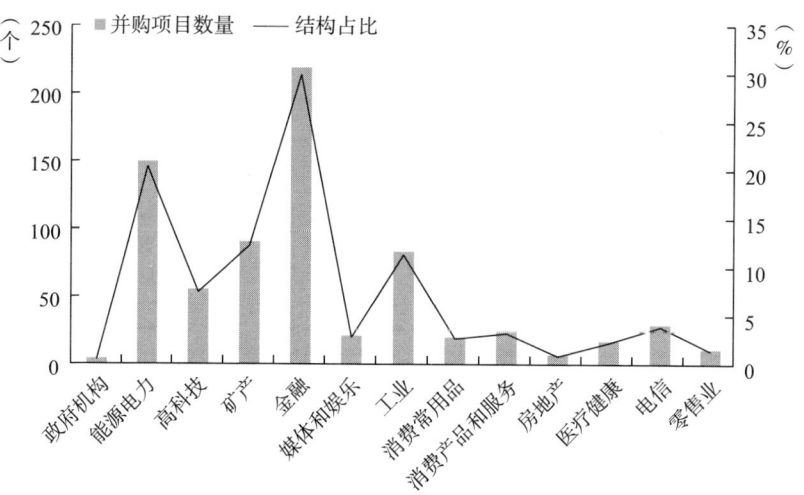

图2　北京地区企业一带一路沿线境外并购主体产业特征

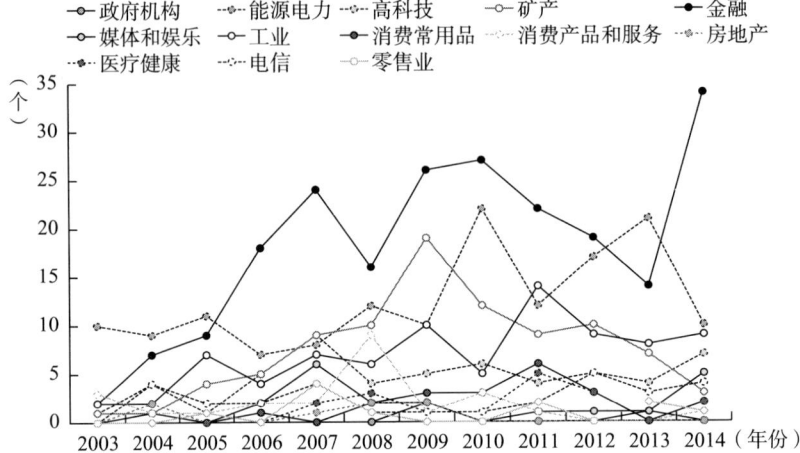

图3　北京地区企业一带一路沿线境外并购主体产业分布年度发展情况

资料来源：根据Tomoson数据库整理。

3.并购项目经济体特征

北京地区企业一带一路沿线境外并购目标经济体主要分布在中国香港、澳大利亚、美国、加拿大、英国、新加坡、巴西、印尼等（见表4和图4）。其中，对巴西和新加坡的并购项目数量发展较快。对中国香港、澳大利亚、美国、加拿大、英国的并购项目占总并购项目比重的绝大多数。境外并购项目的目标经济体数量随年度发展不断增加，并购项目的国别结构特征发展更为优化（见表5和图5）。

表4　北京地区企业一带一路沿线境外并购项目的经济体分布

单位：个

	中国香港	澳大利亚	美国	加拿大	英国	新加坡	巴西	俄罗斯	印尼	泰国	日本	哈萨克斯坦	蒙古国	荷兰	其他
数量	164	95	92	48	35	27	20	15	13	12	11	11	11	10	164

资料来源：根据Tomoson数据库整理。

"一带一路"倡议下的北京地区企业"走出去"研究

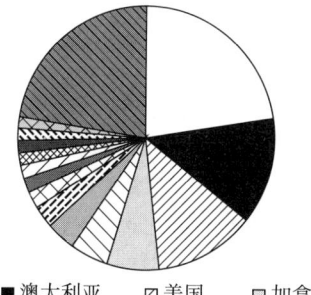

图4 北京地区企业一带一路沿线境外并购项目的经济体分布

表5 北京地区企业一带一路沿线境外并购项目的主要经济体历年分布

单位：个

经济体	共计	2003年	2004年	2005年	2006年	2007年	2008年	2009年	2010年	2011年	2012年	2013年	2014年
中国香港	164	2	12	10	23	26	21	16	9	11	13	5	16
澳大利亚	95	3	0	6	4	12	8	21	10	12	9	6	4
美国	92	0	3	5	3	11	8	7	9	14	12	6	14
加拿大	48	0	1	0	2	1	4	7	7	10	10	4	2
英国	35	0	1	3	1	3	3	4	1	0	7	3	9
新加坡	27	0	1	2	1	2	5	2	1	4	0	5	4
巴西	20	0	0	0	0	0	0	1	0	5	3	4	4	3

资料来源：根据Tomoson数据库整理。

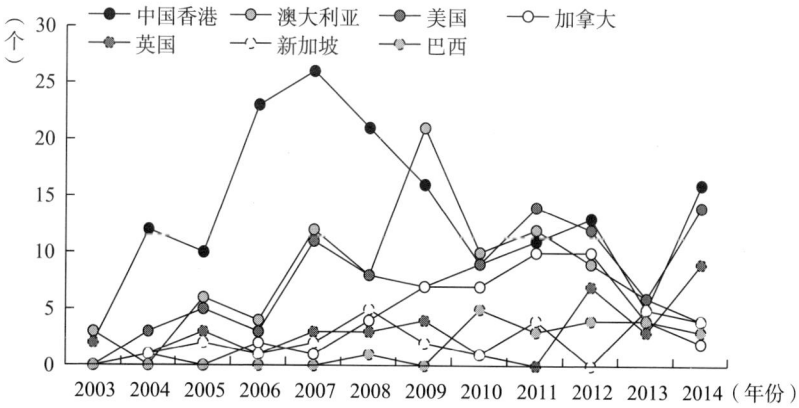

图5 北京地区企业一带一路沿线境外并购项目的主要经济体历年分布

此外，从北京地区企业相对全国企业在一带一路沿线境外并购的投资力度来看，投资中国香港、澳大利亚、美国、加拿大、英国、新加坡、俄罗斯等经济体投资较充分，同时这些经济体也是与中国有较大双向直接投资关系的经济体，可见北京地区企业相对全国企业在一带一路沿线境外并购的显著优势。

4. 目标项目产业特征

北京地区企业一带一路沿线境外并购项目目标产业中属于第二产业的项目约占56%，属于第三产业的项目约占44%，且都约占全国企业对一带一路沿线并购项目的30%。

北京地区企业一带一路沿线境外并购项目目标产业分布主要集中于能源电力、矿产、金融、工业、高科技产业（见表6和图6），并且以较快的速度发展（见图7）。说明北京地区企业一带一路沿线境外并购的自然寻求动机、成本效率寻求动机、战略资产及知识寻求动机较为显著，与其并购主体的产业分布主要为金融、能源电力、矿产和工业企业形成比对，可见北京地区企业并购主体常常跨产业进行境外并购。

表6 北京地区企业一带一路沿线境外并购项目目标产业分布

单位：个，%

项目及年份	能源电力	高科技	矿产	金融	媒体和娱乐	工业	消费常用品	消费产品和服务	房地产	医疗健康	电信	零售业
北京地区企业境外并购项目数量	165	59	150	122	23	81	31	25	16	18	30	8
结构占比	22.7	8.1	20.6	16.8	3.2	11.1	4.3	3.4	2.2	2.5	4.1	1.1
全国企业境外并购项目数量	276	261	516	339	99	382	176	115	64	76	64	48
北京地区全国占比	59.8	22.6	29.1	36.0	23.2	21.2	17.6	21.7	25.0	23.7	46.9	16.7
2003	14	1	1	0	1	2	0	0	0	0	0	0
2004	9	5	4	4	1	4	0	0	0	0	4	0

续表

项目及年份	能源电力	高科技	矿产	金融	媒体和娱乐	工业	消费常用品	消费产品和服务	房地产	医疗健康	电信	零售业
2005	10	0	5	7	2	6	0	2	0	0	3	1
2006	8	2	8	16	2	5	0	2	1	0	3	0
2007	7	8	15	23	4	6	0	0	2	2	6	3
2008	10	3	11	14	2	5	7	6	2	5	1	2
2009	14	4	31	12	1	9	4	3	3	1	0	0
2010	19	6	29	7	0	7	5	2	2	3	0	0
2011	19	3	18	9	1	10	5	6	0	5	1	1
2012	22	11	13	11	0	8	3	0	0	0	4	0
2013	23	5	7	5	1	9	3	3	1	1	3	0
2014	10	11	8	14	8	10	6	1	3	1	5	1

资料来源：根据 Tomoson 数据库整理。

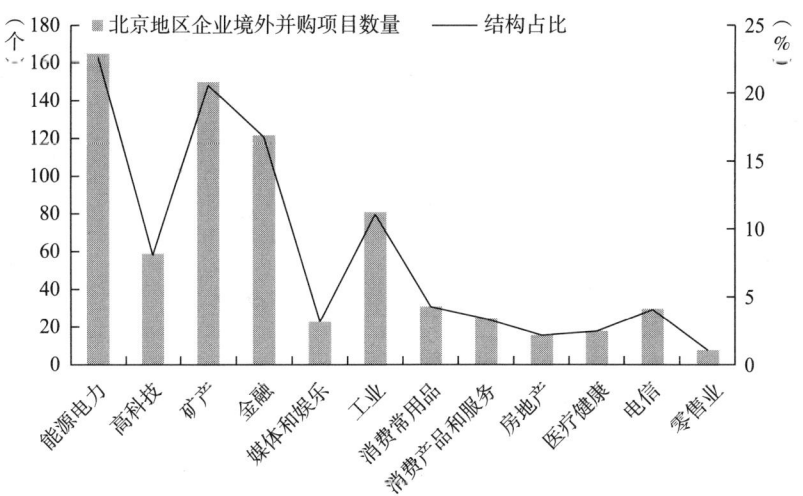

图 6 北京地区企业一带一路沿线境外并购项目目标产业分布

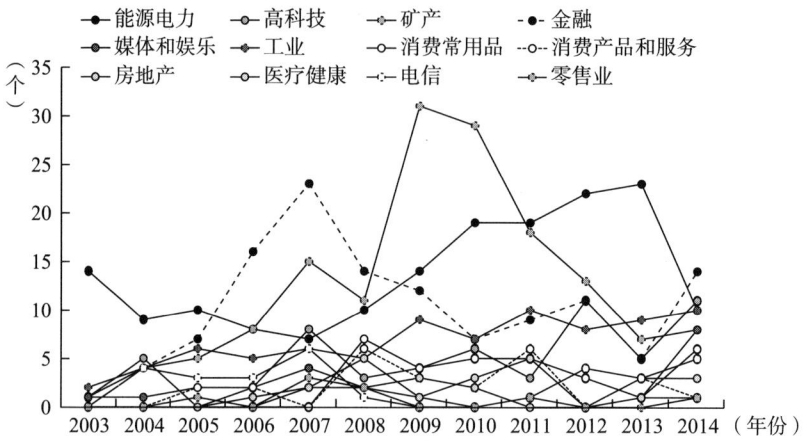

图7 北京地区企业一带一路沿线境外并购目标产业分布年度发展情况

四 北京地区企业一带一路沿线ODI决策影响因素及风险识别

（一）中国企业ODI决策动机及影响因素研究现状

关于中国企业走出去的理论解释大致可归纳为：技术学习—累积—推进论、大国综合比较优势和国有企业促进论、制度规避论、海外华裔和家族企业推进论、自然资源寻求和东道国制度漏洞刺激论、异质企业生产率论、产品价值链、汇率、跨越贸易壁垒、区域经济合作等视角。

1. 关于中国企业走出去的投资动机

中国企业对发展中国家和发达国家ODI的市场寻求和资源寻求动机都很显著（胡翠平，2015），而对发展中国家ODI的低工资率为目标的效率寻求动机和资源寻求动机更突出，对发达国家的ODI行为技术寻求动机更突出。具体来说对发展中国家研发机构ODI的市场寻求动机显著，对发达国家的技术寻求动机显著；对发展中国家制造业ODI的劳动力成本寻求动机显著，对发达国家的市场寻求动机显著。且都受到文化、经贸关系和资本开放度的影响，尤其是发展中国家的地理距离和东道国通胀率严重制约着中国对其ODI。例如，中国对欧洲ODI的技术寻求动机较为显著，且促进了欧洲对中国的出口贸易（姜宝等，2015）。中国在非洲的ODI具有资源、市场和效率寻求动机，但金融风险较大（沈军、包小玲，2013）。另外，高效率企业在区域经济一体化协定下的出口平台型ODI动机显著（廖利兵、李皓，2015）。

2. 影响中国企业对外投资决策的决定性因素研究现状

与东道国的贸易关系是推动中国企业对其ODI的主要动力，但对发展中国家ODI主要受经济水平、劳动力优势和距离因素影响，对发达国家主要受市场便利性和税收优惠激励（孟醒、董有德，2015）。中国企业ODI偏好于市场规模大、工资水平低、贸易成本高，以及ODI和出口的固定成本差异程度小的经济体（罗伟、葛顺奇，2013）。行业规模、出口规模、出口的比较优势（戴翔，2013）、新产品比例、单位管理成本、单位产出、资本密集度和出口强度对中国企业ODI决策具有正向作用，但债务利率对中国企业ODI具有负效应（葛顺奇、罗伟，2013）。

有多次性ODI企业的决策会参考其海外投资经验进行区位选择，但单次性ODI企业会参考同行业其他企业的海外投资经验（即羊群效应）（綦建红、刘慧，2015）。大规模和高生产率企业的ODI经验会在很大程度上影响其后续的ODI决策，且选择在相同或相似的市场进行投资，尤其是国有企业（刘慧、綦建红，2015）。

双边投资协定减少了制度因素对中国企业走出去的抑制作用，与发达国家的投资协定对中国企业ODI的间接作用显著，而与发展中国家的投资协定对中国企业ODI的直接作用显著（李平等，2014）。中国与投资制度良好的东道国签订的投资协定对中国企业ODI的促进作用显著（邓新明、许洋，2015）。区域经济一体化协定可以降低异质性企业ODI决策的门槛，并促进贸易和ODI的流量（伍晓光、孙文莉，2014）。双边投资协定可以有效地推进中美两国双向FDI（王碧珺，2013）。

企业在选择走出去的形式时，也受到东道国经济增长率、技术水平、建设工期的影响。另外，企业的研发实力、国际经验、管理技能、垄断优势是促进中国企业对美ODI的重要因素，尤其是民营企业（王璐瑶、罗伟，2015）。资产的专用性和投资的不确定性对合资及全资子公司的国际市场进入具有积极作用（吴崇、蔡婷婷，2015）。国内的专业化和行业化的集中优势可以促进中国企业对外直接投资行为（戴翔等，2013）。地区商会的完善性、信贷资金分配的公平性和走出去政策对中国企业ODI具有显著的促进作用（姜建刚、王柳娟，2014）。但知识产品保护对于国际化起步阶段的企业走出去具有负效应。

中国大型工业企业ODI并不存在显著的"生产率悖论"（朱荃、张天华，2015）。企业生产率因素对于贸易型、制造型、研发型ODI的决定作用较为显著，但对资源寻求型和政治关系的ODI决定作用不显著。实际上，中国企业的生产率不仅影响ODI决策，也会影响ODI的规模；生产率和资本密集度越高的企业ODI规模越大（严兵等，2014）。但高生产率企业的ODI决策受融资成本因素制约影响较为显著（吕越等，2015）。

而高生产率服务企业的ODI行为表现为显著的效率寻求型，而较低生产率企业的ODI市场寻求动机较强（刘军、王恕立，2015）。国内的服务企业生产率差异越大的地区企业进行ODI效率寻求动机越显著。投资于服务业的ODI企业生产率均值低于未走出去的企业，投资于制造业的ODI企业生产率均值高于未走出去的企业（戴翔，2014）。

政治制度对中国企业ODI的影响不大，且偏好于规避法律严格国家；中国企业避税和资源寻求动机显著，但制度质量越高的国家，避税功能越差（王永钦等，2014）。国有企业偏好于ODI与资源丰裕的发展中国家，甚至政治风险较高的国家；民营企业偏好于ODI于政治稳定的国家，市场规模和潜力较大的发展中国家和具有战略资源优势的发达国家（邱立成、杨德彬，2015）。

此外，中国企业走出去收到制度激励和制度约束双重影响。中国企业倾向于投资到制度差异较大的国家，偏好于对制度质量不良的非OECD国家ODI，尤其是资源丰富的不发达国家（池建宇、方英，2014）；并且对制度良好的发达国家投资意愿显著，国有企业ODI的制度依赖性高于民营企业（冀相豹，2014）。

中国企业的ODI行为倾向于国家政治双边关系良好的东道国，但这些东道国往往具有制度缺陷（潘镇、金中坤，2015）。但有的学者认为，OECD国家制度差异对中国企业ODI具有积极作用，而非OECD国家制度差异对中国企业ODI具有负效应（杜江、宋跃刚，2014）。

(二)北京地区企业对一带一路沿线 ODI 决策影响因素

总体来说,北京地区企业对一带一路沿线 ODI 决策影响因素可概括为政治因素、宏观经济因素、财政金融因素和制度因素。

1. 政治因素

政治因素主要指由于一国政治制度和政策变化(市场准入、开放程度、能源开发政策等)、政党更迭、政局变化和国际关系①(领导人访问次数)、政府行政权力过大、战争内乱②、安全因素(主要是武装冲突、恐怖袭击、暴力示威)、处于国家安全因素的政治干预、犯罪成本、非传统安全等因素对投资决策带来的不确定性。

目前,也有很多国家对于来自中国的海外投资持有十分谨慎的态度。例如,美的集团对德国库卡的投资、中国广核对英国的投资、中国化工对瑞士先正达化工集团的投资、国家电网对澳洲新南威尔士电网的投资、中国对墨的高铁投资等,都纷纷遭到质疑,遇到困难。

此外,随着中国对外投资并购额的不断增加,更有外媒鼓吹"中国买断全球"。由于国家安全(又可细分为能源资源安全、军事安全、技术安全、公平竞争、就业、环境、习俗等)、项目低透明度等借口,主权违约事件频发。缅甸、泰国、美国、墨西哥取消或抵制与中国企业的高铁合作。2015 年,斯里兰卡、希腊也叫停了中资企业投资参与的港口项目。

中资企业在东道国投资项目时的利益分配不均是企业承担政治风险的主要原因。缅甸密松水电站项目的失败是在美国"重返亚太"战略下,西方势力煽动缅甸国内非政府组织抗议所导致的。斯里兰卡科伦坡港口项目被"叫停"则源于中印的大国博弈。

2. 宏观经济因素

宏观经济因素主要指经济因素、经济政策、经济周期、国际经济、资源禀赋③、地理距离④等因素的差异性和不确定性对投资决策的影响。经济发

---

① 例如,与中国关系较好的巴基斯坦、缅甸、老挝,北京地区企业对其投资也较多。
② 例如,2011 年利比亚内战造成在利中资企业的停产和大规模损失。
③ 例如,自然资源较丰富的哈萨克斯坦、蒙古国、伊朗,北京地区企业对其投资也较多。
④ 北京地区企业在与中国较近的东南亚、南亚、中亚投资较多,在中东欧投资较少。

展水平越高的经济体,受其经济规模和众多影响因素的扰动,经济风险反而越高;而经济发展水平越低的经济体,其宏观经济风险较小,但宏观投资环境较差。一般来说,东道国的经济衰退、经济政策的波动、国际收支的不平衡性、物价不稳定、贸易摩擦,都是不利于对其 ODI 决策的因素。主要的衡量指标包括:GDP①、人均 GDP②、GDP 增长率③、CPI、双边进出口总额和净出口量④、自然资源出口⑤、自然资源经济租金⑥、东道国吸收 FDI 程度⑦、人口红利⑧、劳工成本、失业率、技术水平、产业成熟度⑨。

---

① 根据 IMF 数据库,一带一路沿线经济体总量为 1000 亿美元以上的经济体中,GDP 为 5000 亿美元以上的有 6 个(由大到小):俄罗斯、印度、印尼、土耳其、沙特和波兰;GDP 最少的 4 个国家(由小到大):不丹、马尔代夫、黑山、东帝汶。
② 根据 IMF 数据库,一带一路沿线经济体人均 1 万美元以上的经济体中,人均 GDP 为 2 万美元以上的经济体为(由大到小):卡塔尔、新加坡、科威特、阿联酋、文莱、以色列、巴林、阿曼、沙特和斯洛文尼亚;人均 GDP 最少的 5 个经济体为(由小到大):阿富汗、尼泊尔、缅甸、孟加拉国、柬埔寨。
③ 根据 IMF 数据库,一带一路沿线经济体 GDP 增速 5% 以上的经济体中,增速 7% 以上的有(由大到小):伊拉克、也门、立陶宛、新加坡、沙特阿拉伯、拉脱维亚、马来西亚、马尔代夫、东帝汶、吉尔吉斯斯坦、埃及和波兰;增速最慢的 5 个经济体为(由小到大):柬埔寨、阿富汗、捷克、亚美尼亚和匈牙利。
④ 根据世界银行数据库,一带一路沿线经济体进出口贸易和占 GDP 比重为 100% 以上的国家中,贸易占比最大的经济体为(由大到小):新加坡、马尔代夫、爱沙尼亚、阿联酋、马来西亚、白罗斯、越南和捷克;最小的经济体为(由小到大):巴基斯坦、埃及、尼泊尔、阿富汗。
⑤ 根据世界银行数据库,一带一路沿线经济体能源净进口占 GDP 比重为负的经济体(负数,代表能源丰裕)中,50% 以上的经济体有 14 个(由大到小),主要是中东欧:黎巴嫩、新加坡、约旦、摩尔瓦多、白罗斯、以色列、立陶宛、土耳其、格鲁吉亚、亚美尼亚、斯洛伐克、匈牙利、克罗地亚、拉脱维亚。
⑥ 根据 http://www.globalpetrolprices.com,一带一路沿线经济体汽油价格在 1 美元/公斤以下的经济体,主要位于中亚、东南亚和西亚北非,共 23 个。
⑦ 根据 UNCTAD 数据库,吸收累计存量达百亿美元以上的一带一路沿线经济体中,千亿元以上国家(由大到小):新加坡、俄罗斯、波兰、印尼、印度、沙特、泰国、土耳其、马来西亚、捷克、匈牙利、阿联酋。一带一路沿线经济体 1980~2014 年吸收 FDI 存量最多的前五国为新加坡、俄罗斯、印度、沙特阿拉伯、哈萨克斯坦。
⑧ 可参考世界银行数据库,15~64 岁人数占 70% 以上的国家,城镇人口占比 70% 以上、人均收入为 1 万美元以上的国家的相关数据。
⑨ 以工业化进程为例,一带一路沿线经济体工业化水平差距较大,中亚五国分布在工业化初期和工业化后期两头,东南亚和南亚国家大部分处于工业化初期,中东欧和西亚、中东的国家大部分处于工业化后期。

3. 财政金融因素

财政因素主要体现为东道国政府的外债存量占 GDP 比重、中央政府债务占 GDP 比重、财政盈余（或赤字）占 GDP 比重、外债存量占外汇储备比重、经常账户余额占 GDP 比重、东道国税收水平和政策的变化、东道国税收执法效率的影响。金融因素主要包括东道国通胀水平的变化、银行经营稳定性、银行不良资产比重、债券和股票市场流动性、外汇风险（折算、交易、经营[①]）、外汇管制风险、中央政府债务违约风险。外汇风险主要表现为外汇水平的变化和外汇波动性的变化[②]，尤其是主权信用风险，会导致东道国经济政策的连锁反应，税收和融资成本等投资环境会发生显著变化。

4. 制度因素

制度因素主要包括法律因素（东道国法律不健全、中国企业维权意识差；具体表现为合同的可执行性、对外国公司的监管和歧视、不合理的没收和征用、司法公正等）、双边投资协定、信贷融资便利度、国际贸易结算和支付风险（限制汇兑、限制利润汇出、贸易保护）、基础设施（交通运输[③]、通信[④]及电力[⑤]）、社会文化差异[⑥]、政府效率与官僚作风、腐败程度[⑦]、劳动力风

[①] 2013年，由于蒙古国、埃及、捷克、阿富汗的汇率波动性较大，北京地区企业对其投资发生了不同程度的减少。

[②] 2013~2014年，蒙古国、埃及、捷克、阿富汗、白罗斯、阿曼、塞尔维亚、乌兹别克斯坦较大的汇率波动性，促使中国企业减少了对其的 ODI 流量。

[③] 根据世界银行数据库，一带一路沿线经济体物流绩效指数 3 分以上经济体中，基础设施比中国好的有：新加坡、阿联酋；基础设施相对较差的为：土库曼斯坦、吉尔吉斯斯坦和乌兹别克斯坦。

[④] 根据世界银行数据库，一带一路沿线经济体互联网用户每百人有 60 人以上的经济体中，有 80 人以上的有 4 个为（由大到小）：巴林、阿联酋、卡特尔和爱沙尼亚；最差 4 个（由小到大）：东帝汶、缅甸、阿富汗和柬埔寨。

[⑤] 根据世界银行数据库，一带一路沿线经济体人均耗电量 4000 千瓦时以上经济体中，前 5 位为（由大到小）：科威克、卡特尔、立陶宛、巴林和阿联酋；后 6 位（由小到大）：尼泊尔、缅甸、柬埔寨、也门、孟加拉国和巴基斯坦。

[⑥] 以宗教信仰为例，一带一路沿线经济体多元宗教并存，中亚、西亚、北非地区以伊斯兰教为主；中东欧地区主要信仰基督教，其次为伊斯兰教；东南亚地区以佛教、伊斯兰教为主，基督教、儒道信仰等并存；南亚地区以印度教为主，伊斯兰教、佛教、锡克教等并存；南太平洋地区以基督教为主。

[⑦] 根据 International Country Risk Guide（ICRG）数据，一带一路沿线经济体腐败最低的经济体为：文莱、新加坡、阿联酋、马来西亚；腐败最高的经济体为：埃及、叙利亚、伊拉克、苏丹，此外，俄罗斯、巴基斯坦、缅甸、印尼较高。

险（罢工、劳工监管、工会权力过大等）等。

很多一带一路沿线经济体，都是在地缘政治高端风险的结合部，并且其国家本身法律体系就不健全。这就造成了招投标、合同订立与履行的合同风险，产品及环境侵权责任风险，动产和不动产、知识产权相关财产权风险等。由于前期调研不足，中海油收购加拿大石油公司、中信泰富澳大利亚煤矿巨额的投资一直未收获有效的成果，中远收购洛杉矶废弃的军事码头成为政治敏感问题，中石化收购俄罗斯工厂成为纠纷案例。

（三）北京地区企业对一带一路沿线ODI决策风险识别

一带一路沿线经济体大多数富含能源、矿产、农业和旅游资源，但大部分工业水平较低、产业结构单一且处在产业链低端，基础设施较差，但外资负担较低，劳动力成本较低。一带一路沿线经济体主权信用水平差距较大，很多具有重要的地理位置和战略价值，但大多是大国角力的焦点，不确定性因素较多，国家政治及违约风险突出。

具体表现为：经济风险，如东道国经济基本面和经济结构因素、区域政策差异性、贸易壁垒等因素；金融信贷风险，如基础设施投资周期长、规模大、汇率不稳定、融资成本高等；债务违约风险；政治风险，如政权更迭、法制水平较差、国家债务较高、地缘政治和宗教冲突等。

1. 经济风险

随着全球经济的复苏，欧洲部分国家和东盟经济发展前景较好，而塔吉克斯坦、老挝等国受自身产业和贸易结构的影响，风险较大。目前石油价格的走低，给俄罗斯和中亚地区带来比较大的负面影响，泰国、埃及的政局和治安波动也对其经济带来很多不确定性。欧洲的德国、法国、比利时经济前景较好，但希腊的经济风险较大，俄罗斯和土耳其经济不确定性较强；中亚地区经济整体存在不确定性，特别是资源较少的吉尔吉斯斯坦和塔吉克斯坦；东盟国家中经济基础较薄弱的越南、老挝、缅甸、柬埔寨受其内部不稳定因素的影响，经济不确定性较大；埃及和肯尼亚较高的贸易逆差和通胀率使其经济不确定性较大，巴基斯坦政局的不稳定性对经济发展产生负面影响，伊朗因其经济结构原因经济风险持续。

整体上，目前经济风险较低的国家包括新加坡、卡塔尔、沙特阿拉伯、以色列、巴林、阿联酋、阿曼、土耳其、科威特、捷克、立陶宛、波兰、匈牙利、爱沙尼亚、罗马尼亚、德国、马来西亚、法国、比利时、荷兰、泰国、印尼、印度等；风险较高的国家包括缅甸、老挝、肯尼亚、吉尔吉斯斯坦、格鲁吉亚、也门、塞尔维亚、波斯尼亚和黑塞哥维那、巴基斯坦、柬埔寨。

2. 财政金融风险

财政金融风险主要通过政府财政盈余（或赤字）占 GDP 比重、财政收入、财政支出、外汇储备、汇率、经常账户余额占 GDP 比重等指标表现。欧洲的希腊财政风险持续，土耳其汇率不确定性较大；中亚五国财政收支平稳，金融市场化程度不均衡，乌兹别克斯坦和吉尔吉斯斯坦有一定的外汇贬值风险，吉尔吉斯斯坦和塔吉克斯坦中央政府债务也有一定风险；东盟国家财政收支较稳定，越南、老挝、柬埔寨严重依赖海外资本，其金融市场不确定性较大；埃及资金外流和政府赤字严重，伊朗和巴基斯坦汇率贬值风险较大。

整体上，目前财政金融风险较低的国家包括新加坡、沙特阿拉伯、以色列、卡塔尔、爱沙尼亚、泰国、菲律宾、乌兹别克斯坦、俄罗斯、伊朗、哈萨克斯坦、印尼、塔吉克斯坦、土耳其等；风险较高的国家包括也门、孟加拉国、土库曼斯坦、格鲁吉亚、波兰、立陶宛、乌克兰、保加利亚、白罗斯、波斯尼亚和黑塞哥维那、罗马尼亚、塞尔维亚、匈牙利、巴基斯坦、越南、约旦、斯里兰卡、比利时、希腊、埃及、泰国、蒙古。

3. 债务违约风险

欧洲国家中，德国风险最小，比利时债务可控、俄罗斯风险可控、希腊风险依旧较为严重；中亚的哈萨克斯坦债务违约风险较小，吉尔吉斯斯坦和塔吉克斯坦违约风险较大；东盟国家中新加坡、马来西亚、菲律宾风险较小，老挝外资负担过高；伊朗违约风险小，肯尼亚和埃及短期违约风险较大。整体上，目前债务违约风险较低的国家包括新加坡、爱沙尼亚、沙特、以色列、卡塔尔、科威特、捷克、波兰、马来西亚、俄罗斯、伊朗、土库曼斯坦、乌兹别克斯坦、菲律宾、缅甸、泰国、荷兰等；风险较高的国家包括也门、乌克兰、约旦、埃及、土耳其、塔吉克斯坦、老挝、吉尔吉斯斯坦。

4. 政治风险

政治风险一般通过国内政局、政党更迭、国际关系等指标体现。欧洲的土耳其、俄罗斯政治风险较大；中亚受地缘政治影响，有一定风险；东盟政治不确定因素较多，泰国暴力抗议风险较大；埃及、伊朗、巴基斯坦的政治风险较大。整体上，政治风险较低的国家包括新加坡、沙特阿拉伯、以色列、卡塔尔、捷克、巴林、立陶宛、波兰、爱沙尼亚、匈牙利、俄罗斯、荷兰、法国、德国、比利时、马来西亚、越南、印度、菲律宾、印尼等；风险较高的国家包括肯尼亚、巴基斯坦、土库曼斯坦、柬埔寨、吉尔吉斯斯坦、伊朗、也门、乌克兰、埃及、土耳其、白罗斯、波斯尼亚和黑塞哥维那。

针对能源投资，低政治风险经济体包括新加坡、马来西亚、阿联酋、哈萨克斯坦、沙特阿拉伯、波兰、文莱、越南、俄罗斯、卡塔尔、匈牙利；风险较高的经济体包括尼泊尔、阿富汗、巴勒斯坦、叙利亚、黎巴嫩、马其顿、马尔代夫、东帝汶、不丹。

5. 综合风险及其他风险

整体而言，一带一路（小名单）中，新加坡、卡塔尔、沙特阿拉伯、以色列、马来西亚的国家主权信用评价最高，爱沙尼亚、波兰、马来西亚、俄罗斯、斯洛伐克信用较高，也门、塞尔维亚、波斯尼亚和黑塞哥维那、柬埔寨、蒙古国、埃及、缅甸、越南、老挝、乌克兰、巴基斯坦信用评价最差。

一带一路沿线经济体的信用极差跨度大，除欧洲国家外，大部分国家处于经济转型期。当然，还包括人力资源的整合风险、海外欺诈风险、语言、文化、经营理念差异的风险、企业管理和运营成本风险、投资回报风险、潜在的法律、政策风险等。

五 北京地区企业一带一路沿线 ODI 决策的区域及国别风险与投资机会

整体上看，新欧亚大陆（主要是欧洲发达国家）整体风险较小，但财政风险较大；中巴经济走廊、孟中印缅经济走廊（南亚和东南亚邻国），政治风险突出；中国－中亚－西亚经济走廊（中亚五国及伊朗）总体政治风险较高，但财政风险较大；21世纪海上丝绸之路（东南亚及非洲等国）经济风险相对较小，政治风险有待观测。

具体来说，新加坡和俄罗斯具有良好的基础设施、制度环境、对华关系，投资吸引力最强。而对东盟的投资主要集中于越南、马来西亚、印度尼西亚、老挝、泰国、柬埔寨，这些国家市场规模较大，对华较为友好、社会制度较好。对于西亚，伊朗、沙特阿拉伯、阿联酋、科威特、卡塔尔、土耳其投资前景较好，这些国家的资源禀赋和基础设施吸引力较大，但政局稳定风险也较大。此外，南亚的印度、巴基斯坦、孟加拉国等经济体的互补性较强，投资前景广阔，尤其印度的发展潜力巨大，目前北京市的部分计算机和手机制造企业已开始计划加大对印投资。中亚的哈萨克斯坦、乌兹别克斯坦的资源优势较强，投资吸引力较大。北京地区企业一带一路沿线ODI决策的区域及国别风险[①]与投资机会具体如下。

（一）东盟——21世纪海上丝绸之路的重要组成

中国是东盟外资[②]第五大来源国，投资增速较快，但投资区位和产业不够均衡，主要集中于新加坡、印尼、缅甸、柬埔寨、老挝等，分布在电力、热力、燃气及水供应、采矿、批发、制造、租赁、建筑等领域。

东盟国家在接受和欢迎中国"一带一路"倡议的程度上有一定差异。持积极欢迎态度的有泰国、柬埔寨、老挝；持谨慎欢迎态度的有印尼、马来西亚、新加坡、文莱；持保留欢迎态度的有越南、菲律宾和缅甸。

东盟宗教文化各异、劳动力素质较低、基础设施较差，劳动密集型制造业投资东盟前景广阔。目前，中国正在和印尼、泰国、老挝、马来西亚、新加坡、柬埔寨、缅甸进行高铁和铁路项目的投资磋商。新加坡、印尼、马来西亚、泰国都是中国"一带一路"倡议的重要节点国家。北京地区企业投资东盟，与欧美日在东盟跨国公司的竞争风险较大，电子、汽车、高

---

① 根据商务部、国务院发展研究中心、中国出口信用保险公司、中诚信国际信用评级公司等报告整理。
② 东盟的外资主要来源于欧盟、日本、中国等服务业和制造业的投资。

铁产业尤为凸显。此外，印尼、泰国、缅甸的政治风险加大，菲律宾、越南、马来西亚与中国南海争端较大。

北京地区企业应积极利用东盟华人和华商的优势，并进一步加强对东盟较不发达国家的医疗、水、道路、教育、体育等方面的援助性投资。北京地区企业可加强对印尼交通基础设施、马来西亚铁路和油气开发、泰国铁路和通信领域进一步的合作。目前，中国电影家协会、中国电影基金会、北京国中商联投资管理服务有限公司已决定投资1000亿元建设中国-东盟影视产业园。

新加坡是中南半岛经济走廊的重要成员，是中国-东盟战略合作的重要杠杆。新加坡是北京地区企业在东盟投资数量和行业分布最为广泛的国家，涉及石油天然气、基础材料、工业、消费品、医疗保健、消费服务、公用事业、金融和科技等领域。截至2013年底，约有140家中国公司在新加坡挂牌上市。北京地区企业对新加坡的投资主要包括中远控股（新加坡）有限公司、中国国际航空公司新加坡营业部、中国银行新加坡分行、中国建筑（南洋）发展有限公司、中国航油（新加坡）股份有限公司、南洋五矿实业有限公司等。

印尼[①]是21世纪海上丝绸之路经济带南路区的战略枢纽，是中国的东盟战略重点。印尼是北京地区企业在东盟投资数量和行业分布第二大合作伙伴国，主要包括中国交通建设集团的泗马大桥项目、中石化的巴淡岛油储项目、雅万高速铁路项目和一大批电站建设项目。目前，印尼政府的财政缺口较大，北京地区企业可增加对印尼基础设施建设和矿产开发的投资力度。但印尼政府近期调整了原有的能源与矿业发展结构，北京地区企业应谨慎研究后再进行投资决策。印尼政策不确定性较大、征地规则也较苛刻、劳工限制严格、通胀率高走、法律透明度较低、劳动者技能较低，对咨询、医疗、投资限制较多，这也是北京地区企业应该注意的。北京地区企业应充分利用印尼的华人文化进行投资，可加大对印尼电站、路桥、机场、建筑、电子信息等相关产业的投资力度。

缅甸是21世纪海上丝绸之路通往印度洋的重要节点。北京地区企业对

---

① 根据中国出口信用保险公司《2015年国家风险分析报告》，印尼风险评级为6级。

缅甸的投资主要集中在油气、水电、矿业资源开发等领域。主要包括中石油的中缅油气管道项目、中石化的缅甸油气区块勘探项目、中国电力投资的伊江上游水电开发项目、中国水电建设集团的哈吉水电站和勐瓦水电站项目、中色的达贡山镍矿项目、中国机械进出口总公司的缅甸车头车厢厂承包工程项目、中国国际的孟邦轮胎厂改造和浮法玻璃项目、中国中信企业联合体的皎漂经济特区的工业园和深水港项目等。缅甸劳工成本较低，目前有中国企业在缅独立投资服装生产厂，北京地区劳动密集型制造企业可利用此优势进行投资。缅甸资源较为丰富，目前，已有中国北方矿业公司与缅政府协调邦钦省铜矿投资项目；北京地区的矿业企业较多，可投资发展相关项目。缅甸基础设施较差，中国国电等多家公司正计划投资其发电站建设；此外，缅甸的公路覆盖率较低，最具有绿地投资的潜力；其机场、铁路、港口的投资建设前景也较好。

越南是 21 世纪海上丝绸之路关键节点，承接转口贸易和产业转移。中国是越南最大的贸易伙伴，越南是中国在东盟最大的贸易伙伴。越南政局稳定、罢工时有发生、技术水平较低。越南劳动力充足，劳工成本较低，其纺织品享受与日、欧、韩、美等众多贸易协定的关税优惠，北京的纺织服装业企业可向其进行投资。越南海岸线长，可借助其开拓东盟市场。越南工业较为落后，生产设备和原材料严重依赖进口，北京市钢铁企业也可增加对其投资。农业投资前景广阔。此外，越南政府允许个人和企业投资铁路基础设施建设。另外，越南是东南亚的风能、太阳能储备最为丰富的国家，其生物能和水电能也有较大的发展空间。北京地区企业可增加对越南电力、能源、煤炭、基础设施等方面的投资；但越南行政效率较低、法制不健全、基础设施落后、电力供应紧张，北京地区企业应审慎投资，防范风险。

马来西亚[①]是中国的东盟战略平衡点，可充分利用其华人文化进行投资。目前，北京地区企业对马来西亚的投资，分布于金融、航空、海运、钢铁、矿产、IT、房地产等领域。马来西亚基础设施完善、财政赤字较可控、行政效率较高、外贸依存度过高、经济增长缓慢、劳工限制较多，北

---

① 根据中国出口信用保险公司 2015 年《国家风险分析报告》，马来西亚风险评级为 4 级。

京地区企业可针对其制造业、医疗卫生、通讯、建筑业和交通运输等基础设施领域加大投资力度。

菲律宾①是中国与东盟加强海洋合作的重要部分。菲律宾依赖个人消费和海外劳工汇款，财政赤字小幅走高、税负重、绑架和恐怖袭击时有发生、执法成本较高、政府效率低、比索小幅贬值、行政效率低、基础设施有望改善，北京地区企业可加大对菲在交通基础设施、电力能源、建筑、房地产、电信等相关领域的投资。

泰国是中国的东盟战略支撑点。泰国经济增速持续放缓、通胀温和上升、整治环境较差、执法效率较高、劳动力成本上升。北京地区企业可增加对泰国零售业、旅游业等方面的投资。

此外，北京地区企业投资老挝的项目主要包括，中铁投资400亿元的中老铁路磨丁—万象段项目、中国重机的煤电一体化项目、中国电力和中国水电的水电站项目、中国电力的输变电项目、中工国际的机场扩建项目。同时，北京地区企业也有投资于柬埔寨的中水电集团的甘再BOT水电项目。

（二）中蒙俄经济走廊及欧亚经济走廊

习近平总书记指出可以把丝绸之路经济带同俄罗斯跨欧亚大铁路、蒙古国草原之路倡议进行对接，打造中蒙俄经济走廊。

蒙古国是丝绸之路经济带北线重要支点。蒙古国经济发展水平较为落后、基础设施较差、融资成本较高。北京地区企业可利用过剩经济产能促进蒙基础设施建设。公路、铁路、电力合作建设前景广阔。当前，蒙古国内受"中国威胁论"影响较大，要防范蒙古国受美、日蛊惑遏制中俄合作战略的风险。

俄罗斯②是中亚五国的重要贸易伙伴和外资来源国，对中亚地区影响较大。目前，俄罗斯经济增长危机较为突出、贸易收支赤字、债务违约风险、通胀加剧、财政赤字、卢布贬值、部分地区存在极端民族主义暴乱、立法变动频繁、腐败较为严重。因此，北京地区企业要谨慎选择对俄投资项目

---

① 根据中国出口信用保险公司2015年《国家风险分析报告》，菲律宾风险评级为7级。
② 根据中国出口信用保险公司2015年《国家风险分析报告》，俄罗斯风险评级为5级。

的合作伙伴，可在金属矿产、油气、农业、基础设施、高科技、航空航天、高铁、核能、油气等领域加大对俄罗斯的投资合作力度。

北京地区企业可利用过剩经济产能促进俄、蒙基础设施建设。公路、铁路、电力合作建设前景广阔。俄罗斯对外"中国崛起"持合作与防范并存的态度。

乌克兰交通设施较完善，但存在经济衰退、通胀严重、财政赤字、政局较不稳定、政府效率较低、劳工成本较高等问题。北京地区企业可针对其农业、信息技术、能源、基础设施等领域加大投资，并注意防范风险。

其他独联体中，白罗斯是丝绸之路经济带北线向欧洲延伸的重要节点，有望成为欧亚的交通运输网中心。中白工业园项目正在建设中。阿塞拜疆是欧洲和亚洲文化的汇聚地，也是一带一路北线上的欧亚能源枢纽。

（三）中国－中亚经济走廊

中国对中亚地区的投资合作，最为瞩目的领域当属高铁项目。中国财团投资莫斯科喀山长达770千米的高铁项目。中国将投资建设中国边境霍尔果斯口岸到哈萨克斯坦的里海港口城市阿克套的铁路。

中国在2013年9月与乌兹别克斯坦、塔吉克斯坦和吉尔吉斯斯坦签署协议，将修建中亚－中国天然气管道的第4条管线。

对中亚五国的投资以采矿业为主，中石油、中石化广泛深入五国进行投资。此外，北京地区企业已在建筑工程、制造业、批发零售、金融业、航空运输领域对中亚五国进行投资。国家开发银行、中国银行、中国工商银行都已在五国设立分行。中国承接中亚五国基础设施建设前景广泛，但中亚不确定性因素较多，北京地区企业投资时应注意。

哈萨克斯坦是一带一路沿线的关键国家。哈萨克斯坦政治稳定，但国内反华情绪较严重、经济增长下滑、货币贬值严重、法律风险较大。北京地区企业对哈投资主要集中于石油、电力、农副产品加工、电信、皮革加工、餐饮和贸易等领域。包括中哈石油管道项目、中石化FIOC和中亚项目、阿斯塔纳北京大厦项目、鲁特尼奇水电站项目等。2016年，北京轨道公司签约承担阿斯塔纳轻轨建设管理工作。就可预见形势来看，北京地区企业可针对其基础设施、机械制造、创新和绿色经济等领域加大投资，并注意防范风险。

吉尔吉斯斯坦处于丝绸之路经济带中段，是中亚地区东线门户。北京地区企业在吉投资规模位列中亚投资第二，主要集中于轻工业和采矿业合作，但项目规模较小。2015年初，乌兹别克斯坦签发总统令，促进北京保利集团投资其橡胶厂项目。

（四）中巴经济走廊

巴基斯坦[①]是"丝绸之路经济带"和"21世纪海上丝绸之路"的重要交汇点。习近平主席建议，以中巴经济走廊建设为中心，以瓜达尔港、交通基础设施、能源、产业合作为重点，形成"1+4"经济合作布局，实现合作共赢和共同发展。

经双方调研，中巴经济走廊建设面临的首要挑战就是巴基斯坦国内的能源短缺问题。中国拟对巴基斯坦投资460亿美元，建设中巴经济走廊。北京地区企业对巴基斯坦的投资以通信、油气勘探、电力、水利、交通、机场、港口、房建、资源开发等基础设施建设为主。主要包括：中建的白沙瓦—卡拉奇高速公路、中国交建的雷科特至伊斯兰堡公路项目、中国水电建设集团的曼格拉大坝加高项目、中国路桥的喀喇昆仑公路升级改造项目、中建的伊斯兰堡新机场航站楼项目、中水的M-4高速公路项目、中国机械设备工程煤电一体化项目、中国电建承接的卡西姆港燃煤应急电站项目、中国海外港口瓜达尔港配套设施项目、中国大唐集团电力公司项目等。

巴基斯坦财政拮据、能源短缺、中央政府债务占比较高、经济增长较慢、存贷款利率偏高、营商条件较差、犯罪暴力较为频发、法律不够健全、政府效率较低、基础设施落后、交通和电力罢工风险较大。北京地区企业可针对其水电基础设施、医疗、通讯及能源领域加大投资，并注意防范风险。

（五）孟中印缅经济走廊

印度[②]是中国西南方最大邻国，是"丝绸之路经济带"和"21世纪海

---

① 根据中国出口信用保险公司2015年《国家风险分析报告》，巴基斯坦风险评级为7级。
② 根据中国出口信用保险公司2015年《国家风险分析报告》，印度风险评级为6级。

上丝绸之路"的汇聚之地，是中国"一带一路"倡议的关键。孟加拉国是21世纪海上丝绸之路连接东南亚和印度洋的重要节点。

目前，北京地区企业在印度的投资较为单一，且以绿地投资为主，分布于电信、电力、家电、钢铁和机械领域。北京地区企业在印投资主要有中国技术进出口总公司在印度的燃煤电站等。

印度经济增长转好、劳工成本上升、财政赤字较严重、税制复杂、执法效率较低、基础设施较落后、电力紧张、对外资门槛较高、人力资本两极化严重。

目前，印度政府鼓励公私合作伙伴关系（PPP）建设其基础设施，这也为北京地区企业对其投资提供了机会。北京地区企业在铁路、高铁、汽车、电子、化工、机械、可再生能源、银行、医疗等领域投资印度前景广阔，同时，可将北京地区的优势富余产业转移到印度。随着印度外资管制的开放，北京地区企业可加大对印度交通基建、电力、通信、建筑领域、制造业、医疗卫生等方面的投资，但要注意规避农业、零售、金融、房地产等敏感领域。目前，已有工商银行、高铁制造、风能、纺织企业加大了对印度的投资。

孟加拉国经济增长稳定、通胀压力可控、财政赤字可控、劳动力成本较低，但基础设施较差、政府效率较低、官僚主义较严重、恐怖主义威胁较大、罢工频繁。北京地区企业可增加对孟加拉国基础设施、制药、摩托车、电信等方面的投资。

（六）西亚北非地区及中亚西亚经济走廊

伊朗素有"欧亚陆桥"和"东西方空中走廊"之称，积极响应"一带一路"倡议。北京地区企业对其主要投资于石油石化、水利、机电、轻工等领域。此外，中车北京时代有望在石油顶驱、水井钻机等产品在伊朗市场有重大投资，中石油的石油码头项目表现突出。

沙特阿拉伯位于亚非欧三大洲交汇处，是一带一路的关键节点，是中东最大经济体和消费市场。北京地区企业在沙投资主要集中于石化、建筑、基础设施（铁路、桥梁、公路等）、水电、食品等领域。沙特政局稳定、货币政策宽松、交通设施发达。北京地区企业在核能、航天卫星、新能源、家电、汽车等领域合作前景广阔。

以色列位于亚非欧三大洲交汇处，是一带一路关键节点。土耳其是连接亚欧大陆的重要跨洲国家，是一带一路关键节点。北京地区企业目前在土投资分布于通信、交通、能源、矿产、制造等产业。但土耳其政治风险较大、经济发展不确定因素较多、印花税较高、英语不普及。北京地区企业可选择在高科技、新能源、金融、交通、旅游、农业等领域对土进行投资合作。

埃及①位于亚非欧交界地带，是21世纪海上丝绸之路的重要节点。中国已于埃及建设中埃苏伊士经贸合作区，鼓励中国企业对埃及投资。北京的中国交通建设集团已在埃及承接码头建设项目、中石化也与埃及进行了石油开采合作。中埃优势互补，中国缺乏的矿物、无机化学、铜等原料正是埃及所富有的。埃及政局稳定、鼓励外资，但劳动生产率较低、贸易逆差较大、贬值压力大、外汇管制严格、税率较高、劳工冲突较严重。北京地区企业可加大对埃及在铁路、公路、港口、电力、建筑、金融、信息、服务等领域的建设投资，同时，可加大中埃苏伊士经贸合作区的投资力度。

科威特经济发展良好、通胀压力小、法律完善、基础设施和信息产业相对发达，但政府效率低、执法成本高、有一定的政治动荡风险。北京地区企业可针对其石油、路桥、房建、通讯制造等领域加大投资，并注意防范风险。

卡塔尔政局稳定、税率低，但基础设施不够完善、司法成本较高。北京地区企业可针对其水电、铁路、教育、机场建设等领域加大投资。

阿联酋经济增长放缓、政治稳定、劳动力充足。北京地区企业在阿联酋的投资主要集中于油气、金属、建筑等领域，代表性项目包括中化公司的阿联酋油气开发项目。未来，北京地区企业可针对其汽车、家具、电子等领域加大投资，并注意防范风险。

（七）中东欧地区

匈牙利是一带一路重要节点，是进入中欧的首站。北京地区企业在匈

---

① 根据中国出口信用保险公司2015年《国家风险分析报告》，埃及风险评级为7级。

投资的行业主要包括金融、化工、通信设备等，中国银行在匈牙利也有投资项目。

波兰是丝绸之路北线国家，是通往欧洲的门户。北京地区企业主要投资于制造业、房地产、工程承包等。波兰营商环境较好、法制健全、劳动成本低、矿产丰富、税负低，基础设施完善；但波兰经济政策调整频繁，行政效率低，劳工权利较大。目前，北京地区企业对波在交通基础设施、汽车、机械制造、航空、IT、健康产业等领域具有投资机遇。

斯洛伐克是连接东西欧的重要枢纽，是丝绸之路欧洲沿线的重要节点。塞尔维亚是连接东西欧的"金桥"，也是连接欧洲和亚洲的"十字路口"，在"一带一路"倡议中意义重大。

北京地区企业有较大机会投资保加利亚对其高速公路网络和公路的改造项目。保加利亚旅游业、太阳能存在显著的投资潜力，并且根据保加利亚投资规定，外国投资者在本国从事商业活动享有国民待遇。保加利亚经济发展水平整体较低、政府不够稳定、腐败较为严重，但拥有较低成本的高素质劳动力。北京地区企业可对其汽车、数码领域加大投资，并注意防范风险。

（八）一带一路（小名单）以外经济体

1. 日韩地区

对于日本，北京友谊商业服务公司1979年收购东京丸一株式会社标志着中企业对日投资的开端。近年来，北京的联想集团、中国博奇环保科技也加大了对日本的投资，但相对日对中的投资，中对日的投资仅位列中国对外投资第34位，也只是日本外资来源的第7位。北京地区企业对日投资难，主要由于日本严格的外资审查制度、保守的国民意识、日本劳动成本高、优惠政策少、税制复杂、签证限制严格等因素。此外，中国企业本身技术水平有限、利润率低，对日本市场和法律了解得也较少。北京地区企业在能源、环境、服务业、农业、健康养老等领域的与日本投资合作空间较大。

对于韩国，北京地区企业对韩投资规模不大，主要集中于半导体、汽车零部件、房地产、金融服务等领域。而韩国对中国投资相对较大，且主要集中于电子制造业等领域。未来，北京地区企业可与韩进行金融保险、会展、创意、咨询、管理等领域的投资合作。

2. 欧盟地区

北京地区企业投资欧盟应注意价值链的延伸，例如，北京吉利收购沃尔沃，既保障了欧洲的就业机会，又获得了高端制造技术。但对欧投资税负较重、劳工门槛较高。北京中小企业可选择英、法、德等工业强国进行海外投资；倾向于灵活利用税收物流和虚拟产业的企业可选择在卢森堡、荷兰、爱尔兰投资；研发企业可选择在瑞典、挪威投资；重视基础设施建设的企业可选择在匈牙利、波兰、罗马尼亚等欧盟新成员国投资；北京地区企业对意大利、西班牙、希腊、葡萄牙等受金融危机影响较严重的国家投资应保持审慎态度。

对于德国，北京地区企业投资于德国的宏观风险主要集中在地缘政治风险、贸易顺差及欧元走弱风险、劳动成本加高、个别行业的歧视政策。北京地区企业可加大对其电子电气、医药、新能源、环保、贸易、分销、交通运输、金融、研发等领域的投资力度；但要注意德国严格的外资并购、反倾销和反垄断法制规则。

对于英国，北京地区企业投资于英国的宏观风险主要集中在较大的通胀和失业压力、经济结构平衡性较差，且面临税收政策风险、劳动力市场风险、小规模空袭安全风险和英国脱欧风险。北京地区企业可加强创意产业、数字传媒、低碳、基础设施、铁路、建筑业和为促进其产业结构升级的产业园等领域的合作。

对于法国，受"大巴黎计划"的激励，北京地区企业可加大对其汽车、农副食品、化工、机械、电子、金融、运输、医疗、休闲、家居等产业的投资力度。意大利官方也表现出积极欢迎来自中国的海外投资的态度。

3. 北美及大洋洲地区

对于美国，北京地区企业投资于美国的政治风险主要集中于存在一些政治敏感的投资领域，法律风险主要表现在较严格知识产权保护力度，并购整合审查较为严格，税收体系较为复杂，劳工权益风险较大，中美文化差异风险较大。美国严格的外资审查制度、国家安全等因素，严重阻碍了中国企业对美的直接投资，尤其是在基础设施建设方面。目前，高附加值产业应该是中国企业投资美国的新方向。相对公平、透明的竞争环境,有利于中国企业新一轮的投资。北京地区企业可加大对其新能源、生物技术、民用建筑、健康卫生、汽车、信息技术和创意密集产业等领域的投资合作。

对于加拿大,北京地区企业投资于加拿大的政治风险主要集中在即将面临的联邦大选,法律风险主要集中于其对国有成分企业严格的投资审查和环保政策,并购审查周期较长,税收体系较为复杂,基础设施有老龄化问题,签证困难的劳工风险,文化差异风险等。加拿大具有较好的投资环境,但外资门槛较高。建议北京地区企业增加对其基础设施建设和民用住宅建筑业的投资。

对于澳大利亚,澳大利亚[①]经济增长低于预期,产业亟须转型升级。北京地区企业投资于澳大利亚的宏观风险主要集中在澳大利亚受外部需求和自然灾害较大、失业和政府赤字风险较大、税收政策不确定性较大、外资审查制度严格、罢工时有发生、环境标准较高。北京地区企业可在新能源、环保、研发、金融、通信、农牧业、交通设施、水电、建筑、旅游等领域对澳进行投资合作。

4. 非洲地区

2015年12月,习近平主席在中非合作论坛上宣布将中非新型战略伙伴关系提升为全面战略合作伙伴关系,与非洲在工业化、农业现代化、基础设施、金融、绿色发展、贸易和投资便利化、减贫惠民、公共卫生、人文、和平和安全等"十大合作计划",为包括北京地区企业在内的中国企业带来了新一轮投资机遇。

中非工业化合作计划明确指出支持中国企业对非洲投资,并合作工业园区建设。可适当促进北京地区劳动密集型产业向非洲转移。北京地区企业中的金属采矿业企业可对其进行积极的投资开发。中非农业现代化合作计划鼓励中国企业投资非洲开展大规模种植、畜牧养殖、粮食仓储和加工,增加当地就业和农民收入,北农等企业具有这方面的投资优势。另外,最重要的基础设施建设为众多北京具有投资优势的企业提供了投资空间,非洲将支持中国企业投资非洲铁路、公路、区域航空、港口、电力、电信等

---

① 根据中国出口信用保险公司2015年《国家风险分析报告》,澳大利亚风险评级为2级。

基础设施建设。此外，医疗卫生领域的投资前景广阔。

众多的中非"产业园区"中，中国有色集团与赞比亚政府共同发起建立的赞比亚有色工业园区是北京地区企业卓有成效地投资非洲的代表之一。

但非洲基础设施较差、企业融资环境困难、劳动力素质较低、局部政局不稳定，北京地区企业应审慎防范风险。

南非[①]是非洲最大的经济体。北京地区企业投资于南非的宏观风险主要集中在经济增长前景较差、通胀和失业压力较大、贬值压力大、腐败较为严重、财政赤字较大、经常账户赤字扩大、时有罢工、缺乏熟练工人。但南非具有较完善的法律体系、较高的政府效率、电信产业较为发达、税收简单等优势。北京地区企业可加大对南非基础设施、机械制造业、农业、矿业深加工、新能源、建筑业、食品、信息等领域的合作。

津巴布韦是我国在非洲第三大投资目的国。津巴布韦投资环境较好、基础设施较差、劳工立法较苛刻，北京地区企业在农业（玉米、烟草、棉花、花卉、甘蔗、牛）、煤炭、金属矿产、基础设施、旅游业展开积极合作。打造北京地区相关企业"抱团"走出去，形成规模效应、降低风险。

对于尼日利亚，北京地区企业可加大对其基础设施、航空、石油开采、经贸区合作、通信广播、矿产资源开发、食品、纺织、农业等领域的合作。对于安哥拉，总体上不适合长期大规模投资，但可承接基建等工程承包领域。对于阿尔及利亚，北京地区企业可选在建筑、铁路、水坝、污水处理、新能源、海水淡化、纺织、医院、教育、信息等领域进行投资。对于摩洛哥，北京地区企业可利用其与欧美国家已签订众多贸易协定的优势，加大对其电子、汽车、电信、纺织、新能源、旅游业、运输业等领域的投资。对于埃塞俄比亚，北京地区企业可针对其制造、租赁、建筑、卫生、农业、电信、电力等领域加大投资，并注意防范风险。对于肯尼亚，北京地区企业对其能源、公路、铁路、制造业、采矿业、服务外包等领域的合作前景巨大。

5. 拉美地区

对于营商环境较好的秘鲁，北京地区企业可加大对其交通运输、电信、

---

① 根据中国出口信用保险公司2015年《国家风险分析报告》，南非风险评级为5级。

电力、建筑、铁路、水泥等领域的投资合作。对于阿根廷，北京地区企业可加大对其公路、铁路、水电等基础设施、粮食、建筑、能源、通信、金融、烟草、渔业开发等领域的投资合作。

对于巴西，北京地区企业可加大对其公路、铁路、机场基础设施、石油、有色金属、农业、纺织轻工、汽车、加工等领域的投资力度；拥有当地第二大水路运输网络的巴西南大河州 Sorenav 造船厂，2016 年 8 月，正向中国发起投资邀请。但巴西的宏观风险主要集中在较高的通胀率和较高的政府赤字率、腐败较为严重、投资手续复杂、融资成本高、税收复杂、基础设施较为落后、劳动技能偏低、中巴巨大的文化差异等。此外巴西营商环境不够乐观，主权信用评级展望为负面。

此外，北京地区企业可加大对智利的制造业、矿产、能源等领域的投资合作；加大对哥伦比亚公路、铁路、港口、水电、石油和生物能源等领域的合作；加大对牙买加基础设施和旅游等领域的合作；加大对墨西哥能源、汽车、基础设施等领域的合作。

总体来看，北京地区企业可对较发达经济体的信息、环保、金融、通信等产业加大投资力度，对较不发达经济体可针对劳动密集型制造业、基础设施、采矿业等领域加大投资力度。

六 北京地区企业投资一带一路沿线经济体的重点产业选择与展望

（一）北京地区企业投资一带一路沿线经济体的重点产业前景

整体上看，对于一带一路沿线经济体的基础设施建设可以作为主要的投资渠道，并带动相关产业和设备的投资与贸易。北京地区企业有能力帮助沿线经济体建设道路、桥梁、港口、电力等基础设施，并推动相关基础设置建设技术与相关产业走出去（高铁、轨道、无线供电系统、造船业以及过剩的钢铁、有色、建材），装备制造业组合（汽车、船舶、发电设备、工程机械等），一般制造业组合，私营和混合经济走出去。

1. 采矿业

近年来，全球采矿业投资整体下滑，大宗矿产品价格大幅下跌，新能源、新材料所需矿产品价格大幅提升。全球矿产产业融资难度加大，经营业绩下滑。矿产企业对外投资环境相对稳定，但海外并购发展低迷。

采矿业一直是北京地区企业对一带一路沿线投资的重点产业，但近两年采矿业的投资项目数量增幅减缓，甚至出现减少；同时，民营企业的矿业投资热情突出。环境保护和经济可持续发展等约束成为影响采矿业投资决策的重要因素之一。目前，北京地区企业仍热衷于对油气和有色金属的海外投资。目前对矿产初级勘查的投入资金有所减少，而石油勘察投入增长较快，尽管近两年石油价格走低。同时，北美地区油气勘探和开采的投入稳定增长，大洋洲成为中国矿业投资的主要目的地。此外，重要矿产品（金银等贵金属、部分有色金属）的国际市场价格波动较大，既是贸易政策的结果，也缘于部分大型矿产企业自身的战略调整。

中国矿产企业与具有国际优势的矿产企业差距较大。石油天然气是北京市企业ODI的热点，黄金和有色金属也是北京市企业海外投资的主要目标产品。2015年，对北美洲国家的油气项目投资明显迅速增长。五矿集团和神华集团是海外矿产资源投资的主要力量，尤其偏好于铜、黄金、煤等矿物。部分北京地区矿业企业海外上市表现突出，但市值表现不佳。民营企业对采矿业投资规模增长迅速。实际上，北京地区企业对采矿业的ODI动机主要表现为资源寻求型、成本效率寻求型和横纵向业务扩展型。

特别的，全球油气行业投资大幅下降，低油价对油气资源国的影响加剧，地缘政治格局恶化，石油行业的垄断性不断加剧。中国当前对一带一路沿线的油气投资合作较有成效。

北京地区企业采矿业海外投资的政治风险主要集中在"中国国家资本主义"论调、东道国不断变化的投资态度、政治动乱风险、资源民族主义；政策风险主要表现为采矿业的贸易和投资壁垒及投资环境的变化；环境风险主要表现为环境保护主义带来的经济成本和手续等行政成本；此外，还包括文化风险、劳工风险、价格风险、勘探技术风险、并购法律风险和融资成本风险。

如蒙古国的采矿业与中国的互补优势较为凸显，且为中国企业首选矿产资源。但中资企业在蒙古国的经济、财产、声誉、人身安全风险较大。油气合作可选择在俄罗斯、中亚、中东北非、澳大利亚等地区。

2. 能源电力业

2015年，全球能源电力市场发展基本与宏观经济运行保持一致。中国与全球发电量继续增加，但增速放缓；新能源电力发展加速；新建发电项目融资持续增长，但发达经济体的大型电力公司营业收入大多有所下滑；发展中经济体成为全球能源资源贸易的主要参与者。目前全球对能源电力产业的ODI主要以发达国家为主，而作为发展中经济体的中国表现也较为突出，可再生能源电力投资增长迅速。中国在风力发电、光伏发电和小水电等项目的投资均位列世界第一。海外并购成为电力产业ODI进入成熟市场的主要形式，且偏好于政治稳定和市场成熟的发达经济体。中国在"一带一路"沿线经济体的绿地型投资项目增长迅速。

当前，中国电力产业在"一带一路"倡议下的国际产能合作效果显著，中国火力发电出口增长迅速。

新能源成为北京地区企业对能源电力产业投资的热点，尤其表现于民营经济投资主体。北京地区企业也偏好于电力市场成熟、风险较低的经济体，如菲律宾、中国香港、巴西、葡萄牙、意大利等。同时，国有企业仍为能源电力企业ODI的主要主体。

随着全球光伏产业向亚太地区的扩张，中国成为光伏新增装机量和总装容量最大的国家。当然，北京地区企业对光伏产业的投资较集中于绿地型海外新建，且政府对海外投资和跨国并购鼓励政策纷纷出台。

北京地区企业对能源电力产业海外投资的政治风险主要表现在部分新兴经济体频发的政治动乱、东道国政府的违约现象、政治安全借口等。投资贸易壁垒等政策风险、环境风险、劳工风险、环境竞争风险、融资及汇率风险也应引起关注。尤其是北京地区企业应扩展电力项目国际投资的融资渠道，并应积极推进电力投资的第三方市场。

3. 汽车产业

汽车产业主要包括乘用车和商务车的汽车主机和零部件等。2015年，全球汽车产业产量增速放缓，但乘用车产量持续上涨，而汽车产业的销量保持六年连续增长。跨国汽车公司开始转向本地化生产，不断向新兴经济体集群地转移；海外并购也是汽车产业国际投资的主要形式，零部件全球生产增长趋缓；国际油价也影响了汽车产业的国际投资。

2015年，中国汽车产业保持平稳增长态势，产销量连续保持全球第一，但国内企业的自主创新水平较差，汽车产业成为北京地区企业对外直接投资的新兴主要产业。北京汽车工业对外直接投资仍以发展中国家为主，但全球化分布结构不断优化；海外并购成为北京汽车工业对外投资的主要手段，但整车的并购所需资金规模较大，风险较高，故并购力度放缓，主要集中于对零部件企业的海外并购。此外，中国企业的海外工厂规模较小。北京地区企业在新能源汽车领域的海外区位布局逐渐扩张。

北京地区企业对汽车产业海外投资主要受政治风险、国有化风险、投资贸易政策变化风险、法律风险、工会风险、知识产权风险、税收和经营风险等因素制约。加大对汽车产业成熟的发达国家海外并购，获得更多战略资源应是北京地区企业对汽车产业对外直接投资的发展方向之一。例如，巴西的汽车产业投资经验也是值得北京地区企业借鉴的。此外，全球排放标准调整下的汽车技术升级与转型、技术专利的申请与保护也是北京企业海外投资应特别注意的。

4. 铁路行业

铁路项目作为经济环保的交通模式将持续发展，全球铁路维护市场潜力较大。高铁项目"走出去"也是北京地区企业的比较优势，一带一路沿线国家和其他发展中国家成为中国铁路产业对外投资的主要目的地。高铁项目建设需要大量资金和充足的电力支持，还牵涉政治、国防等敏感领域，而且，轨道制式宽窄不一，并且与日、德等国竞争较大，例如，印尼的雅加达—万隆高铁项目、印度的孟买—艾哈迈达巴德高铁项目、新加坡—马来西亚高铁项目等。此外，中国高铁标准的国际认同度较低，与欧洲标准差异较大，例如，中铁建修的土耳其"安卡拉—伊斯坦布尔"铁路二期工程因标准差异耗时八年多，并付出较高成本。融资环境上，以"带资"承建为主，例如，中国铁建中土集团承建的土耳其安伊高铁二期工程、墨西哥项目、老挝项目，都得到了中国进出口银行的充分支持。

高铁项目"走出去"加快了与国际标准接轨的进程，国家层面应积极斡旋磋商相关合作，并设立专项的高铁项目海外投资风险基金。非洲尼日利亚阿布贾—卡诺段铁路项目执行了中国标准。

目前，全球运输业及运输装备制造业对外直接投资的规模增速有所放缓，绿地型ODI是铁路行业ODI的主要形式，投资主体中发展中经济体地位明显提升，但投资的目标地区仍集中于发达经济体，此外，融入PPP模式将成为铁路行业ODI的新渠道。

北京地区企业高铁技术不断成熟，但在东道国的投资规模较小，且主要集中于风险较高的发展中国家。国有企业和政府支持是铁路行业对外直接投资的显著特征。政治风险主要表现为"中国高铁威胁论"的舆论常会左右东道国政府的态度，引发政治动乱等；法律风险主要表现为法律边界的模糊性和东道国对铁路行业海外资本投资的政策规定。另外，地缘政治风险、文化风险、市场风险、财务风险和劳动环保法律风险也影响着北京地区企业对外直接投资决策。

5. 房地产业

2015年，房地产成为全球资产的重要组成部分，房价指数高速增长。跨国投资成为房地产的主流趋势，尤其是来自发达经济体对重点城市和区域的海外投资。

当前，中国内地成为全球商业地产跨国投资的主要来源地区，中国保险业资产和个人资产对房地产业的国际投资迅速发展。北京地区企业的在房地产业海外投资时，应注意当地相关房产税和土地流转税、所有税的法律法规，并应合理控制贷款的比例。目前，中国对美房地产投资表现突出，应该特别注意美国对房地产业外资的相关限制和税收政策。

6. 零售业

2015年，全球零售业的销售额增速有所减缓、互联网零售成为当前主要销售渠道之一。零售行业的创新度不断增强，全球零售业对外直接投资规模发展较为平稳，亚、非、拉等新兴经济体零售业消费迅速发展，成为零售业ODI的重要市场，发展中经济体在全球零售业ODI中的地位不断加强，海外并购形式的ODI迅速发展。

北京地区企业零售业境外投资规模持续增长，亚太地区是主要的投资目的地。零售业海外并购和跨境电商市场较为活跃。政策风险、经济金融风险、文化风险、劳工风险、汇率风险、存货成本风险是影响中国企业投资决策重要影响因素。

此外，北京地区企业还可发展对现代农业，以及俄罗斯、埃及、匈牙利、柬埔寨、泰国、越南、巴基斯坦、赞比亚、尼日利亚等境外经贸合作区的投资。

（二）北京地区企业走出去的形势与展望

中国出口信用保险公司调查显示，中国企业海外投资的主要动机在于扩大市场、降低成本、利用东道国优惠条件、回避贸易壁垒、开发自然资源等。北京地区企业海外投资的主要风险在于投资机会有限、融资难、劳动力市场风险、基础设施不完备、贸易和支付风险、税收风险、法律风险、安全风险和宏观经济不稳定性风险等。"走出去"的企业应进行风险评估，建立风险防范体系，积极加强风险保险投保。

随着中国以去产能、调结构政策为主导的供给侧结构性改革，北京市产业结构调整政策的推行，以及中国人工、环保、融资成本的增加，北京地区很多企业的利润率有所下降。投资海外市场成为具有较显著优势企业的战略选择，但对投资的目标市场、目标企业、投资策略，很多北京地区企业还很困惑。

北京地区企业需不断提高全球生产网络和全球价值链中的地位，扩大海外市场的同时，还应注意促进北京产业转型升级，不断提升创新能力。

根据美国汤森路透公司统计，2016年上半年，中国企业海外并购总额高达1225.724亿美元（是2015年同期的2.1倍），占全球海外并购总额的20.7%，超过德国（18%）和美国（12%），跃居首位。并有望实现2016全年超2000亿美元的海外并购总额。但商务部数据显示，2016年第一季度，中国企业海外并购共142项，交易金额165.6亿美元，与路透公布的1011亿美元形成鲜明对比，其主要原因还是统计口径的差异（路透等一般加总不同进度的并购额）。

在企业层面，北京地区企业要避免较为盲目的海外并购行为。首先，北京地区企业应提高分析把握国内外经济形势的能力，并明确企业海外并购的动机、主要的外部影响因素（政治、金融、战略、资本等）和国际市场的有效需求，才能合理并且有目的性地协调利益相关者，同时，有助于海外投资形式和决策的判断。其次，要明确并购的主要标的（市场、知识产权、技术、品牌等）和企业自身的内外部资源，从而有利于企业制定短期、中期、长期的战略目标以及投资和并购后整合的完整计划。谨慎采取短期全额并购形式，可适当选择分步兼并，从而规避政府违约风险。同时，谨慎选择投资能矿等政府违约概率高的行业。再次，要充分了解目标企业当地的法律、劳工、利益方和企业文化。遵守东道国法律法规、重视企业社会责任、尊重东道国社会文化和习俗、不一味追求短期利益、保持竞争与合作并重。此外，要计划并明确谈判的方式、并购的时间，促进双边沟通和文化整合，在互利共赢的基础上，争取更多的话语权，并积极防范对方违约风险。最后，要明确并购效果是否成功的标准（销售额、市场份额、市盈率、利润率、资本报酬率等）。并在一定程度上，积极寻求与咨询公司、律师事务所、会计师事务所、银行的合作。并要积极提升北京对外投资企业的"软实力"，包括企业文化、价值观、管理理念等。

在国家和北京市层面，应积极推进高层互访，参与双边、多边国际贸易投资协定规则的制定。加强金融支持力度，扩大人民币在一带一路沿线经济体的使用面积，并调动发挥保险公司参与的积极作用，提高民间资本参与度，充分提供相关金融信息。加速推进一带一路"产业园区"建设，确保规模效应和中企间战略合作。进一步鼓励国有企业深化改革，提高市场竞争。为企业提供更多的精准、专业化海外投资信息和有深度、针对性强的综合信息分析等咨询服务。加强海外投资法律建设、简化审批手续，鼓励企业形成战略联盟、加快海外投资服务体系建设，帮助企业减少并化解知识产权和劳资纠纷，提高走出去的效率。

（三）本文的研究不足及后续研究方向

本文的研究困难主要集中于北京市对外直接投资数据的可获得性。北京市目前的ODI数据公开仅包含年度数据，且统计口径不一致，导致对外投资数据连续性较差，且与国家公布的数据有一定出入。此外，北京各区县公布的统计年鉴数据也存在连续性较差、与北京市总数据不对应的现状。

由于"一带一路"倡议是2015年3月正式发文，目前的统计数据，尤其是产业和国别的数据可获得性较差。随着数据的积累，本文可增加针对"一带一路倡议对北京地区企业对外直接投资的影响和作用""国家利益和企业利益的协调性"等问题的研究。此外，可针对北京地区企业紧密联系的一带一路沿线经济体的投资环境,展开更深入的研究。

目前,由于各国对服务业保护较为严重,北京地区针对服务业的对外直接投资研究尚有更大的研究空间。

七 附表 一带一路沿线经济体名单

(包括截至2016年7月,已宣布将展开与中国"一带一路"倡议对接的经济体)

1. 北线A:北美洲(美国,加拿大)—北太平洋—日本,韩国—日本海—扎鲁比诺港(符拉迪沃斯托克,斯拉夫扬卡等)—珲春—延吉—吉林—长春—蒙古国—俄罗斯—欧洲(北欧,中欧,东欧,西欧,南欧)

2. 北线B:北京—俄罗斯—德国—北欧

3. 中线:北京—西安—乌鲁木齐—阿富汗—哈萨克斯坦—匈牙利—巴黎

4. 南线:泉州—福州—广州—海口—北海—河内—吉隆坡—雅加达—科伦坡—加尔各答—内罗毕—雅典—威尼斯

5. 中心线:连云港—郑州—西安—兰州—新疆—中亚—欧洲

附表1是学术界常见的一带一路国家名单(64个)。

附表1 一带一路国家名单(小名单)

中国	中国
蒙古国	蒙古国
俄罗斯	俄罗斯
东南亚11国	印度尼西亚
	泰国
	马来西亚
	越南
	新加坡
	菲律宾
	缅甸
	柬埔寨

续表

东南亚11国	老挝
	文莱
	东帝汶
独联体其他6国	乌克兰
	格鲁吉亚
	阿塞拜疆
	亚美尼亚
	摩尔多瓦
南亚8国	印度
	巴基斯坦
	孟加拉国
	斯里兰卡
	阿富汗
	尼泊尔
	马尔代夫
	不丹
西亚北非16国	沙特阿拉伯
	阿联酋
	阿曼
	伊朗
	土耳其
	以色列
	埃及
	科威特
	伊拉克
	卡塔尔
	约旦
	黎巴嫩
	巴林
	也门
	叙利亚
	巴勒斯坦

续表

中东欧16国	波兰
	罗马尼亚
	捷克
	斯洛伐克
	保加利亚
	匈牙利
	拉脱维亚
	立陶宛
	斯洛文尼亚
	爱沙尼亚
	克罗地亚
	阿尔巴尼亚
	塞尔维亚
	马其顿
	波斯尼亚和黑塞哥维那
	黑山
中亚5国	哈萨克斯坦
	乌兹别克斯坦
	土库曼斯坦
	吉尔吉斯斯坦
	塔吉克斯坦

然而，可以很明显地看到，倡议路线中涉及的德国、法国等欧洲（北欧、中欧、东欧、西欧、南欧）国家并未上榜。实际上，2015年4月16日，中共中央对外联络部在北京举行专题解读，针对外国驻华使节的困惑，中国国家发展和改革委员会西部开发司巡视员欧晓理进行了解答。欧晓理在回答爱尔兰驻华大使康宝乐（John Paul Kavanagh）提出的"我不知道笔者是不是'一带一路'涵盖的国家"这个最基本的困惑时表示，"'一带一路'的建设是开放的，只要大家有兴趣都可以参与进来，笔者希望以后有更多的朋友能够加入"。针对涵盖"60多个"国家的坊间说法，欧晓理解释，"现在已有60余个国家表现出积极兴趣，但实际上是不准确的，也许

给大家都带来了好处,60多会变成70多、80多个"。

本文所涉及的"一带一路"沿线经济体和地区,包括截至2016年7月,明确表示支持并愿意与中国"一带一路"倡议合作的国家和地区。本文将广泛流传于民间的一带一路名单称为"一带一路(小名单)"。

明确表示积极支持"一带一路"但未列入"一带一路"国家(小名单)的其他经济体名单见附表2。

附表2 明确表示积极支持"一带一路"但未列入"小名单"的经济体

阿根廷	芬兰	卢森堡	瑞典
澳大利亚	法国	中国澳门	瑞士
奥地利	加纳	莫桑比克	中国台湾
安哥拉	德国	纳米比亚	乌干达
白罗斯	希腊	荷兰	英国
比利时	几内亚	新西兰	美国
玻利维亚	中国香港	尼日利亚	委内瑞拉
巴西	爱尔兰	挪威	赞比亚
加拿大	意大利	巴布亚新几内亚	津巴布韦
智利	牙买加	秘鲁	
刚果	日本	葡萄牙	
哥斯达黎加	肯尼亚	塞拉利昂	
丹麦	韩国	南非	
厄瓜多尔	莱索托	西班牙	

参考文献

[1] 白远:《中国企业对外直接投资风险论》,中国金融出版社,2012。

[2] 陈伟光、郭晴:《中国对"一带一路"沿线国家投资的潜力估计与区位选择》,《宏观经济研究》2016年第9期。

[3] 池建宇、方英:《中国对外直接投资区位选择的制度约束》,《国际经贸探索》2014年第1期。

[4] 崔日明、黄英婉:《"一带一路"沿线国家贸易投资便利化评价指标体系研

究》,《国际贸易问题》2016年第9期。

[5] 戴翔:《生产率与中国企业"走出去"服务业和制造业有何不同》,《数量经济技术经济研究》2014年第6期。

[6] 戴翔:《中国企业"走出去"的生产率悖论及其解释——基于行业面板数据的实证分析》,《南开经济研究》2013年第2期。

[7] 戴翔、韩剑、张二震:《集聚优势与中国企业"走出去"》,《中国工业经济》2013年12月。

[8] 邓新明、许洋:《双边投资协定对中国对外直接投资的影响——基于制度环境门槛效应的分析》,《世界经济研究》2015年第3期。

[9] 杜江、宋跃刚:《制度距离、要素禀赋与我国OFDI区位选择偏好——基于动态面板数据模型的实证研究》,《世界经济研究》2014年第12期。

[10] 葛顺奇、罗伟:《中国制造业企业对外直接投资和母公司竞争优势》,《管理世界》2013年第6期。

[11] 郭建鸾、闫冬:《"一带一路"倡议下国际产能合作风险与对策研究》,《国际贸易》2017年第4期。

[12] 郭烨、许陈生:《双边高层会晤与中国在"一带一路"沿线国家的直接投资》,《国际贸易问题》2016年第2期。

[13] 国家发展和改革委员会国际合作中心:《中国双向投资发展报告2015》,中国市场出版社,2016。

[14] 胡翠平:《中国企业顺向与逆向OFDI的动因及影响因素对比分析》,《国际经贸探索》2015年第5期。

[15] 黄亮雄、钱馨蓓:《中国投资推动"一带一路"沿线国家发展——基于面板VAR模型的分析》,《国际经贸探索》2016年第8期。

[16] 冀相豹:《中国对外直接投资影响因素分析——基于制度的视角》,《国际贸易问题》2014年第9期。

[17] 姜宝、邢晓丹、李剑:《"走出去"战略下中国对欧盟逆向投资的贸易效应研究——基于FGLS和PCSE修正的面板数据模型》,《国际贸易问题》2015年第9期。

[18] 姜建刚、王柳娟:《经济制度与OFDI的关系研究》,《世界经济研究》2014年第1期。

[19] 晋良:《国资委加大融资力度支持央企"走出去"》,《中国矿业报》2011年5月10日,第B1版。

［20］李计广、钊锐、张彩云：《我国对"一带一路"国家投资潜力分析——基于随机前沿模型》，《亚太经济》2016年第4期。

［21］李平、孟寒、黎艳：《双边投资协定对中国对外直接投资的实证分析——基于制度距离的视角》，《世界经济研究》2014年第12期。

［22］李伟等：《一带一路沿线经济体安全风险评估》，中国发展出版社，2015。

［23］李向阳：《"一带一路"：定位、内涵及需要优先处理的关系》，社会科学文献出版社，2015。

［24］李向阳：《亚太地区发展报告2015》，社会科学文献出版社，2015。

［25］李自杰：《中国企业对外直接投资的动机与路径研究》，中国人民大学出版社，2015。

［26］廖利兵、李皓：《区域一体化市场进入方式与企业异质性》，《世界经济研究》2015年第3期。

［27］刘慧、綦建红：《异质性OFDI企业序贯投资存在区位选择的"路径依赖"吗》，《国际贸易问题》2015年第8期。

［28］刘军、王恕立：《异质性服务企业、沟通成本与FDI动机》，《世界经济》2015年第6期。

［29］刘丽靓：《"一带一路"促央企拓展海外市场：海外投资合作及并购获得新契机》，《中国证券报》2015年6月25日，第A2版。

［30］刘薇：《北京地区企业融入"一带一路"基础设施建设的优势与途径》，《对外经贸实务》2016年第1期。

［31］刘育红：《"新丝绸之路"经济带交通基础设施与区域经济增长》，中国社会科学出版社，2014。

［32］吕越、罗伟、刘斌：《异质性企业与全球价值链嵌入：基于效率和融资的视角》，《世界经济》2015年8期。

［33］罗伟、葛顺奇：《中国对外直接投资区位分布及其决定因素——基于水平型投资的研究》，《经济学》（季刊）2013年7月。

［34］罗雨泽：《"一带一路"基础设施投融资机制研究》，中国发展出版社，2015。

［35］马莉莉：《丝绸之路经济带发展报告2014》，中国经济出版社，2014。

［36］毛振华等：《一带一路沿线经济体主权信用风险报告》，经济日报出版社，2015。

［37］孟醒、董有德：《中国企业OFDI的价值链分布及其影响因素》，《国际经贸探索》2015年第4期。

[38] 潘镇、金中坤：《双边政治关系、东道国制度风险与中国对外直接投资》，《财贸经济》2015年第6期。

[39] 綦建红、刘慧：《以往经验会影响OFDI企业序贯投资的区位选择吗——来自中国工业企业的证据》，《经济理论与经济管理》2015年第10期。

[40] 秦菲菲：《98家央企对外直接投资盈利》，《上海证券报》2009年9月17日，第2版。

[41] 邱立成、杨德彬：《中国企业OFDI的区位选择——国有企业和民营企业的比较分析》，《国际贸易问题》2015年第6期。

[42] 人大重阳金融研究院：《"一带一路"国际贸易支点城市研究》，中信出版社，2015。

[43] 沈军、包小玲：《中国对非洲直接投资的影响因素——基于金融发展与国家风险因素的实证研究》，《国际金融研究》2013年第9期。

[44] 沈铭辉、张中元：《"一带一路"背景下的国际产能合作——以中国—印尼合作为例》，《国际经济合作》2017年第3期。

[45] 孙久文：《丝绸之路经济带与区域经济发展研究》，经济管理出版社，2015。

[46] 涂露芳：《北京95家企业登陆港交所：上半年全市对外投资三成奔中国香港》，《北京日报》2012年9月26日，第6版。

[47] 王碧珺：《中美直接投资：挑战与破局》，《国际经济评论》2013年第5期。

[48] 王海军：《中国企业对外直接投资的国家经济风险》，中国经济出版社，2014。

[49] 王璐瑶、罗伟：《中国企业对美国直接投资影响因素的实证分析》，《国际经贸探索》2015年第10期。

[50] 王永钦、杜巨澜、王凯：《中国对外直接投资区位选择的决定因素：制度、税负和资源禀赋》，《经济研究》2014年12月。

[51] 王玉主：《"一带一路"：与亚洲一体化模式的重构》，社会科学文献出版社，2015。

[52] 吴崇、蔡婷婷：《绩效的多视角整合研究——基于中国制造业上市公司数据的经验分析》，《世界经济研究》2015年第11期。

[53] 吴哲：《新兴经济体对外直接投资的逆向知识溢出效应——中国对"一带一路"国家OFDI的实证检验》，《中国管理科学》2015年第1期。

[54] 伍晓光、孙文莉：《区域经济体化协定、异质企业与跨国公司内生边界——基于"中国—东盟"自贸区背景的研究》，《国际经贸探索》2014年第10期。

[55] 谢光亚、崔君：《基于全球价值链视角的企业对外投资模式分析：以北京为

例》,《财经理论与实践》2013年第7期。

[56] 谢利:《去年央企对外直接投资八成盈利》,《金融时报》2009年9月18日,第2版。

[57] 徐绍史:《一带一路双向投资研究与案例分析》,机械工业出版社,2016。

[58] 许岩:《两部委要求央企、减少"走出去"盲目性》,《证券时报》2011年8月24日,第A2版。

[59] 严兵、张禹、韩剑:《企业异质性与对外直接投资——基于江苏省企业的检验》,《南开经济研究》2014年第4期。

[60] 姚树洁:《中国经济增长和对外直接投资战略》,社会科学文献出版社,2015。

[61] 尹小剑:《中国企业对外直接投资的产业选择研究》,经济管理出版社,2014。

[62] 张伯旭:《北京产业结构高级化研究》,中国经济出版社,2015。

[63] 张宏:《中国对外直接投资与全球价值链升级》,中国人民大学出版社,2013。

[64] 张洁:《中国周边安全形势评估:"一带一路"与周边战略2015》,社会科学文献出版社,2015。

[65] 张亚斌:《"一带一路"投资便利化与中国对外直接投资选择——基于跨国面板数据及投资引力模型的实证研究》,《国际贸易问题》2016年第9期。

[66] 张卓敏:《北京:积极帮扶企业对外投资》,《国际商报》2014年12月1日,第B1版。

[67] 张卓敏:《北京:通过"走出去"提升产业链层级》,《国际商报》2014年12月1日,第B1版。

[68] 赵东麒、桑百川:《"一带一路"倡议下的国际产能合作——基于产业国际竞争力的实证分析》,《国际贸易问题》2016年第10期。

[69] 赵明亮:《"一带一路"战略下中国钢铁业过剩产能化解:贸易基础、投资机会与实现机制》,《国际经贸探索》2017年第2期。

[70] 中国出口信用保险公司:《全球投资风险分析报告2016》,中国财政经济出版社,2016。

[71] 钟飞腾等:《一带一路新空间:一带一路国别投资价值排行榜》,社会科学文献出版社,2015。

[72] 周五七:《"一带一路"沿线直接投资分布与挑战应对》,《改革》2015年第8期。

[73] 朱荃、张天华:《中国企业对外直接投资存在"生产率悖论"吗——基于上市工业企业的实证研究》,《财贸经济》2015年第12期。

图书在版编目(CIP)数据

北京财经发展报告.2017~2018 / 张晓涛,李向军
编著. -- 北京：社会科学文献出版社,2018.10
 ISBN 978 - 7 - 5201 - 2883 - 4

Ⅰ.①北… Ⅱ.①张… ②李… Ⅲ.①地方财政 - 研
究报告 - 北京 - 2017 - 2018 Ⅳ.①F812.71

中国版本图书馆 CIP 数据核字（2018）第 126053 号

北京财经发展报告（2017～2018）

编　　著 / 张晓涛　李向军

出 版 人 / 谢寿光
项目统筹 / 恽　薇
责任编辑 / 关少华

出　　版 / 社会科学文献出版社·经济与管理分社（010）59367226
　　　　　　地址：北京市北三环中路甲 29 号院华龙大厦　邮编：100029
　　　　　　网址：www.ssap.com.cn

发　　行 / 市场营销中心（010）59367081　59367018

印　　装 / 三河市龙林印务有限公司

规　　格 / 开　本：787mm × 1092mm　1/16
　　　　　　印　张：20.5　字　数：322 千字

版　　次 / 2018 年 10 月第 1 版　2018 年 10 月第 1 次印刷

书　　号 / ISBN 978 - 7 - 5201 - 2883 - 4

定　　价 / 99.00 元

本书如有印装质量问题，请与读者服务中心（010 - 59367028）联系

▲ 版权所有 翻印必究